Jiaoyu Dudao Xinlun

教育督导新论

涂文涛 主编
刘东 吉文昌 副主编

人民教育出版社

图书在版编目（CIP）数据

教育督导新论／涂文涛主编. —北京：人民教育出版社，2015.9（2022.6 重印）
ISBN 978-7-107-30707-2

Ⅰ. ①教…　Ⅱ. ①涂…　Ⅲ. ①教育视导—研究—中国　Ⅳ. ①G526.4

中国版本图书馆 CIP 数据核字（2015）第 233291 号

教育督导新论

出版发行　人民教育出版社
（北京市海淀区中关村南大街 17 号院 1 号楼　邮编：100081）
网　址　http://www.pep.com.cn
经　销　全国新华书店
印　刷　人民教育出版社印刷厂有限公司
版　次　2015 年 9 月第 1 版
印　次　2022 年 6 月第 2 次印刷
开　本　787 毫米×1 092 毫米　1/16
印　张　17.5
字　数　269 千字
印　数　3 001~5 000 册
定　价　33.80 元

前言

改革开放以来，我国教育督导事业得到了逐步恢复和发展，它在保障基本扫除青壮年文盲、基本普及九年义务教育历史任务的完成，推进义务教育均衡发展，推动重大教育政策项目落实，促进学校教育教学水平提高，督促教育热点难点问题解决，开展教育质量评估监测，科学服务教育决策等方面，发挥了不可替代的作用，做出了重要贡献。

伴随教育督导事业的发展，教育督导研究也在不断加强，成果日益丰富，仅相关著作就多达数十部。这些著作大致可以分为四类：一是通论性质的著作，如《普通教育督导概论》（景时春，1988）、《现代教育督导引论》（黄崴，2011）；二是专题性质的著作，如《中国教育督导史》（汪铭，1994）；三是国外教育督导研究，如《外国教育督导》（顾明远，2002）；四是有关教育督导的论文集、实用手册、督导报告、资料汇编等，如《教育督导工作手册》（陈元魁，2007）、《教育督导与素质教育》（郭振有，2006）、《当代中国教育督导》（国家教育督导团办公室，2007）、《国家督学谈教育》（教育部督导办，2012）。这些研究成果的出版共同促进教育督导理论日臻完善，为繁荣教育科学和指导教育督导实践做出了积极的贡献。

实践是理论的来源，也是理论发展的根本动力。实践发生重大变化，必然对理论发展产生重大影响。2012 年 8 月 29 日，国务院第 215 次常务会议审议通过并颁布了《教育督导条例》，这是我国首部教育督导法规。它系统设计了教育督导制度，丰富了教育督导内涵，扩大了教育督导范围，规范了教育督导类型和程序，为开展各级各类教育督导提供了法律依据。2014年2月，为贯彻党的十八大及十八届二中、十八届三中全会精神，落实《国家中长期教育改革和发展规划纲要（2010—2020年）》和《教育督导条例》的要求，国务院教育督导委员会颁布了《深化教育督导改革转变教育管理方式的意见》，提出了深化教育督导改革的总体思路、工作目标和主要任务。在深化教育领域综合改革的背景下，教育督导改革正逐步走向深入，这对教育督导理论研究提出了新要求，对教育督导的实践指导也提出了新期盼。而目前已出版的教育督导类著作主要是2012年《教育督导条例》颁布之前的，与新时期的教育督导改革实践难免存在不相适应的地方，甚至有相悖的地方。因此，有必要在充分借鉴已有研究成果的基础上，编写一本新的教育督导概论，以反映新时期教育督导的最新研究成果和创造性的教育督导实践，并为教育督导改革提供智力支撑。为此，我们组织编写了这本《教育督导新论》，尝试通过对教育督导理论研究成果与实践经验的及时梳理和总结，全面准确反映中外教育督导的历史概况，全方位、全过程地展现教育督导改革实践及最新进展。

《教育督导新论》之“新”主要体现在以下几个方面。

一是遵循新的改革精神。自《教育督导条例》颁布以来，尤其是党的十八届三中全会以来，为落实党中央全面深化改革战略部署，深入推进教育管办评分离，国务院教育督导委员会颁发了《深化教育督导改革转变教育管理方式的意见》。教育督导改革的总体思路是：按照决策、执行、监督既相互制约又相互支持的原则和强化国家教育督导、深入推进管办评分离的要求，立足我国实际，借鉴国际经验，建立督促地方政府依法履行教育职责的督政机制、指导各级各类学校规范办学提高教育质量的督学体制、科学评价教育教学质量的评估监测体系，形成督政、督学、评估监测三位一体的教育督导体系，为促进教育事业科学发展、办好人民满意的教育提供制度保障。按照这样的思路，今后教育督导改革的主要任务有四项：一是认真开展政府履行教育职责督导，二是有效开展学校教育教学工作督导，三是科学开展教育质量评估监测，四是完善教育督导和评估监测结果使用制度。《教育督导新论》在价值导向、框架设计、内容安排、材料选取等方面，都努力体现改革精神，争取为改革服务。

二是建构新的框架体系。根据教育督导改革总体思路、工作目标和主要任务，本书紧密围绕“什么是教育督导”以及“怎样开展教育督导”这两大核心问题进行整体设计。关于“什么是教育督导”，本书安排了3章进行论述，主要阐述教育督导的概念、特点、功能以及古今中外对教育督导的认识状况。关于“怎样开展教育督导”，本书安排了5章进行讨论，主要论述教育督导的主体、客体、内容、过程、方法、结果，以及改革开放以来我国教育督导的实践回顾和展望。

三是体现新的编写视角。本书编写组将比较研究贯彻全书始终。通过历史比较，梳理中国教育督导制度的历史演变，把握教育督导历史发展进程的共同规律和特殊规律，注意历史经验的总结与借鉴；通过国际比较，梳理国外有代表性的教育督导制度的基本概况，分析各国教育督导在适应经济、社会发展及教育自身发展方面的状态与问题，为分析我国教育督导发展现状和改革趋势提供借鉴；通过区域比较，深入研究国内各地在教育督导实践方面的经验教训，从中发现深化教育督导改革的路径、措施和抓手。

四是弘扬时代特色。全书尽量运用新方法、呈现新观点、提供新证据，以把握时代脉搏，体现时代特色。本书的论证尽量运用具有鲜明时代特点的典型案例、生动事实、确凿数据或简明图表，努力做到证据充分可靠、逻辑严密，不主观臆断。在引用别人的观点或证据之前，进行了认真的比较甄别，从而把影响大、效果好、机制新的实践成果，以及发现新问题、运用新方法、使用新资料、提出新观点、构建新理论、形成新对策的理论成果吸纳到书中。同时，充分尊重学术界形成的通说和实践领域的普遍做法，努力做到推陈出新。

此外，本书坚持理论与实践相结合的原则，除必要的理论构建和阐述外，更加注重教育督导实践，突出实践性，强调操作性。每章结束后，安排相应补充材料，偏理论性的章节安排“资料”，偏实践性的章节安排“案例”。

本书始终坚持继承性与发展性相结合的原则，在编写过程中吸收了国内外许多学者的研究成果和各地的教育督导实践经验，同时得到许多学界前辈的悉心指导，在此一并致谢！

本书适合相关行政管理人员、教育督导人员、高校教育类专业学生以及从事教育督导研究和对教育督导感兴趣的人员阅读，可用于指导教育督导工作实践，也可作为教育督导人员的培训教材和高校教育类专业教材。

本书由涂文涛（国家教育咨询委员会委员、国家督学、教授）策划并担任主编，刘东（四川省人民政府教育督导团总督学、国家督学）、吉文昌（四川省教育科学研究所所长、四川省基础教育监测评估中心主任、省督学）担任副主编。各章撰写分工是：第一章，焦蒲、尧逢品；第二章，姜志坚、卢德生；第三章，卢德生；第四章，吉文昌、张玉堂、梁玉光；第五章，刘东、刘育涛、乔晓虎、唐开福；第六章，刘建国、刘玥、尧逢品；第七章，刘东、吴毅；第八章，吉文昌、赖长春。全书由刘东、吉文昌、赖长春、尧逢品统稿，由涂文涛审定。

由于编者水平有限，书中疏漏在所难免，敬请读者批评指正。

目录 | Contents

第一章 绪论

教育督导是教育管理的重要组成部分，是实施依法治教的重要环节，是保障教育改革发展的重要手段，具有行政性、法令性、专业性、权威性的特点。理解教育督导的内涵有三种视角，即行政监督视角、指导服务视角以及二者并重的视角。合理发挥教育督导的监督、评价、反馈和指导功能，对保障和促进教育事业健康发展具有重要意义。

第一节 教育督导的含义和类型

一、教育督导的含义

教育督导在英语中为“education supervision”，有时也译作“教育视导”“教学视导”。教育督导的概念并非一成不变，而是随着经济社会的发展和教育自身的发展而不断变化。同时，不同的视角对教育督导有不同的理解。

从行政监督的视角看，教育督导是教育行政管理的一个环节，是政府对教育工作进行的视察、监督、检查、评估和指导等行政监督行为和教育管理活动。督导的本质是监督、控制，其目的在于强化国家对教育事业的管理，保证有关教育的法律、法规和方针、政策的贯彻执行以及教育决策和教育目标的实现①。有的学者甚至直接将教育督导等同于一种对教育活动的控制行为，如徐

① 陶西平. 教育评价辞典［M］. 北京：北京师范大学出版社，1998：534.

荣强认为，教育督导是为了实现我们的教育目的、任务而采取的教育价值判断的手段，是对各级教育行政部门和学校进行的一种控制活动①。

从指导服务的视角看，教育督导是把学校教育教学作为督导的主要对象，认为教育督导是围绕提高教师教育教学行为而开展的督导活动。加曼(Garman)认为，教育督导是学校制度内所提供的专业上及教学上的服务，以协助教师改进课程及教学与学习的情境②。古德文（Goodwin）认为，教育督导是在教育组织内所设计用以改进教学的一种行为体系，它有六个运行的目标，即教育目标的形成、实施与评鉴，课程的发展，为教学行为体系提供直接的支持与服务，评鉴有关人事上的决定，在职教育，教育结果的评鉴③。

从行政监督与指导服务并重的视角看，教育督导既强调在督导活动中对教育工作进行的视察、评估和监督，也重视对教育的指导与服务，以促进教育工作的不断改进与发展。如黄崴认为，教育督导是由教育督导组织及其成员根据教育的科学理论和国家的教育法规政策，运用科学的方法和手段，对教育工作进行监督、检查、评估和指导，以期促进教育效率和教育质量提高的过程④。苏君阳认为，教育督导是国家为了实现一定的教育目的与目标，依据相关的法律、法规的要求，由教育督导部门依法实施的对下级政府的教育工作以及学校内部的教育、教学等各方面进行监督、检查与指导的一种活动⑤。

根据我国现阶段教育督导工作的运行特点，我们认为，教育督导是县级以上人民政府教育督导机构根据国家的法律规定对下级人民政府、学校以及其他教育机构落实教育法律法规和党的方针、政策以及开展的教育教学情况进行监督、检查、评估、指导的活动。

首先，教育督导是法律规定、具有法律效力的活动。教育督导不同于一般教育机构组织开展的一般意义上的检查、评价活动，它的实施是由国家法律规

① 徐荣强. 教育督导是对我国教育事业健康发展的定向控制［J］. 东北师大学报：教育科学版，1988,（4）：10—12.

②③ 朱琦等. 问题与探析：当代教育督导研究［M］. 天津：天津教育出版社，2006：2.

④ 黄崴. 教育督导学［M］. 北京：中国人民大学出版社，2011：5.

⑤ 苏君阳，杨颖秀，李帅军. 教育督导学［M］. 北京：北京师范大学出版社，2012：5.

定的。《中华人民共和国教育法》（以下简称《教育法》）第二十四条明确规定："国家实行教育督导制度和学校及其他教育机构教育评价制度"；2012 年，《教育督导条例》（中华人民共和国国务院令第 624 号）以法规的形式确立了教育督导的法律地位、法定职能和工作程序等。

其次，教育督导活动有明确的主体和客体。教育督导的主体是具有法定资格的专门性机构和人员。在我国，教育督导的主体是国务院及各级地方政府教育督导机构。其中，国务院教育督导机构承担全国的教育督导实施工作，制定教育督导的基本准则，指导地方教育督导工作；县级以上地方人民政府负责教育督导的机构承担本行政区域的教育督导实施工作。教育督导的客体即被督导对象，是教育督导活动影响与作用的对象。教育督导客体包括下级政府、学校及其他教育机构。在人员构成上，教育督导客体包括政府官员、教育行政人员、教师、学生等；在事物构成上，教育督导客体包括教育基础建设相关的设备、经费、场地、信息等。

最后，督导活动要在三位一体的教育督导体系内运行。教育督导不是分散、自发开展的活动，而是在国家建立的教育督导体系内开展工作。这个体系包括三个部分：一是督促地方政府依法履行教育职责的督政体制，即督政；二是指导各级各类学校规范办学，提高教育质量的督学体制，即督学；三是科学评价教育教学质量的评估测量体系，即评估监测。

二、教育督导的类型

根据不同的标准，教育督导可分为不同的类型。

（一）督政与督学

根据教育督导对象的不同，可以将教育督导分为督政与督学。督政是县级以上人民政府对下级人民政府落实教育法律、法规、规章和国家教育方针、政策的督导。督学是县级以上地方人民政府对本行政区域内的学校和其他教育机构教育教学工作的督导。

（二）督政、督学和评估监测

根据教育督导体系的构建，可以将教育督导分为督政、督学、评估监测。根据国务院教育督导委员会办公室印发的《深化教育督导改革转变教育管理方式的意见》，我国将建立督促地方政府依法履行教育职责的督政体制、指导各级各类学校规范办学提高教育质量的督学体制、科学评价教育教学质量的评估测量体系，形成督政、督学、评价监测三位一体的教育督导体系。

督政方面的重点是：建立地方政府履行教育职责督导制度，开展对地方政府履行教育职责情况的综合督导；实施专项督导制度，就一些普遍性问题和教育重点工作开展专项督导；做好义务教育均衡发展督导工作；建立对地方教育行政部门的督导制度。

督学方面的重点是：加强督学责任区建设和学校视导队伍建设；开展对各级各类学校教育教学质量、办学条件、规范办学行为和实施素质教育的督导评估；针对教育热点难点问题，开展专项督导。

教育质量评估监测方面的重点是：建立健全各级各类教育质量监测指标体系，完善基础教育质量监测标准和工具，建立县域义务教育均衡发展监测制度和对地方政府发展教育事业情况监测制度；根据各级各类教育的发展现状和实际需要，开展教育质量监测工作；培育和扶持一批专业评估机构，引导社会力量参与教育质量评估监测；加强教育质量监测的国际交流，积极参与国际组织的教育质量监测项目。

（三）综合督导与专项督导

根据教育督导内容特点的不同，可以将教育督导分为综合督导与专项督导。综合督导是指对被督导单位的多项或全部工作进行的督导，其内容广泛，涉及面宽，督导的指标具体、完整，时间较长，空间较广。如教育督导机构对某所学校的发展现状进行诊断式督导就需要采用综合督导的方式。专项督导是就某一项工作开展专门的督导，此类督导工作主题单一，问题集中，便于掌握情况，如义务教育均衡发展专项督导、教育投入经费专项督导等。

（四）定期督导与临时督导

根据教育督导期限的不同，可以将教育督导分为定期督导与临时督导。定期督导是由教育督导机构根据一段时间教育工作的需要，制订督导工作计划，按照计划规定的期限对所辖地区或学校的教育开展的督导。

临时督导是临时确立并实施的督导。临时督导是督导计划以外的，常因教育主管部门或被督导单位的工作需要而实施。

（五）独立督导和集体督导

根据督导人员的工作范围的不同，可以将教育督导分为独立督导与集体督导。独立督导是督导人员对各自所负责督导的范围进行的督导，如中小学责任督学对自己负责的学校或责任区督学对本责任区内的中小学校开展的督导。

集体督导是由负责不同区域或不同范围的督导人员合作进行的督导，如省级督导机构组织的跨地区督导或针对某地区进行全面督导时采取的督导方式。

此外，根据督导实施的行政级别的不同，可分为国家级督导、省级督导、市级督导、县级督导；根据督导的学段的不同，还可分为学前教育督导、义务教育督导、普通高中教育督导、中等职业教育督导、高等教育督导等。

第二节　教育督导的特点

分析教育督导的特点，有助于深入厘清教育督导的内在本质，准确把握教育督导的特质。从教育督导运行的过程考察，教育督导具有行政性、法令性、专业性、权威性等特点。

一、行政性

教育督导的行政性是教育督导依法享有国家赋予的行政权力并依法实施行政行为的性质。行政性集中体现在以下两个方面。首先，教育督导机构具备承担行政主体职能的资格。《教育督导条例》规定，“国务院教育督导机构和县级以上地方人民政府负责教育督导的机构在本级人民政府领导下独立行使督导职能”，这一规定实际上指明了教育督导机构是政府管理教育的一个独立的行政机构，教育督导依法根据国家赋予的权力实施行政管理。其次，教育督导必须依法实施行政行为。督导机构和被督导单位均应按照行政职责履行行政义务，并各自承担产生的相应法律后果。在我国，各级教育督导机构按照政府的授权对区域内的教育管理行为和学校的教育行为进行督导，区别于一般学术团体、社会机构自发或接受委托实施的教育评估活动。教育督导的行政性是教育督导实施有效性的保障，如果督导活动没有强有力的行政权力，对政府和学校的教育督导效果将会大大削弱。

二、法定性

教育督导的法定性是教育督导机构应按照有关法律开展督导活动的规定性。法定性体现在以下三个方面。第一，教育督导是国家的法定职责。《教育法》确立了教育督导与评估制度的法律地位，指出教育督导制度是我国教育的基本制度之一。《国家中长期教育改革和发展规划纲要（2010—2020 年）》（以下简称《教育规划纲要》）明确指出："要进一步健全教育督导制度，建设专职督导队伍。"2012 年 10 月 1 日，《教育督导条例》正式施行。《教育督导条例》作为我国第一部专门的教育督导法规，以法规的形式确立了教育督导的法律地位、法定职能和工作要求，教育督导是实施依法治教的重要内容。第二，教育督导的实施必须按照法定程序进行。教育督导机构必须按照国家的法律规定行使督导职权，程序必须符合规定，比如，教育督导机构实施专项督导或者综合督导，应当事先向被督导单位发出书面督导通知。第三，教育督导的结果必须按照法定要求使用。这包括两层含义：一是教育督导机构应当就督导事项对被督导单位做出客观公正的评价，根据被督导单位的自评报告、现场考察情况和公众的意见进行评议，对存在的问题应当提出限期整改要求和建议，而且，督导结果必须向社会公开；二是被督导单位应当根据督导意见书进行整改，并将整改情况报告教育督导机构。

三、专业性

教育督导的专业性是教育督导需要具备特定知识结构、技术、技能、理论修养的主体来承担工作的属性。教育督导是对政府执行教育法律、法规、规章、教育方针政策和学校教育教学工作情况的督导，需要督导机构和督导人员运用科学的理论、方法和手段去发现问题，分析问题，提出解决问题的办法。教育督导的专业性决定于督导人员的专业性，这体现在两个方面。第一，教育督导职业个体的专业化。这是督导机构的专业人员在理解专业意义的基础上，提升专业精神，增强自己的专业修养，拓展专业知识，提高专业能力的过程。

第二，职业群体的专业化。这是督导机构专业群体经过一段时间后成功地满足某一专门性职业标准的过程①。近年来，伴随着教育督导指导服务功能的扩大，教育督导的专业化程度要求越来越高。比如在美国，一般要求专职督导人员具有学士或硕士学位，受过教育督导、教学方法、教育心理学、课程设计及测量等方面的训练。督导人员一般要有2—10年的工作经验，包括督导或教学工作经验。同时专职督导人员必须持有专业证书。《教育督导条例》对我国从事督导工作的督学的条件也有明确规定，如要求具有大学本科以上学历，从事教育管理、教学或教育研究工作十年以上，工作实绩突出。建立健全高效、权威的教育督导机构，建设一支责任心强、业务精湛、结构合理的专业化督学队伍，形成教育督导机构为主、多部门齐抓共管的工作格局，是我国教育督导队伍建设的新任务、新使命。

四、权威性

教育督导的权威性是教育督导在履行职能过程中表现出来的威慑力。权威性主要体现在以下两个方面。第一，教育督导在行政行为过程中表现出来的权威性，可称之为行政权威，它是教育督导组织及其人员代表同级政府对下级政府、下级教育行政机关和所属学校的教育、教学、管理工作依法进行综合性的监督、检查、评价与指导过程中所体现的力量、威信和影响，它也是教育督导组织行政监督权影响力的外在体现。教育督导的行政权威是一种合法型权威，在我国的教育督导的行政组织和制度体系中，通过教育法律、法规的确立，各级政府和教育部门的行政领导者具有了法定的职位和行使职责的权威。这种权威是以理性为取向，依据这种权威所进行的教育督导管理就是在我国宪法、法律法规和国家基本教育政策的范围内建立一整套符合民主行政程序的教育法律、章程和规则，并要求共同遵守这些规则。比如《教育督导条例》规定，“督导报告应作为被督导单位及其主要负责人进行考核、奖惩的重要依据”，这就是国家教育督导的行政权威的体现。第二，教育督导在专业指导过程中表现出来的权威性，可称之为学术权威，它是教育督导人员在督导活动中表现出来

① 邓金·培格曼．培格曼最新国际教师百科全书［M］．北京：学苑出版社，1989：542.

的学术地位和学术影响，以及与此相联系的学术声望和在相应学术组织承担的角色①。教育督导的学术权威的形成主要决定于三个方面的因素：一是督导人员的专业性，督导人员具有相应的专业背景和丰富的教育督导实践工作经历；二是教育督导工作的严肃性，国家对教育督导实施有严格的程序要求，以确保督导工作的可验证性和规范性；三是教育督导各个工作环节的科学性，教育督导从指标体系的开发、研制到实地调查研究，从数据分析到出台督导报告，均遵循严格的科学程序，保证教育督导和评估监测报告的客观公正。

第三节　教育督导的功能

教育督导的功能是教育督导在实际运行过程中所应发挥的作用。良好的教育督导功能的发挥是教育法律、法规、规章和国家教育方针、政策的贯彻执行；是提高教育质量，推动教育事业发展的保证。教育督导的功能具有地域和时代的特点，而且随着社会的进步和教育的发展而不断变化。根据教育督导在教育活动中的地位及其产生的效能，其功能可分为评估功能、反馈功能、监督功能、指导功能。

一、评估功能

教育督导的评估功能是教育督导内在的评价监测系统与外部教育环境相互作用所产生的实际作用与效能。教育督导的评估功能的发挥，就是依据一定的标准对教育活动做出评价，从而推动教育活动不断反思、改进和提高。评估功能不同于一般教育活动的评价功能，它需要建立一套较为完整的评价指标体系和监测方法体系，其中包括导向、激励和鉴定等子功能。导向子功能要求评价目标一定要有方向性和客观性，通过评价的引导，可以为教育行政部门或学校

① 江华勋. 对强化我国教育督导权威的思考 [J]. 贵州教育学院学报：社会科学，2005，21（5）：8—11.

指明教育管理、办学的正确方向；通过评价过程不断反馈调节，可以使学校领导、教师和学生不断接近理想的既定目标。激励子功能要求被督导者根据获得的教育督导评估结果的信息，及时强化、调节和矫正，使教育教学过程、教育方案和教育结果不断完善和提高。鉴定子功能要求对教育效果进行价值判断，通过比较、区分和评定等级，为确定、筛选和管理服务①。充分发挥教育督导评估功能，运用科学的方法对被督导单位进行客观、公正的评估、监测，弄清成绩和不足，对于引导教育工作方向、促进教育改革发展、加强科学管理、实现教育整体优化、提高教育质量和办学效益，都具有重要意义。比如，2014年，四川省基础教育监测评估中心围绕“办人民满意的义务教育”热点话题，经过不断探索和论证，构建了义务教育人民满意度指标体系，以此作为评价标准的工具对全省部分地区实施义务教育人民满意度评估监测，为教育决策提供了重要参考。

二、反馈功能

教育督导反馈功能是将评价信息或评价结果告之督导对象，促进其产生积极变化的作用和效能。在教育督导系统内，上级政府机关发出指令，督导机构执行指令，获取的督导信息都能通过系统直接反馈至上级政府机关，同时将相关决策信息传达到督导对象，从而形成一个系统的督导“回路”。其中，反馈是架设在督导主体与客体之间的“桥梁”，它使督导的活动发生双向互动，并处于动态的统一之中。比如，督导发现教育决策有失误，即可进行追踪决策行为已产生的效果，及时纠正；如果决策是正确的，但执行出现偏差，可及时反馈有关信息，使决策的贯彻沿“正轨”前行。在督导信息反馈过程中，教育督导人员起着独特的和不可替代的作用。一方面，督导人员并非利益相关者，看问题比较客观；另一方面，督导人员不是简单的传声筒，而是遵循一定的原则、程序、途径和方法，采集、鉴别和筛选第一手材料，并传递真实有效的情况，这是反馈信息符合督导对象实际的保障。比如，2014年，国务院教育督导委员会组织开展了农村义务教育学校基本办学条件大规模专项督导，抽查了

① 唐金石. 浅析教育督导的职能及任务 [J]. 哈尔滨学院学报，2002，23（11）：117—120.

31个省、自治区、直辖市和新疆生产建设兵团的203个县（市、区），组织督导人员实地检查学校1 133所。针对督导发现的问题，国务院教育督导委员会及时反馈督导信息，对各地下发整改意见书，督促各地强化落实，着力改善农村义务教育学校基本办学条件①。

三、监督功能

教育督导监督功能是督导机构对被督导对象的工作进行检查和督促，确保教育目标达成所发挥的作用。教育督导机构被国家赋予特定的行政监督权力，按照职责要求采取相应的手段督促下级部门迅速、有效、准确、积极、主动地贯彻执行教育方针及各级政策。教育督导机构发挥监督功能必须依据国家有关的教育方针、政策、法律、法规、指令、规章和制度，不能受任何个人的主观意志所左右。从这个意义上说，教育督导的过程就是教育执法的过程。只有在检查督促过程中杜绝有法不依、有令不行、执法不严等现象，才能通过监督功能的发挥提高教育行政管理的效率，完成各项教育工作任务。2007年，国家开展基本普及九年义务教育和基本扫除青壮年文盲（以下简称“两基”）专项督导检查，对义务教育的普及程度、中小学教师队伍、办学条件、教育经费、教育质量、学校安全管理、扫盲工作进行全国性检查，严格的监督工作引起各级政府的高度重视，各省市义务教育得到长足发展。最终，我国在2011年全面实现“两基”，书写了人类教育史上的奇迹。

四、指导功能

教育督导指导功能是在督导过程中，帮助被督导对象找出问题的原因和解决问题的办法所发挥的作用。指导是教育督导的一个重要环节，从教育管理、教育课程、教育内容到教育方法，从地方政府、教育行政部门到学校、课堂，指导是教育督导的重要内容。成功的指导以事实为依据，以督导人员与被督导人员之间相互信任为条件，通过帮助和指导激发督导对象的积极性，充分发挥

① 教育部. 2014年教育督导报告［EB/OL］.（2015-03-06）［2015-04-19］. http://www.moe.edu.cn/publicfiles/business/htmlfiles/moe/s5987/201503/184532.html.

其主观能动性，从而解决督导中发现的问题。

教育督导的功能是一个统一的整体，“评估”“反馈”是教育督导的基本功能，“监督”是教育督导核心、本质的功能，“指导”是教育督导的应用价值功能。“评估”“反馈”“监督”是“指导”的前提和基础，“指导”是“监督”“反馈”“评估”的深化和集中体现，督导的最终目的就是指导督导对象改进工作，促进发展。因此，在教育督导过程中，只有充分发挥其整体功能，才能较好地发挥教育督导机构的效能。

第四节 教育督导体制

教育督导体制是教育督导工作的基本规范和保障。各国在开展教育督导中形成了与教育体制、行政体制相适应的教育督导体制。教育督导体制在保证教育督导职能，推动政府依法行政、切实履行所应承担的教育职责，推动教育优先发展，提高教育质量中起到了不可替代的重要作用。

一、教育督导体制的内涵

教育督导体制是教育督导的组织结构、领导隶属关系和管理权限组成的有机统一体。

教育督导的组织结构主要包括教育督导的组织机构及其职能。它是行使教育督导权力和教育督导职能的物质载体，是教育督导体制的基础。教育督导的领导隶属关系由两个方面组成：一是教育督导区划的纵向层次各级权限的划分及其与相应的政府部门和教育行政部门的关系，二是教育督导区划的横向层次与各行政部门和教育行政部门的关系。教育督导领导隶属关系的确定保证了教育督导的范围的确定性。教育督导的管理权限是对教育督导组织及其成员的权力、责任的规定和划分。它是开展教育督导工作的重要基础，也是教育督导体制的核心。教育督导的组织结构、领导隶属关系、管理权限三方面紧密联系在一起，构成一个完整的系统，承担起教育督导的基本职能。

教育督导体制是教育管理体制的重要组成部分。教育管理体制是由决策体制、执行体制、监控体制共同构成的一个系统。教育决策体制、教育执行体制、教育监控体制分别承担着不同的任务。教育督导监控是对教育进行监控的一种形式，也是世界各国普遍采用的一种形式。教育督导体制就属于教育管理体制中的教育监控体制部分，也是教育监控体制的核心部分。监督评价是教育督导体制的固有功能。有了教育督导体制，才能够最大限度地确保教育决策与执行的科学性和高效性，才能够充分发挥政府对教育的领导、管理的功能和作用，体现政府领导和管理教育的价值。因而，教育督导体制是否建立和完善，是衡量一个国家、政府或政府主管部门教育管理水平高低的重要标志。

我国现行的教育体制，是从 1983 年恢复教育督导工作后逐步建立和完善的。从组织体系建设来看，建立了中央、省、市、县四级教育督导组织体系，实行“以块为主，条块结合，统一领导，分级管理”的体制。从制度体系建设来看，建立了“督政”“督学”“监测评估”三位一体的体制。从行政关系来看，教育督导体制承担着各级人民政府依法赋予的行政监督职能，主要是监督地方政府、教育主管部门以及学校对国家教育政策与法律的执行情况，同时监督这些部门自身决策的合法性、合理性、有效性，以及对自己的决策、规划等的执行情况。

综上所述，教育督导体制是国家或地方政府依法建立的领导、管理教育的一项专门体制；是国家或地方政府实现依法治教和依法促教而建立的体制；是国家或地方政府通过监督、检查、评估、指导、服务实现其职能，确保教育事业健康发展、科学发展的体制；是国家或地方政府获得必要的教育事业发展情况的信息反馈的体制。教育督导体制是由教育督导组织或机构和制度两个基本要素组成的体制。

二、教育督导体制的类型

以不同的标准为依据，可以划分出不同的教育督导体制类型。根据建立教育督导体制的价值取向划分，我们将教育督导体制分为行政型体制、视导型体制、指导型体制和混合型体制。

（一）行政型体制

行政型体制是以行政监督为核心构建的一种教育督导体制。这种体制的主要价值取向就是以行政权威监督下级政府、政府教育主管部门、学校执行国家教育法规、政策。这种教育监督体制反映的是政府管理教育的职能体制，是政府依法治教体制，是促进行政辖区内教育事业健康发展、办人民满意教育的督导体制，是重在监督政府或政府教育主管部门履行教育职能的体制。例如，我国古代运用帝王权力督查下级教育部门的工作是否按照统治者的指示办事形成的传统体制，就属于典型的行政监督型教育督导体制。第二次世界大战前的日本政府监督下级教育部门和学校按照天皇的敕令开展教育工作而形成的体制，也是行政监督型体制的代表。如今我国部分地方依据《中华人民共和国义务教育法》（以下简称《义务教育法》）的相关规定构建的教育督导体制就具有浓重的行政型体制色彩，这种行政型体制的建立，有效地促进了当地教育条件，特别是学校“硬件”环境的彻底改变。行政型体制对学校教育软件环境，特别是课堂教学质量提高的监督效果极其有限，甚至出现监督越勤越细，越遭到被监督者内心的抵制，导致监督效果越差的现象。

（二）视导型体制

视导型体制是以观察和指导为核心构建的体制。这种体制的主要价值取向就是以视察或指导教育行政部门或学校按照教育规律、教育法规开展教育活动并促进其提高教育质量和教育效益。这种教育督导体制反映的是教育主管部门管理教育的职能体制，是教育主管部门依法主管教育，促进行政辖区内的学校执行国家教育法律、政策和方针，执行国家课程计划和标准，提高学校教育质量，办人民满意的学校而形成的教育督导体制。这一体制主要依靠视导人员的专业权威，更加注重教育督导的科学性、民主性、公平性，通过集体或个别指导、帮助或服务发挥其作用。这也是一种以学校为主要对象，重在观察和指导，重在为学校甚至教师排忧解难，较为灵活开展教育督导的体制。如美国形成没有统一、自成体系、独立的教育督导机构和制度，联邦教育部既可以对本部所资助的一些项目进行检查和视导，也可以由地方教育行政部门负责开展辖区内的检查和视导，还可以由有关学术组织——全国学校评估研究会——通过出版学校教育标准和视导指南，对各地教育督导机构或学校进行指导等。

视导型教育督导体制与行政型教育督导体制相比，虽然也强调行政权威，但是行政权威不如后者，相反主要靠非权力因素开展有效的教育督导。其局限性在于教育督导虽然能够获得教育主管部门、学校甚至教师的支持，但是由于督导人员缺乏一定的行政权力，对教育主管部门、学校或教师需要解决的除学科问题以外的其他问题基本无能为力；由于督导人员经常深入教育主管部门、学校或课堂进行的对学科活动的具体观察、指导，面临教育督导对象多、督导事项多、情况复杂等不利因素，因此容易造成“蜻蜓点水式”的督导，使教育督导的形式更甚于内容。如今我国部分地区依据《义务教育法》规定构建的教育督导体制明显具有浓厚的视导型体制色彩，这种视导型体制的建立，在一定条件下促进了当地教育条件特别是学校“硬件”条件的变化，同时，也在积极促进学校教育“软件”的变化方面发挥着越来越重要的作用。

（三）**指导型体制**

指导型体制是以学校督导为重心的教育督导体制。这种体制的主要价值取向是以政府或政府督导部门为主导，学校督导为主体，对学校决策、执行开展监督和指导，以办人民满意的学校为目的。指导型体制在我国是学校依据《教育法》第 29 条第 2 项“学校贯彻国家教育方针，执行国家教育教学标准，保证教育教学质量”的规定，结合《教育督导条例》的要求，在学校管理实践中通过大胆探索构建的。这种体制是充分体现学校依据章程自主管理，实现学校自我教育、自我管理和自我监督办好学校教育的体制，也是有助于充分发挥学校，特别是校长、教师甚至学生在教育、管理和保护中的自我教育、自我监督和自我改进的积极性、主动性和创新性的体制。指导型体制是一种更具基础性、针对性，注重以内在动力的驱动和依靠专业力量指导的体制。如山东临沭县实验中学通过实验探索构建了学校四级督导体制：学校领导挂帅，职能部门领导为骨干，督察室人员全程参与的校级督导；年级主任牵头，班主任、备课组长负责组成学级督导班子；学班导师指导学生学习、生活、心理辅导，对学生进行全程、全方位督导；记成长日记、设文明监督岗，学生实现自我督导和互相督导。这一体制取得了明显的督导效果。指导型教育督导体制的形成实现了督导的重心下移，以政府的外部督导为辅，学校的自我督导为主，两级教育督导既相互独立，又互相补充和协作，围绕学校发展和学生素养形成为中心，构建了全天候、全方位和全过程的立体督导体制。指导型体制的重心和重点在于学校有其独特优势和功能，但是这种体制已经超出了传统的教育督导实践，在大范围内推广普及还可能会遇到不少困难。首先，纳入国家的教育督导体系难，建立以学校教育教学实践和管理为重点的教育督导体制，实际上需要增加一级督导机构，涉及资源的调整和配置，存在很大的难度；其次，校长学校管理观念和管理方法的转变难，特别是已形成的传统上依靠外部督导的观念和方法要改变，构建学校“决策、执行和监督”与民主参与相结合的现代学校治理结构本身除涉及学校管理观念的转变外，还要涉及学校机构调整和资源的重新配置，难度就更大。

（四）混合型体制

混合型教育督导体制是综合了行政型、视导型和指导型体制的优势而形成的综合型体制。这种体制兼顾行政监督、视察、指导、评估，能够较好地整合行政型体制、视导型体制、指导型体制的优点，实现优势融合，优势互补，加强教育督导与教育实践活动的紧密联系，满足管理和实践两方面的需要。这一体制既能充分发挥政府职能，促进督导人员专业优势的发挥，实现权力因素和非权力因素的结合，也能更好地促进学校自主办学、自我控制。我国有的地方政府在教育督导体制上，增加了学校这一层级的教育督导组织，探索构建了学校督导体制，从而构建了政府、学校两级教育督导体制，既发挥了政府行政权威的力量，较为明显地改变了教育基础设施、设备现状，也利用督导人员观察、指导和评估、反馈的专业影响这一非权力因素，更充分发挥了学校自我督导的优势，促进了教育质量的提高和当地教育的发展。部分学校则从学校实际出发，强调决策权、执行权、监控权的分离，积极探索和建立学校内的教育督导体制。例如，湖南省怀化市在学校建立督导室，建立起决策、执行和监督分离的管理系统，发挥督导室对决策和执行系统的检查、评价、监督和信息反馈作用，有效促进了学校的自我诊断、自我反思、自我调控和自我完善。国外大多数国家的教育督导体制都属于这种类型。例如，英国的教育督导体制在重视对教育工作进行指导的同时，也充分发挥其政府履行教育职责的监督和检查功能。这种混合型督导体制是能够发挥政府和学校两个方面的优势的督导体制。在目前条件下，要建立有学校督导组织参与构成的教育督导体制既需要教育督导观念的变革，也需要教育督导组织的改进和变革。

【拓展性阅读】

教育督导与教育视导、教育评估的关系辨析

教育督导与教育视导

目前，学术界在相关研究活动中，对教育督导与教育视导（education supervision）未做严格区分，我国大陆地区一般用“教育督导”，而我国台湾地区一般使用“教育视导”①。但在我国大陆的教育实践工作中，“教育督导”与“教育视导”存在明显的差异。

第一，教育督导的工作范围要大于教育视导。教育视导是以学校教育教学工作为督导对象的，类似于教育督导工作中的学校工作督导；教育督导除了对学校的督导，还包括对教育行政部门的教育工作的督导。第二，教育督导的行为目的要广于教育视导。教育视导的目的主要是诊断教育现状，通过视察了解学校情况，指导管理人员和教学人员改进管理制度和教育工作，促进学校教育的发展；教育督导的目的除了指导与服务，还包括对政府、学校的教育工作的监督、评估。第三，教育督导的内涵更加丰富，更能揭示督导工作的本质要求。传统的教育视导带有浓厚的视察、指导的意味，而教育督导越来越强调以合作意识代替强制与命令，以内行的具体辅导和激励促进被督导对象的改进。教育督导体现在决策咨询、反馈协调中的日益突出的作用是教育视导不能取代的。

教育督导与教育评估

教育评估是人们按照一定社会的教育性质、教育方针和教育政策所确

---

① 如台湾邱锦昌在《教育视导之理论与实际》中译介西方学者有关“education supervision”内容时，均使用“教育视导”。见邱锦昌. 教育视导之理论与实践［M］. 台北：五南图书出版有限公司，1991.

定的教育目标，对所实施的各种教育活动的效果及学生学习质量和发展水平进行科学的评价与估量。教育督导与教育评估联系密切，同时又有明显的区别①。

首先，两者都是一定的教育工作实施主体作用于客体的管理活动。教育督导是国家教育行政管理体系中一个相对独立完整的系统，而教育评估则是其中的重要组成部分，它既是教育督导的任务之一，又是教育督导的重要手段。实施教育督导活动的过程本身就包含了评估的因素，要增强教育督导的科学性和权威性，提高其信度和效度，必须进行评价。

其次，两者实施的基本依据相同，价值取向一致。两者实施的基本依据都是国家的教育方针、政策与法规，它们的最终目的是一致的，均在于保证国家教育方针、政策、法规的贯彻执行，实施素质教育，提高教育质量，促进教育公平，推动教育事业科学发展。同时，两者一致的价值取向体现为以共同的依据确定督导或评价的具体标准。也就是说，要将国家的教育方针、政策和法规以及确定的教育目标具体化，变为相应的、稳定的参照系，作为督导或评价的具体标准。因此，两者的价值取向也是一致的。

再次，两者实施的基本原则和要求是一致的。一方面，督导要完成“导”的任务，评估要完成“评”的任务，“导”和“评”都必须有充分、可靠的依据。在收集信息资料的范围、对象、途径、手段等方面，两者的基本原则是相同的。另一方面，督导要通过“督”来充分发挥“导”的监督、指导职能作用，评估要通过“评”来充分发挥鉴定性的职能作用，“督”与“评”都必须具有较高的信度和效度，必须遵循客观性、准确性等基本原则，公正客观、实事求是地反映情况，并提出可供咨询的宏观决策与调控依据的真知灼见。

从两者的区别来看，首先，两者实施的主体有所不同。教育督导强调客观性与权威性，其实施的主体必然是也只能是教育督导机构与督导人员。

---

① 熊模英. 试论教育督导与教育评价的关系［J］. 江西教育学院学报：自然科学，1996，17（3）：66—68.

教育评估更具有针对性与相关性，其实施的主体则具有不确定性，往往是非督导机构与非督导人员，要广泛得多。

其次，两者实施的手段有所不同。教育督导实施的手段主要是比较、分析，是将国家的教育方针、政策、法规和教育目标与督导客体工作的历史、现状进行比较、分析，对其执行教育方针的过程、实施教育目标的程度做出判断认可。教育评估实施的手段则主要是测评、估价，是依据以国家教育方针、政策、法规和教育目标所确定的评价指标，对评估客体工作的过程和结果从数量上和性质上进行测评、估价，对其办学水平和教育效果做出价值鉴定。

再次，两者的功能作用有所不同。教育评估的功能主要有测评、估价、鉴定、导向、激励、改进等方面，其中测评、估价、鉴定为显性功能，其余为隐性功能。这些评价功能的效用须在评价客体对评价结论认同或接受后才能体现出来。教育督导的功能除具有教育评估的上述这些功能外，还有监督、调节、咨询、指导、辅导等多方面效能。这些督导功能均为显性功能，其效用在督导过程中可以直接体现出来。

第二章
我国教育督导制度的沿革

我国最早的督导制度是古代的帝王视学制度，除此以外，历朝历代的官学也有相应的督导制度。清末“废科举、兴学堂”的浪潮和《视学官章程》颁布，标志着我国近代教育督导制度的确立。中华民国成立后颁布《视学规程》，初步建立起了“部、省、县”三级督导制度。新中国成立后，教育部设视导司开展教育督导工作，后因各种原因教育督导工作被淡化甚至取消。1977 年，邓小平同志提出恢复我国教育视导机构和教育视导制度的设想；1986 年 10 月，国家教委视导室更名为督导司，标志着我国教育督导制度开始正式重建①。2012 年，国务院正式颁布《教育督导条例》，随即国务院教育督导委员会成立，我国的教育督导制度建设迈向历史发展的新时期②。

第一节　古代的帝王视学与官学督导

我国古代教育机构分为官学与私学两种类型，私学因学派众多、散落民间，未曾纳入统一管理，因此教育督导的萌芽、发展一般是在官学范围内。清末以前的教育督导制度存在着帝王视学（幸学）和官学管理督导两种形式。

---

① 国家教育督导制度［EB/OL］．［2015-04-28］http://news.xinhuanet.com/ziliao/2005－11/08/content_3749040_2.htm.

② 李帅军．二十世纪四十年代我国教育督导的理论探讨及其启示［J］．国家教育行政学院学报，2008，(11)：82—85.

一、古代的帝王视学制度

我国教育督导制度由古代皇帝视学演变而来[①]，自夏代至清末，各朝文献都有关于皇帝视学的记载。

（一）夏商周三代的天子视学制度

夏商周三代的学校具有前后因革损益的历史关联。[②]《孟子·滕文公上》记载："夏曰校，殷曰序，周曰庠；学则三代共之，皆所以明人伦也。"[③] 西周时期的学校教育制度日趋完善，其学制系统分为国学与乡学两大类：国学分为大学和小学；乡学分为塾、庠、序、校。夏商周三代"学"与养老密切相关。"凡养老，……夏后氏以飨礼……五十养于乡，六十养于国，七十养于学……"[④]，"礼官养老。夏曰校，殷曰庠，周曰序"[⑤]。由此可见，夏商周三代的"学"兼有养老功能。

与此相适应的是天子视学制度的建立。《玉海·学校篇》记载，"《三礼义宗》曰：'凡一年之中，养国老有四，皆用天子视学之始。'一年之内，视学有四，故养老之法亦有四，皆用视学之明日。"这表明，西周天子一年之内的视学达四次之多。《礼记·学记》记载："未卜禘不视学，游其志也。"[⑥] 意为不到春祭过后，天子不视察学校，以便让学生趁学年开始从容地考虑自己学习的计划和志趣。《礼记·文王世子》记载："天子视学，大昕鼓徵，所以警众也。"[⑦] 意为天子视学那天的清晨，先击鼓以集合大众，众至然后天子至，先行设奠祭先圣先师之礼，这可视为教育督导程序的雏形。此外，孔颖达疏《王制》引熊氏佚文："天子视学之年养老，一岁有七……天子视学，亦养老。"[⑧]

---

① 齐红深，徐治中. 中国教育督导纲鉴［M］. 沈阳：辽宁大学出版社，1989：1.

② 郭秉文. 中国教育制度沿革史［M］. 福州：福建教育出版社，2007：2.

③《孟子·滕文公上》.

④《礼记·王制》.

⑤《说文解字》.

⑥《礼记·学记》.

⑦《礼记·文王世子》.

⑧ 史仲文，胡晓林. 中国全史：教育卷［M］. 北京：中国书籍出版社，2011：27.

从这些文献可以看出，夏商周三代已有天子视学制度。不过这个时期的视学制度与养老典礼结合进行，目的是天子通过视学宣扬孝悌之道，以达到教化民众、引导社会风气、巩固统治的作用，这实质上是一种政治手段，是政教合一的表现，此种视学制度也被后世历朝历代所沿用。

（二）汉至唐时期的帝王视学制度

1. 汉代的帝王视学

汉代继秦朝之后建立起了统一的中央集权国家，历代帝王均重视太学，并亲临太学视学。汉代帝王视察太学被称为“幸学”。自汉代开始，帝王视学的目的已从尊崇养老之礼逐渐向与太学博士、博士弟子讲经的转变，即提倡尊经崇儒。“自汉以后，养老之礼浸废，而人主之幸学者，或以讲经，或以释奠，盖自为一事矣。故今以二事合为一门云。”①

东汉时期皇帝视学频繁。建武十九年（公元 43 年），光武帝亲临太学令诸儒讲经论难。“桓荣，建武十九年，拜议郎，为博士。‘车驾幸太学，会诸博士论难与前，荣被服儒衣，温巩有蕴藉，辩明经义，每以礼让相猒，不以辞长胜人，儒者莫之及，特加赏赐。’”② 皇帝幸学太学，命诸儒讲经论难，博士桓荣不但能明辨经义而且态度谦逊有礼，众儒生无人能及，皇帝特加赏赐。东汉明帝重视太学，“显宗即位，亲行其礼，乡射礼毕，帝正坐自讲，诸儒执经问难于前”③。永平十五年（公元 72 年），明帝“亲御讲堂，命皇太子、诸王说经。”④ 明帝在位时大会诸儒，亲自讲学，各儒者提问疑难，万人围观、盛况空前，史者认为永平年间是汉代教育最兴盛的时期⑤。安帝、灵帝、献帝都曾视学太学，安帝延光三年（公元 124 年），“车驾还京师，幸太学”，灵帝光和五年（公元 182 年）十二月“幸太学”；东汉献帝视学太学，赏赐博士，后汉献帝初平四年（公元 193 年），“冬十月，太学行礼，车驾幸永福城门，临观其

①③ 马端临：《文献通考·学校考》.

②《后汉书》卷六十七《桓荣传》.

④《后汉书》卷二《明帝纪》.

⑤ 程舜英. 中国古代教育制度史料 [M]. 北京：北京师范大学出版社，2011：91.

仪，赐博士以下各有差。”①

汉代确立的帝王视学制度，虽然仍有宣扬孝养之道、举行养老之礼的含义，但主要的目的已经慢慢转到通过帝王之尊制度的影响来提倡尊经崇儒。即一方面激励太学博士努力钻研经学、刻苦治学，另一方面提倡孝道、奉行养老之礼。

2. 三国魏晋南北朝的帝王视学制度

三国魏晋南北朝时期的帝王视学制度较之汉代又有所发展。这一时期虽然战乱不断、朝代更迭频繁，但很多崇儒尊经的帝王，都推崇太学视学制度。

三国时期魏国的皇帝高贵乡公多次赴太学与博士辩论经义，并举行养老之礼。“甘露元年（公元 256 年），帝幸太学……讲《易》毕，复命讲《尚书》。”② “魏高贵乡公甘露二年（公元 257 年），天子亲率群司行养老之礼于太学，命王祥为三老，郑同为五更……帝幸辟雍，会命群臣赋诗……诏曰：群臣皆当玩习古义，修明经典，称朕意焉。”③ 高贵乡公视学辟雍命群臣赋诗，并下诏命群臣学习古义、修明经典。

西晋武帝太始六年（公元 270 年），“冬十一月，幸辟雍，行乡饮酒之礼，赐太长博士、学生帛牛酒各有差”④。晋武帝亲临辟雍视学，行乡饮酒礼，并赏赐博士、学生帛绸、牛、酒。晋惠帝时期国学曾经有过一番盛况，惠帝也亲临太学视学并祭奠先师。“三年春闰月，将有事于上庠，释奠于先师，礼也。越二十四日景申，侍祠者既齐，舆驾次于太学。”⑤ 东晋时期，皇帝视学频繁。“东晋成、穆、孝武三帝，皆以讲经亲诣学释奠。孝武以太学在水南悬远，有司议依穆帝升平元年，于中堂权立太学释奠。礼毕，会百官六品以上。”⑥

十六国时期北方各国为少数民族统治地区，虽各国统治时间不长，但各少

① 《后汉书》卷五《安帝纪》、卷八《灵帝纪》、卷九《献帝纪》.

② 《三国志·魏书》卷四《三少帝经》.

③ 马端临：《文献通考·学校考》.

④ 《晋书》卷三.

⑤ 《晋书》卷五十五《潘岳传》.

⑥ 《中国古籍全录》.

数民族统治者为争取汉族人的支持，大多崇儒立学、加速汉化，此时期的教育发展对于加速民族间的汉化与融合起到了一定作用。前赵皇帝刘曜曾亲临太学招试学生，拜优秀者为郎中，“曜临太学，引试学生之上第者拜郎中”①。前燕皇帝慕容皝命天下大臣子弟为官学生，立东庠于旧宫，每月亲自去考察学生学习优劣，并亲自考校学生，将经学优秀者提拔为近侍。“慕容皝，赐其大臣子弟为官学生者号高门生，立东庠于旧宫，以行乡射之礼，每月临观，考试优劣。……皝亲临东庠考试学生，其经通秀异者，擢充近侍。”② 前秦皇帝苻坚统治时期独尊儒学，每月都会去太学视学，“甘露四年（公元 362 年），坚亲临太学，考学生经义优劣，品而第之。……坚自是每月一临太学，诸生竞劝焉。”③ “建元七年（公元 371 年），坚行礼于辟雍，祀先师孔子，其太子及公侯卿大夫之元子，皆束修释奠焉。……坚每月朔旦率百僚亲临讲论。”④ 苻坚对于经义考核优秀者予以授官奖励。“秦王坚临太学，考学生经义，上第擢叙者八十三人。”⑤

南北朝时期仍沿承以往的帝王视学制度。南朝宋文帝亲临国学测试诸生，对于表现优秀者给予奖励。“元嘉二十三年（公元 446 年），九月己卯，车驾幸国子学，策试诸生，答问凡五十九人。”⑥ 南朝齐武帝亲临国学讲经，并给予祭酒、博士赏赐。“三月辛亥，国子讲《孝经》，车驾幸学，赐国子祭酒、助教绢各有差。”⑦ 南朝梁武帝曾两次亲临国学测试学生并奖励。“天监九年（公元 510 年），三月己丑，车驾幸国子学，亲临讲肆，赐国子祭酒以下帛各有差。……冬十二月癸未，舆驾幸国子学，策试胄子，赐训授之司各有差。”⑧ 南朝陈国虽未见皇帝视学的文献记载，但有不少关于皇太子亲临太学的释奠、

---

①《晋书》卷一百零一《载记·刘曜》.

②《晋书》卷一百零九《载记·慕容皝》.

③《晋书》卷一百十三《载记·苻坚·上》.

④《十六国春秋·前秦录四·苻坚·上》.

⑤ 马端临：《文献通考·学校考》.

⑥《宋书》卷五《文帝纪》.

⑦《南齐书》卷三《武帝纪》.

⑧《梁书》卷二《武帝纪·中》.

讲经的记载。“宣帝太建三年（公元571年），皇太子亲释奠于太学”，“太建十一年（公元579年），皇太子幸太学，诏新安王于辟雍发《论语》题”，“后主至德三年（公元585年）十二月，皇太子出太学，讲《孝经》……辛丑，释奠于先师”，“吴兴王胤，后主即位，立为皇太子，至德三年，躬出太学讲《孝经》，将毕，又释奠于先圣先师”。[①]

北朝学校较之南朝发达，皇帝视学记载尤以北魏居多。北魏太武帝幸学中书学并提拔聪敏的学生李䜣为中书助教博士。“李䜣，为中书学生。世祖幸中书学，见而异之，指谓从者曰：此小儿终效用于朕之子孙矣。”[②] 北魏文成帝每次幸国学都要单独考查聪悟的学生。“李安世，幼而聪悟……高宗每幸国学，恒独被引问。”[③] 北魏孝文帝多次亲临黄宗学，问博士经义。“高祖太和十六年（公元492年），甲寅，幸黄宗学”，“高祖太和十七年（公元493年），秋七月，壬申，观洛桥，幸太学，观《石经》”[④]。北魏孝武帝也曾亲自视学国学，行释奠礼并讲授经书。“正光二年，乃释奠于国学……永熙中，复释奠于国学。”[⑤] “肃宗正光二年（公元521年），车驾幸国子学，讲《孝经》。三月庚申，帝幸国子学祠孔子，以颜渊配。”[⑥] 北朝北周武帝时期政局较为安定，教育稍有起色，武帝幸太学、尊三老，堪称一代之盛。[⑦] “高祖保定三年，乃下诏尊太傅燕公为三老。帝于是服衮冕，乘碧辂，陈文物，备礼容，清跸而临太学。袒割以食之，奉觞以酳之。斯固一世之盛事也。”[⑧]

此时期，各朝代帝王幸学，均把儒学置于重要地位，即“以经术为先”。帝王带头尊孔学经，根本目的是为了通过维持儒学的宗主地位，传播宣讲儒家思想以维持本朝统治。

---

① 参见《陈书》卷五《宣帝纪》；《陈书》卷三十四《文学列传》；《陈书》卷六《后主纪》.

②《魏书》卷四十六《李䜣传》.

③《魏书》卷五十三《李孝伯传》.

④《魏书》卷七《高祖纪》.

⑤《魏书》卷八十四《儒林列传序》.

⑥《魏书》卷九《肃宗纪》.

⑦ 程舜英. 中国古代教育制度史料［M］. 北京：北京师范大学出版社，2011：257.

⑧《周书》卷四十五《儒林列传序》.

3. 隋唐时期的帝王视学制度

“隋唐时期既是中国古代社会走向鼎盛的时期，也是中国古代教育最有成效的时期。在中国古代教育发展上具有重要的地位和特殊的意义，为古代社会的文明进步和发展做出了卓越的贡献。”①

隋文帝一统天下便奖励学术、振兴学校，并亲到国学视学。“开皇十年（公元590年）十一月，高祖幸国学，颁赐各有差。”② 隋文帝经常亲临国学释奠、讲经论义。“尝因释奠，高祖亲幸国子学，王公以下毕集。光升座讲礼，启发章门。已而诸儒生以次论难者十馀人，皆当时硕学，光剖析疑滞，虽辞非俊辩，而理义弘赡，论者莫测其浅深，咸共推服，上嘉而劳焉。”③ “上尝亲临释奠，弼与博士论议，词致清远，观者属目。上大悦，顾谓侍臣曰：朕今睹周公之制礼，见宣尼之论孝，实慰朕心。于是颁赐各有差。”④ “会高祖亲临释奠，国子祭酒元善讲《孝经》，頍与相论难，词义锋起，善往往见屈。高祖大奇之，超授国子博士。”⑤

唐代高祖皇帝亲临国学释奠，招博士讲经辩论。“武德七年（公元624年）二月十七日，高祖幸国子学，亲临释奠。引道士、沙门有学业者，与博士杂相驳难，久之乃罢。”⑥ 唐太宗李世民重视儒学，继位后数次亲临国学，命祭酒、博士讲经论义并加以奖赏。“贞观十四年（公元640年）二月十日，幸国子监，亲临释奠。”“太宗……数幸国学，会祭酒、博士讲论，毕，赐以束帛。”“太宗幸国学观释奠，命颖达讲《孝经》。”⑦ 唐玄宗为太子时便亲临国学释奠并讲经，“玄宗在东宫，亲幸太学，大开讲论，学官生徒，各赐束帛。及即位，数

---

① 史仲文，胡晓林. 中国全史：教育卷［M］. 北京：中国书籍出版社，2011：395.

②《隋书》卷二《高祖纪·下》.

③《隋书》卷七十五《儒林列传》.

④《隋书》卷五十六《宇文弼传》.

⑤《隋书》卷七十六《文学列传》.

⑥《唐会要》卷三十五.

⑦ 参见《唐会要》卷三十五、《旧唐书》卷一百八十九上《儒学列传》、《旧唐书》卷七十三《孔颖达传》.

诏州县及百官荐举经通之士。”①

唐代皇帝的视学与举行“释奠礼”有着诸多密切的联系。唐贞观二年（公元628年），升孔子为先圣，以颜回配享，这是中国历史上国家教育机构第一次专祭孔子的开始；唐朝诸帝都很重视弘扬儒学，从高祖到昭宗，皆亲临国子监释奠，皇太子释奠则更为经常。②《旧唐书》较为详细地记载了唐代的几次释奠礼。一为武德七年（公元624年），高祖“幸国子学，亲临释奠”。一为永泰二年（公元766年）二月的释奠，“令京兆尹黎干造食，集诸儒、道、僧，质问竟日”。一为同年八月的释奠，“京兆府置食，讲论……又有教坊乐府杂会，竟日而罢”。《新唐书》也记载了永泰二年的两次释奠礼，“杂以教坊工伎”，“京兆设食，内教坊出音乐俳倡侑宴……又赐钱千万，取子钱供秩饭”。其《儒学》传记尹愔：“每释奠，讲辨三教。”由此可见唐代释奠礼的特点：一是不仅讲论儒家经典，而且兼及佛道两家，三家辩论经义（唐代以前的讲经还是限于儒家经典）；二是不仅奏陈雅乐，而且有京兆府供食、教坊杂乐倡优助兴③。

唐朝的视学有了制度规范。《唐开元礼》制有《皇帝皇太子视学仪》《皇帝养老于太学仪》，其中对皇帝和皇太子视学、养老等学礼做了进一步规范。

（三）宋明清初的皇帝视学制度

北宋太祖建国伊始重视文治，他曾告诫侍臣：“朕欲尽令武臣读书，知为治之道”，宋太祖也屡次临幸国子监，“宋太祖皇帝建隆元年（公元960年），幸国子监，诏加饰祠宇及塑绘先圣、先贤、先儒之像”④。宋太宗、宋真宗、宋仁宗等皇帝都曾视学国子监，命人讲书并赏赐。“太宗端拱元年（公元988年），幸国子监，谒文宣王毕，升辇将出西门，顾见讲座，左右言学官李觉方聚徒讲书，即召觉，令对御讲说”；“真宗咸平二年（公元999年），幸国子监，召学官说书，赐以金帛”；“仁宗天圣二年（1024年），幸国子监，召直讲兼诸

① 《旧唐书》卷一百八十九《儒学列传·上》.

② 史仲文，胡晓林. 中国全史：教育卷［M］. 北京：中国书籍出版社，2011：424.

③ 范晶晶. 唐代的释奠礼［N］. 光明日报，2010-12-06（12）.

④ 马端临.《文献通考·学校考》.

王府侍讲马龟符讲说，赐判监冯元以下及学官器币有差”①。宋徽宗幸学并拜祭文宣文庙，“崇宁三年（1104 年），王安石配享文宣王庙庭，坐颜、孟之下，十哲之上。驾幸学，亲行奠谒”②。

南宋宋高宗、宋孝宗等皇帝均视学太学，“高宗绍兴十三年（1143 年），国学大成殿成。明年，国子司业高闶请幸学，上从之……三月，上服靴袍，乘辇入监，止辇于大成殿门外”；“孝宗淳熙四年（1177 年），幸太学，如绍兴之仪。命礼部侍郎李焘执经，祭酒林光朝讲《大学》”③。宋理宗于淳祐元年（1241 年）幸太学，除了进行释奠、讲经等仪式外，还将《伏羲尧舜禹汤文武周孔颜曾思孟道统十三赞》《白鹿洞书院揭示》颁赐给国子监，宣示太学生，这预示着程朱理学取代汉唐经学成为学术正统，白鹿洞书院学规也在太学推行④。南宋历朝皇帝都较为重视太学教育，其中表现在重视视学释奠礼仪。南宋历朝皇帝基本都举行过隆重的视学典礼，以显示帝王对国子监太学的高度重视和国泰民安、文运隆盛的大治局面。视学期间，天子亲率文武百官会同太学师生，至国学大成殿释奠先圣先师，诏赞儒学，盛称兴学养士之德，并照例举行由国子祭酒或司业执经讲学的象征性仪式⑤。天子视学，礼仪隆重，不仅对太学意义重大，对于全国教育也会产生直接的推动作用。但另一方面，天子视学虽为太学盛典，并有助于彰明朝廷重视教育的意图，但同时也是一种劳民伤财、兴师动众的侈靡举动⑥。

“皇帝到最高学府视学直到明代才形成定制。皇帝视学作为明代皇帝登基后的一项重要礼仪，历代皇帝都非常重视。朱元璋在南京设立国子监后，于洪武十五年（1382 年）在国子监行视学仪后，将其礼仪颁为定制。”⑦“洪武十五年，太祖将幸国子监。议者言，孔子虽圣，乃人臣，礼宜一奠而再拜。太祖

---

① 参见马端临.《文献通考·学校考》.

② 宋代无名氏著《道山清话》.

③ 马端临.《文献通考·学校考》.

④ 参见江铭. 中国教育督导史［M］. 北京：人民教育出版社，1994：48.

⑤ 金平，陈进. 杭州孔庙：见证儒学理学化［J］. 观察与思考，2001，(9)：28—29.

⑥ 史仲文，胡晓林. 中国全史：教育卷［M］. 北京：中国书籍出版社，2011：534—535.

⑦ 赵连稳，宋正鑫. 明代皇帝视学初探［J］. 北京联合大学学报：人文社会科学版，2011，9 (4)：35—42.

不从，命礼部尚书刘仲质定其制。”① 从建文帝开始，几乎所有的明代皇帝都会在其登基之后的前几年，择日到国子监视学②。明朝历代皇帝视学的概况可以参见表 2-1。

表 2-1 明代皇帝视学概况表③

皇帝名称	视学时间	视学地点	讲官姓名	讲经内容
明太祖朱元璋	洪武元年 2 月	国子学（南京）	不详	不详
明太祖朱元璋	洪武十五年五月乙丑	国子监（南京）	祭酒：吴颙	吴颙讲《尚书》中的《大禹谟》和《皋陶谟》
明太祖朱元璋	洪武十七年十二月	国子监（南京）	祭酒：宋讷	不详
明太祖朱元璋	洪武二十九年	国子监（南京）	祭酒：杨淞	不详
明惠帝朱允炆	建文元年三月	国子监（南京）	祭酒：张显宗	不详
明惠帝朱允炆	建文二年正月丁卯	国子监（南京）	祭酒：张显宗	不详
明成祖朱棣	永乐四年三月辛卯朔	国子监（南京）	祭酒：胡俨 司业：张智	胡俨讲《尚书·尧典》 张智讲《周易·泰卦》
明英宗朱祁镇	正统九年三月初一	国子监（北京）	祭酒：李时勉 司业：赵琬	李时勉讲《尚书》中的《帝庸作歌》与《皋陶赓歌》 赵琬讲《周易·文言》
明代宗朱祁钰	景泰二年二月初二	国子监（北京）	祭酒：萧镃 司业：赵琬	萧镃讲《尚书·皋陶谟》 赵琬讲《周易·泰卦》

① 张廷玉《明史》.

②③ 赵连稳，宋正鑫. 明代皇帝视学初探［J］. 北京联合大学学报：人文社会科学版，2011，9（4）：35—42.

续表

皇帝名称	视学时间	视学地点	讲官姓名	讲经内容
明宪宗朱见深	成化元年三月初十	国子监（北京）	祭酒：萧镃	不详
明孝宗朱祐樘	弘治元年三月初三	国子监（北京）	祭酒：费訚 司业：刘震	费訚讲《尚书·商书》 刘震讲《周易·乾卦》
明武宗朱厚照	正德元年三月初四	国子监（北京）	祭酒：张澯	不详
明世宗朱厚熜	嘉靖元年三月初七	国子监（北京）	祭酒：赵永 司业：吴惠	赵永讲《尚书·大禹谟》 吴惠讲《周易·乾卦》
明世宗朱厚熜	嘉靖十二年三月十三日	国子监（北京）	祭酒：林文俊 司业：马汝骥	林文俊讲《尚书·虞书》 马汝骥讲《周易·颐卦》
明穆宗朱载垕	隆庆元年八月初一	国子监（北京）	礼部左侍郎兼翰林院学士掌詹事府暂管国子监事：赵贞吉 司业：万浩	赵贞吉讲《尚书·大禹谟》 万浩讲《周易·乾卦》
明神宗朱翊钧	万历元年八月	国子监（北京）	不详	不详
明神宗朱翊钧	万历四年八月初一	国子监（北京）	礼部右侍郎管国子监事：孙应鳌 司业：沈渊	孙应鳌讲《尚书·皋陶谟》 沈渊讲《周易·离卦》

续表

皇帝名称	视学时间	视学地点	讲官姓名	讲经内容
明熹宗朱由校	天启五年三月甲寅	国子监（北京）	祭酒：蔡毅中 司业：贺逢圣	不详
明思宗朱由检	崇祯二年正月	国子监（北京）	祭酒：孔贞运 司业：倪嘉善	孔贞运讲《尚书·大禹谟》 倪嘉善讲《周易·泰卦》
明思宗朱由检	崇祯五年三月癸卯	国子监（北京）	国子监祭酒兼司业：吴士远	不详
明思宗朱由检	崇祯十四年八月辛酉	国子监（北京）	祭酒：李建泰 司业：何瑞徵	李建泰讲《尚书·皋陶谟》 何瑞徵讲《周易·咸卦》
明思宗朱由检	崇祯十五年七月	国子监（北京）	祭酒：李建泰 司业：何瑞徵	不详

明朝共有 16 位皇帝，其中，明仁宗朱高炽和明光宗朱常洛在位时间均很短，明宣宗朱瞻基在位 10 年，虽有宣德之治，但并无视学记载。除去以上三位皇帝，明朝有 13 位皇帝先后二十余次亲临国子监视学，可见明朝皇帝对于视学的重视。明代皇帝对于国子监的视学内容包含校舍的建筑设计、监生的服装式样、国子监教材等，皇帝还会同国子监祭酒制定国子监监规五十六条，详细规定了国子监祭酒、司业、博士、助教等各级学官的职责、工作原则，也规定了监生的任务与纪律①。如明太祖朱元璋颁布《谕戒属官敕》，规定国子监学官等级次序："首有祭酒，次司业，三监丞，四博士，五助教，六典博，七学正，八学录。"各级学官需各守其职，不许越礼犯分②。

明代皇帝视学的礼仪沿承宋朝，后奠基于太祖时期，发展于成祖时期，完

① 参见江铭. 中国教育督导史［M］. 北京：人民教育出版社，1994：49.

② 参见江铭. 中国教育督导史［M］. 北京：人民教育出版社，1994：50.

善于宪宗和孝宗时期。明代皇帝视学的流程为：视学前的准备—释奠孔庙—幸彝伦堂—讲官讲经—幸学隆施。内容主要分两个部分：一是拜谒孔庙；二是国子监讲官讲经。[①] 皇帝视学的主要目的：一是通过崇儒重道以教化天下，明成祖朱棣于永乐四年（1406 年）三月辛卯朔视学时，拒绝礼部尚书用宋制拜谒孔子的建议，坚持用四拜大礼拜谒先圣，成祖说："见先师礼不可简，必服皮牟行四拜礼[②]"，朱棣在视学完后又亲自撰写碑文强调学校崇道德、弘教化、正人心的作用，以宣扬尊孔崇儒；二是加强对国子监的管理与控制，即通过制定严厉学规约束、控制国子监师生；三是"督促国子监师生的经学教育与学习，从表 2-1 中可以清楚地看到皇帝视学均要召集讲官讲经，经文都是儒家经典的《尚书》《周易》，也就是强调国子监要加强对监生的经学教育，培养出统治所需要的贤才"[③]。

"明代的皇帝视学礼仪对清代的影响颇深[④]，清代不仅保留了明代的国子监，而且也完整地继承了明代的皇帝视学仪。清世祖顺治帝于顺治九年（1652 年）亲自到国子监视学，行释奠礼，康熙皇帝亦亲到国子学拜谒孔子像。"[⑤]其后，直到咸丰皇帝，每位皇帝在位期间都亲到国子监视学。雍正皇帝在位时，下诏改"幸学"为"诣学"[⑥]。其中，对国子监发展有重大影响的有康熙、雍正、乾隆三位皇帝[⑦]。"康熙皇帝对国子监的重大影响是推崇理学，确定了理学在儒家各流派的独尊地位；雍正皇帝对国子监的管理体制进行了重大改革，他规定在国子监祭酒之上设立皇帝特简的管理监事大臣，提高了国子监的地位，使之超乎礼部之上，加大了管理的自主权；乾隆皇帝对国子监的建置有重

---

①③⑤ 赵连稳，宋正鑫. 明代皇帝视学初探［J］. 北京联合大学学报：人文社会科学版，2011，9（4）：35—42.

② 郭鎜《皇明太学志》卷五《礼乐上·临幸》.

④ 清朝自 1840 年鸦片战争后逐渐走向衰落，清朝皇帝视学主要集中在鸦片战争之前的清朝初期，对清朝末期的教育视导本章将单列一节阐述。

⑥ 历来史册记载帝王视学均称为"幸学"（幸：古代专指皇帝驾临）；雍正将其改为"诣学"（诣：指一般到达），显示出帝王对先圣先师的崇敬。

⑦ 史仲文，胡晓林. 中国全史：教育卷［M］. 北京：中国书籍出版社，2011：813.

大改进，乾隆皇帝下令在国子监重新修建辟雍宫。”① “乾隆五十年（1785年），皇帝亲临国子监，仿西周辟雍之制，至辟雍宫举行讲学礼，人数多达3 088人。这是宋、辽、金、元、明以来从未有过的盛典，也是中国历史上最后一次辟雍大典。”②

中国历朝历代帝王视学频繁。视学通过皇帝的尊贵身份莅临太学，一是举行释奠礼，宣示对先圣先师的尊敬；二是讲经论经，大多讲授的是儒家的经典著作，以宣扬教化；三是逐渐建立严格的学规，奖勤罚懒，培养维护各朝代统治所需的人才。

二、古代官学管理与督导制度

中国古代的教育机构分为官学与私学两种类型。私学因学派众多、散落民间，未有较为统一的督导制度记载。而官学发达，因此古代的教育督导制度记载主要反映在官学范围内。

（一）西周时期的官学管理与督导制度

西周的官学由国学与乡学组成。国学包括大学、小学；乡学包括塾、庠、序、校。西周的教育制度是政教不分、官师合一的，其教师均由官吏担任，官即是师、师即为官。西周国学由大司乐（大乐正）主持，属于国家礼官，下面还有乐师、师氏等官员各掌其职；乡学由大司徒主持，另还有乡师、乡大夫等进行教授与管理。

西周国学的主持者称大司乐。《周礼·春官·大司乐》记载大司乐的职责是“掌成均之法，以治建国之学政，而合国之子弟焉。凡有道者有德者，使教焉”③。可见大司乐负责宗教祭祀和国家典礼，是国家最高的礼乐官，兼管国学教育事务。地方教育最高行政长官是大司徒，其主要职责是教化。《周礼·地官·大司徒》记载大司徒之职是“以五礼防万民之伪，而教之中；以六乐防万民之情，而教之和”④。可见地方教化是地方行政长官的主要任务。乡大夫

①② 史仲文，胡晓林. 中国全史：教育卷［M］. 北京：中国书籍出版社，2011：814.

③《周礼·春官·大司乐》.

④《周礼·地官·大司徒》.

为一乡的最高行政长官。据《周礼·地官·乡大夫》载："乡大夫之职，各掌其乡之政教禁令。"[①] 可见乡大夫亦是乡教育行政长官，其职责涉及选才、治民、兴教化等。《礼记·学记》记载西周大学考核制度："一年视离经辨志，三年视敬业乐群，五年视博习亲师，七年视论学取友，谓之小成。九年知类通达，强立而不反，谓之大成。"[②] 此种记载在当时是否真正施行我们尚且不论，但从中可以看出当时已有对"大学"的视察管理。《礼记·王制》记载国学中如果有的学生不受管教，便要层层上报，经过教育感化无效的，周王亲自视学，以示警告，要是再不改变，便要流放远方，"终身不齿"（即终身不录用）。乡学中对不服管教者，先由大司徒命乡大夫检查上报，经教育感化之后仍不悔改，则要调动就学地区，如再不改，就要放逐远方，"终身不齿"。这种严格要求，促使国子必须刻苦学习。这说明西周学校教育措施逐渐完备起来，已建立了一套管理学生的办法，西周学校对学生的管教是相当严格的[③]。

春秋战国时期私学兴盛、官学衰落，此时期可以代表官学督导典型的是战国时期齐国的稷下学宫。稷下学宫是齐国开办期最长的一所官学，其主持管理者称为"祭酒"，学宫内制定了《弟子职》，从学习、生活和修养（包括伺候师长）等方面规定了学生应该遵守的规则。

（二）汉代的官学管理与督导制度

公元前124年汉武帝创建太学，标志着我国封建官立大学制度的确立。汉代官学分为由中央政府直接主办的中央官学和由地方政府办理的地方官学。汉代的官学督导仍旧由官员完成，负责中央官学的"官员称太常，居九卿的首位。太常原名奉常，为秦旧官，汉景帝时更名太常，王莽新朝改秩宗，东汉时期又恢复了太常的名称"[④]。太学的教师称博士，其主要职责是掌教弟子、以教学为主，还有奉使及巡视地方政教等项工作。"众博士之上还设有首席长官，西汉时博士的首席长官称仆射，东汉时改为祭酒。太常及博士祭酒负责管理文

---

① 《周礼·地官·乡大夫》.

② 《礼记·学记》.

③ 史仲文，胡晓林. 中国全史：教育卷［M］. 北京：中国书籍出版社，2011：38.

④ 史仲文，胡晓林. 中国全史：教育卷［M］. 北京：中国书籍出版社，2011：231.

教，这种教育行政体制，明显地保留着政教合一的性质。”①

汉代地方政府中负责教育的官员，称郡国文学。“文学是地方学术官，职责与太学中的博士类似，除作为地方长官的学术顾问外，在建立起地方官学之外，文学还负责进行教学活动，并向上司荐举‘通明经术者’，推广教化等。同时，汉代的地方长官视察当地学校也是常例。例如，何武为扬州刺史时，每巡视下属郡县必先到学校召见诸生，检查他们的学业，征求他们对地方政务的意见，等等。”②

（三）魏晋南北朝时期的官学管理与督导制度

三国魏初置奉常，文帝即位更奉常名为太常，具有最高教育行政长官的性质。曹魏立太学，太学设博士及博士祭酒，掌管太学。“州郡县也立教学之官，州设文学从事，郡设文学掾、文学祭酒，县设校官；侯国设文学。蜀、吴中央官学也设博士，职掌太学（吴为学宫）的教育。蜀设劝学从事、典学从事、师友从事、典学校尉、儒林校尉、师友祭酒等学官从事地方学校教育；吴在地方学校设师友从事，师友祭酒、师友决疑等学官。”③ 西晋设太学博士，选聪明有威重者一人为祭酒，西晋晋武帝咸宁四年（公元 278 年）初立国子学，这是中国古代教育史上在太学之外另立国子学之始，国子学置国子祭酒、博士，祭酒、博士，“训范总统学中众事”。两晋地方学校一般州设典学从事、劝学从事；郡国置文学掾；县设学官。南朝中央官学仍由太常管理，太常下面设祭酒、博士、助教等；地方官学州设儒林参军、文学祭酒、劝学从事等；北朝中央官学设有太常，为最高教育行政长官，其中央官学和地方官学设祭酒、博士、助教等进行管理和教学。

（四）隋唐时期的官学管理与督导制度

隋开皇元年（公元 581 年），隋文帝“决定国子寺辖国子学、太学、四门学、书学、算学。开皇十三年（公元 593 年），国子寺不再隶属太常寺，成为独立的教育管理机构，复名国子学。大业三年（公元 607 年），改称国子监，

---

① 史仲文，胡晓林. 中国全史：教育卷［M］. 北京：中国书籍出版社，2011：231.

② http://media.open.com.cn/media_file/rm/fushi0703/zhongguojyjs/c/web/lesson/char3/j3.htm.

③ 史仲文，胡晓林. 中国全史：教育卷［M］. 北京：中国书籍出版社，2011：318.

监内设祭酒一人，专门管理教育事业，国子监祭酒是最早的中央教育行政长官”①，属下有司业两人，统领各官学，如国子学、太学、四门学、书学、算学。

唐代是中国封建社会的鼎盛时期。周予同先生认为：“唐代的学校制度，较诸中古的任何一代，复杂而完备。”② 公元627年，国子学改称国子监，国子监一直是唐代最高的教育行政领导机关。国子监设祭酒一人，为教育的最高行政长官。据文献记载，“凡六学，皆隶于国子监”。所谓六学，即国子学、太学、四门学、律学、书学和算学这些中央官学。唐代官学领导体制，分中央和地方两级。除学经学的官学由国子监领导外，其他专业性质的官学，皆由各有关业务部门领导。这种根据学校的专业性质不同，分别归有关行政部门领导的体制，在世界教育史上是出现最早的③。唐朝的教育管理除了官学内部制定规章用以规定招生入学、教师考核、课程修业学习、休假、考试等，还通过法律对国子监的教师与学生的行为进行管理。如“唐代诸法典明文规定，祭酒、司业及其他教官对于受政治窳败、社会颓废的影响，学行偷惰、不顾廉耻的生徒，必须积极训导，及时劝阻，无使蔓延；否则稍有松懈，有司纠察，追究责任。此外，无论是中央官学或地方官学教官的选拔和待遇、职责和讲课制度等管理措施，也都通过立法及各种成文法典予以规定”。④

西周到唐朝，官学体系逐渐完善，各类专科类学校设立，形成了从中央到地方的官学体系。教育行政管理体系从官师合一发展到独立设置教育行政管理机构。学校内部管理从松散的约束逐渐发展到依据学规、法律规定加以管理。

（五）宋代的官学督导制度

宋代教育经过三次大规模兴学，逐步形成以中央太学、国子监为中心，诸多专科学校及地方学校配套的全国性官学系统；经过历次兴学和教育政策的不断调整，宋代官学内部的管理体制日渐成熟，形成了礼部、国子监和诸路提举

---

① 史仲文，胡晓林. 中国全史：教育卷［M］. 北京：中国书籍出版社，2011：424.

② 周予同. 中国学校制度［M］. 北京：商务印书馆，1993.

③ 史仲文，胡晓林. 中国全史：教育卷［M］. 北京：中国书籍出版社，2011：422—423.

④ 史仲文，胡晓林. 中国全史：教育卷［M］. 北京：中国书籍出版社，2011：426—427.

学事司配套的中央到地方的教育行政体制①。宋代中央官学最高的教育行政机构是礼部，主要负责学校与贡举的政令；最高学府仍为国子监，设祭酒负责管理内部教学。

宋徽宗崇宁二年（1103 年）在各路设“提举学事司”，这是中国教育史上最早正式设立的专管地方州县教育的地方最高教育行政机构。提举学事司的职责是：“掌一路州县学政，岁巡所部，以察师儒之优劣，生员之勤惰，而专举刺之事。②”即其职能是负责一路之内的州县学校的管理，每年巡视所辖范围内的州县学，考察师儒优劣、学生学业，举报不法官吏。提举学事司的建立，实开中国封建社会地方学校教育建立督学制度的先河，是对历史上地方教育行政监督的创新和发展。我国现代地方教育督导制度的建立，如果追根溯源，实滥觞于宋代提学司（“提举学事司”的简称）这一地方学校的督学制度③。提举学事司长官称“提举学校官”，也称“提举学事”，其在开展督学的过程中，主要履行三方面的职能④：一是监督检查职能，包括检察监督教师、检查实际在校学生人数、监督检查学校考试、监督检查教育法令施行的情况、监督学规执行与处理学生违法乱纪行为、监督教育经费的管理与使用、监督辖区内的学校校舍建设；二是考核评价教师与学生的职能，如对准备升入太学的地方学生进行考试成绩的审查评价；三是反馈信息、报告工作、提出建议的职能，如宋徽宗大观二年（1108 年），路瑗就经费的收支问题向皇帝提出加强管理的建议，徽宗依此建议要求“疾速施行”⑤。

（六）元代的官学督导制度

元代中央官学包括国子学、蒙古国子学、回回国子学等，地方官学包括各级儒学、社学、蒙古字学、医学与阴阳学。

元代中央政府设集贤院，负责管理全国学校，“集贤院，秩从二品，掌提

---

① 史仲文，胡晓林. 中国全史：教育卷［M］. 北京：中国书籍出版社，2011：510.

②《宋史·职官志》.

③④ 韩凤山. 中国教育督导制度的滥觞——宋代地方督学制度［J］. 吉林教育，2006，(7—8)：13—16.

⑤《皇宋通鉴长编纪事本末》卷一百二十六.

调学校，征求隐逸，召集贤良。凡国子监、玄门道教、阴阳祭祀、占卜祭遁之事，皆隶焉。”① 在集贤院之下，设立国子监、蒙古国子监、回回国子监，分别领导国子学、蒙古国子学、回回国子学。国子监设祭酒等学官各掌其职，负责管理国子监内各项事宜。“监祭酒一员，从三品；司业二员，正五品，掌学之教令，皆德尊望重者为之；监丞一员，正六品，专领监务；典簿一员；令史二人；译史、知印、典史各一人。”②其中祭酒等国子监学官按照国子监规程进行管理、监督、教授，《元史·选举志一·学校》有如下记载：“立国子学，而定其制。设博士，通掌学事，分教三斋生员：讲授经旨，是正音训，上严教导之术，下考肄习之业。复设助教，同掌学事，而专守一斋；正、录，申明规矩，督习课业。”③ 元代的地方官学由中央集贤院主管，各行省设儒学提举司，“统诸路府州县学校、祭祀、教养、钱粮之事，及考校呈进著述文字。每司提举一员，从五品；副提举一员，从七品；吏目一人；司吏一人”④；各行省设蒙古提举司，“秩从五品。提举一员，从五品；同提举一员，从七品”⑤；医学设医学提举司。元代中央官学的“学官由礼部、吏部和肃政廉访司考核其优劣，决定其升降奖罚。地方各类官学的学官、教师，由各行省提举官考核其成绩，各路、府、州、县有关行政部门予以配合，对各类官学的管理甚为严密，定期或临时派员前往各类学校视察”，“必使讲课有程，训迪有法，赏勤罚惰，作成人材，其学政不举者究之。如诸教官在任，侵盗钱粮，荒废庙宇，教养无实，行止不臧，有黍师席，从廉访司纠之。”元代的教育督导相比前朝的突出特点是有了监察机关的参与，即肃政廉访司⑥对肩负教育督导的地方长贰⑦、提举学校官等进行监督。由此可见，元代对地方官学的监督，由地方长贰、儒学提举司、肃政廉访司一起负责，肃政廉访司又负责对地方长贰和儒学提举司

①②《元史·百官志三》.

③《元史·选举志一·学校》.

④⑤ 史仲文，胡晓林. 中国全史：教育卷［M］. 北京：中国书籍出版社，2011：622.

⑥ 元代元官署名。掌监察百官。蒙古至元初置提刑接察司，纠察地方吏治、政治得失，至元二十八年（1291 年）改称肃政廉访司。

⑦ 地方官的正副职.

的监督。

（七）明代的官学督导制度

明朝的官学在中央一级主要是国子监，此外还有武学、宗学、内书堂等；在地方有府学、州学、县学、卫学、社学等。

1. 明代中央官学的管理督导制度

明代国子监对于各级教官的职责有严格的规定，“洪武十五年（1382 年），颁学规于国子监，又颁禁例十二条于天下，镌立卧碑，置明伦堂之左”①。监规规定祭酒是国子监的正官，总理国子监的一应事务，祭酒没有选任教官的权力，国子监的所有教官都由吏部统一任免；司业的职责是辅佐祭酒，掌握国子监的一应事务；监丞，参领监事，申明监规，约束与惩处教官、生徒；博士、助教、学正、学录等官，专职教诲生徒，要严立课程，用心讲解，以臻成效；助教、学正和学录，分掌六堂生徒的教诲，为本堂诸生讲说经义文字，按学规约束生徒；典簿，掌管文案，凡一应学务，并支销钱粮帐目，按季度报送学生课业文册等，都要稽察明白；典籍，掌管国子监的一应书籍；掌馔，掌管教官、监生的膳食②。

2. 明代地方官学的督导制度实施

（1）提调正官

从明初至正统元年（1436 年），地方的府州县学分别由府州县的正官负责提调考校，所以把地方正官称为提调正官。各级提调正官的主要职责是选黜各级学校生员。“洪武十五年（1382 年）所颁布的禁例规定，提调官要经常对学校诸生进行考察比较，凡生员敦厚勤敏，要予以奖励；凡生员怠惰、违犯学规、愚玩、狡诈，要依律革黜，使学校生徒都是努力学习的人。”③ 洪武二十四年（1391 年），又令提调官每月朔、望（即阴历的初一、十五）都要到所属学校视察，考课生徒。宣德三年（1428 年），又令府州县提调官会同巡按御

---

①《明史·志第四十五·选举一》.

② 史仲文，胡晓林. 中国全史：教育卷［M］. 北京：中国书籍出版社，2011：716.

③ 史仲文，胡晓林. 中国全史：教育卷［M］. 北京：中国书籍出版社，2011：720.

史、布按二司官和儒学教官，对全体生员进行考选，凡不合格的罚为吏①。

（2）提督学校官

①提督学校官的选拔。明英宗正统元年（1436 年）正式设立提督学校官（亦称提学官、督学官、提学、督学），各行省添设副使或佥事各一员，南北两直隶添设监察御史一员，专一提督学校；②后于 1467 年制定了提督学校官的工作条例，明代对于地方官学的管理与监督走向制度化③。“养士之本，在于学校；贞教端范，在于督学之臣。”④ 明代十分重视提学官的作用，提学官每三年一任，担任的人选需具备三个条件：“具有较高的经学造诣；具有较高的道德修养，需‘端厚方正’；具有刚正不阿、执法不贷的品格，能‘正己肃下’。”⑤ 明代除了给予提学官官品、俸禄之外，还给予其崇高的地位，如明代的提学官都有“奉敕谕视学”（奉皇帝命令视察各地方官学）的头衔，其地位甚至超越了比其官阶高的行政官员。

②提督学校官的任务⑥。第一，提督各地儒学师生，凡学校一切事务，都要严格遵守洪武年间颁布的卧碑禁例，不许故意违背。第二，端正士习，使诸生收束其放恣之心，切实体认公私、义利之辨及其他修己治人的方法，为他日入仕作思想准备；使诸生痛革记诵时文、希图幸进的弊病，务要认真习读四书和本经，从实处下功夫学习；生员所作书义、经义、策、论等文，要典雅平顺，实实在在，不许浮夸怪诞；所习之字，也要端楷有体，不得随意潦草。此外，对生员中不认真向学之人，经考试不合格，可以据有关条例，予以黜革。第三，考核儒学教官。第四，提学官专督学校之政，不理刑名、钱谷之事。凡有人告状，可以收下讼词，轻者发所在有司处理，重者送按察司、监察御史处理。各行省布政司、按察司官及巡按御史，也不许侵越提学官之权，但如以公务巡历府、州、县，也要勉励师生进学，不许不理学校之政。

---

①② 史仲文，胡晓林. 中国全史：教育卷［M］. 北京：中国书籍出版社，2011：720.

③ 江铭. 中国教育督导史［M］. 北京：人民教育出版社，1994：66.

④ 张居正《请申旧章饬学政以振兴人才疏》.

⑤ 江铭. 中国教育督导史［M］. 北京：人民教育出版社，1994：67.

⑥ 史仲文，胡晓林. 中国全史：教育卷［M］. 北京：中国书籍出版社，2011：722.

根据上述任务，提学官的具体职责又有："主持各府州县童生复试；主持岁试；主持科试；负责考贡生员；清理学籍；考核学校教官的学行；审核各地方官所呈的乡贤名宦、节妇孝子、宾僎资格"等①。

③提督学校官的管理。明代从洪武年间卧碑到正统元年（1436年）、天顺六年（1462年）、万历三年（1575年）等分别颁布的《敕谕》，不仅对提学官授予了较大的权力与尊严，同时也规定了管理提学官的办法。提学官一般受多重监督，一是要接受地方监察官员的监督，《敕谕》规定"若提学官行止不端（怠玩旷职者），许巡按监察御史指实奏闻"；二是要接受吏部、礼部、都察院的监督，"令各处乡试毕日，吏部会同礼部，将各提学官从公考察，分别等第，优异降调有差"②，也就是在每三年一次的乡试结束后，由吏部与礼部一起考察各位提学官，分出等级，并按等级升职或是降职。

明代设置的专职提学官督导地方官学的制度，在中国教育史上具有重要意义。明代对提学官的建制、职责、管理等都做了较为明确的规定，并授予其奉敕谕视学的权力。可以说，自明代起中国封建社会的视学开始走上了正规化③。

（八）清初的官学督导制度

1. 中央官学的管理督导制度

清代初期的教育制度承袭明代，建立了从地方的府州县儒学到中央国子监的官学教育体系；同时又建立了独具特色的八旗教育体系。清初的中央官学为国子监，国子监又负责管理各类八旗官学。清代国子监设管理监事大臣一人，由皇帝特命。清代国子监最高行政官员仍为祭酒（从四品），满汉各一人。"国子监下设四厅六堂。绳愆厅掌纪律和品德考核，设监丞，满汉各一人（正七品）；博士厅置博士，满汉各一人（从七品），讲五经；典簿厅设典簿（从八品），满汉各一人，掌庶务；典籍厅设典籍，汉一人（从九品），掌图书。六堂为率性堂、修道堂、诚心堂、正义堂、崇志堂、广业堂。前四堂设助教（从七

① 江铭．中国教育督导史［M］．北京：人民教育出版社，1994：70—71．

②《明会典》卷七十八《风宪官提督》．

③ 江铭．中国教育督导史［M］．北京：人民教育出版社，1994：73．

品），后两堂设学录（正八品）为各堂负责人，前四堂又设学正（正八品），协助博士讲经，并负训导责任。六堂共设助教满十六人、汉六人、蒙八人，学正汉四人，学录汉二人。此外还有档子房、钱粮处等所属机构，由下属人员分管①。清代对国子监学生的控制十分严格，顺治元年（1644 年）颁布国子监学规 18 条，康熙年间又以圣谕的方式颁布《圣谕十六条》，雍正二年（1724 年）又将《圣谕十六条》修订为《圣谕广训》，用以约束学生；并规定，每月初一、十五必须将国子监学生集中在一起，由教官宣读。这十六条规定是：（1）敦孝弟以重人伦，（2）笃宗族以昭雍睦，（3）和乡党以息争讼，（4）重农桑以足衣食，（5）尚节俭以惜财用，（6）隆学校以端士习，（7）黜异端以崇正学，（8）讲法律以警愚顽，（9）明礼让以厚风俗，（10）务本业以定民志，（11）训子弟以禁非为，（12）息诬告以全善良，（13）诫匿逃以免株连，（14）完钱粮以省催科，（15）联保甲以弭盗贼，（16）解仇忿以重身命。② 国子监祭酒等各类教员对于监生违犯上述规定的将予以严惩，除此之外，还对监生的学习进行严格考核。监生每人设立日课册，记载临摹名帖的情况，每旬呈交助教等批阅，每逢初一、十五日呈交祭酒、司业查验；国子监进行月考和季考，月考由司业主持，季考由祭酒主持③。此外，每月初一日由博士考经文、解经及策论。每月初三日，由助教考，十八日由学正、学录考。④

2. 地方官学的管理督导制度

（1）提督学政的由来

清代地方官学划分学区并由中央直接管理，每一学区设一提督学政的官员，直隶称为提学御史，各直省称提学道。雍正四年（1726 年），各学区统改称学院，并将提学御史与提学道废除，一律称为“钦命提督学政”（钦命乃皇帝特命，享受钦差大臣待遇），简称“学政”，全国定额二十人⑤。学政又被尊称为“学台”，与各省的最高行政长官总督、巡抚平行。学政官由皇帝直接任

① 史仲文，胡晓林. 中国全史：教育卷［M］. 北京：中国书籍出版社，2011：811.

② 马镛. 中国教育制度通史：第五卷［M］. 济南：山东教育出版社，2000：18.

③④ 史仲文，胡晓林. 中国全史：教育卷［M］. 北京：中国书籍出版社，2011：811—812.

⑤ 江铭. 中国教育督导史［M］. 北京：人民教育出版社，1994：75.

命，从六部侍郎、其他京衙正印官及翰林院、詹事府、给事中、监察御史中选任，任期三年；出任学政需要经过考试，考试内容包括“四书文”、“五经文”、诗赋、策论等，考试优秀者方可担任。学政官的主要职责是掌管各学区学校政令，定期巡视各府州县学，按时举行岁试和科试，考察学官和教官的优劣，决定其升黜和留用，考察生员的学习勤惰，斥革其中不可教者。

（2）提督学政的基本任务

清代学政的视学遵循的是“正面训导和严格考试结合，礼遇和严厉惩罚结合”的原则，学政的基本任务是监督清代历朝皇帝制定的各种“训士规条”的执行。概括这些“训士规条”，可总结出清代学政的任务有以下几方面①。

一是明确朝廷设学的宗旨，指导各级生员为学的方向。如康熙的《训饬士子文》指出“从来学者，先立品行，次及文学、学术、事功，原委有序”。即要求生员将品行修养放到第一位。

二是通过各种禁例规范、限制生员的行为。如禁例规定禁止生员出入衙门，参与诉讼；禁止生员言政、参政；禁止生员立盟结社等。学政的任务之一就是检查教官是否按照朝廷制定的规定定期宣讲“训士规条”，一旦发现教官宣讲不力，学政将奏请朝廷予以严惩。

（3）提督学政的具体职责②

一是主持院试、岁试、科试和录科、录遗。清代提督学政在其三年任期之内，需要巡视所管辖范围内的各府州县学，并主持院试、岁试、科试和录科、录遗。

二是维护生员的人格尊严。清朝政府曾多次下令要求各级地方官员对待生员“宜以礼相待，勿得横施凌辱”。康熙、乾隆年间均曾出台规定，对于生员犯罪需惩处的，必须先报学政调查并开除生员资格后再审理判刑。

三是负责奖惩生员。清朝以“训士规条”为标准，要求学政如实对生员进行“择优斥劣”，即奖励、举荐优秀生员，惩处违反规定的生员。

四是负责考核教官。清朝规定学政与地方总督、巡抚一起负责监督、考核

---

① 江铭. 中国教育督导史［M］. 北京：人民教育出版社，1994：76—77.

② 江铭. 中国教育督导史［M］. 北京：人民教育出版社，1994：77—84.

教官。“提学按临之日，考其（指教官）学行兼优、教有成效者，除礼部奖励外，仍据实列荐。”①

（4）提督学政的管理与考核

一是皇帝亲自选任、管理学政。清朝自雍正三年（1725 年）开始规定“凡拟任命为学政的翰林及各部院进士出身的官员，都须经过皇帝亲试以文艺，合格者，才能差委，出任学政”②，同时皇帝还将学政置于自己的直接监督之下。

二是颁发“学政关防”。学政关防相当于今天的工作手册，其中规定：学政按临沿路的防护设施、礼仪细节，按临地方官学的基本任务、程序、纪律，督抚与学政的职权分限及监督责任，学政的考绩等③。

三是增俸养廉。清朝政府为了使学政清廉守正、尽忠职守，为其提供优裕的物质条件，并多次提高其养廉费。如江苏、安徽两个直省学政的养廉费从 1 500 两增至 4 000 两④。

四是学政的考核。清代学政任期三年，任届期满学正向礼部进行述职，由吏部会同礼部按照各种条例规定进行考核；并按照考核优劣晋升、降级调用或是惩处甚至处死。

帝王视学与官学的管理督导并存于中国古代的教育督导历史中。帝王视学其范围一般是太学，官学的管理督导体现在中央官学与地方官学中，两种并行的督导制度各具特点。

我国古代的视学制度自西周有正式记载开始一直延续至清末，体现的是利用帝王的特殊身份与地位宣示重“学”地位的督导特点。此种督导制度没有专门的督导机构，其督导主体就是历朝帝王（有时是准备继承皇位的太子）。其视学的内容最初是祭祀先圣、举行养老典礼，以教化社会风气；从汉代开始逐渐转向皇帝讲经或与太学师生论道，考核和鼓励学生学业；明代皇帝视学内容除拜谒孔庙、讲经外，还增加了对国子监校舍的建筑设计、监生的服装式样、

① 《清会典事例》.

② 江铭. 中国教育督导史 [M]. 北京：人民教育出版社，1994：85.

③ 江铭. 中国教育督导史 [M]. 北京：人民教育出版社，1994：88.

④ 江铭. 中国教育督导史 [M]. 北京：人民教育出版社，1994：91.

国子监教材等进行巡视的内容。帝王视学在最初尚无统一的流程与制度，到了唐代才出现一定的制度规范，如《皇帝皇太子视学仪》，规定了视学前学堂准备的事宜，官员位置，皇帝出宫、视学、还宫的流程等；至明代，皇帝到最高学府视学形成定制，其流程为视学前的准备—释奠孔庙—幸彝伦堂—讲官讲经—幸学隆施，皇帝还会同国子监祭酒制定国子监监规五等。皇帝视学结果比较简单，即赏好罚坏，皇帝对于讲经表现好的师生一般给予物质或是官位的赏赐，对于学业不精或是违反太学管理的师生给予严厉惩罚。

我国古代官学的管理与督导制度呈现专门的督导机构和督导人员从无到有，督导范围从中央官学扩大覆盖至地方官学，督导内容越来越细等特点。一是在督导机构与督导人员方面，从西周到汉代尚无专门的机构对官学进行管理督导，也无专门的管理督导人员，彼时的管理督导人员都是官吏，如西周时期的礼官，汉代的太常、博士祭酒、郡国文学等；隋唐时期开始出现专门的教育管理机构与人员对学校进行管理督导，如设立国子监并设祭酒管理督导中央官学，此后国子监及国子监祭酒对中央官学进行管理督导的形式一直沿用至清代；在地方官学设置专门的教育督导机构与人员始于宋代，设置了提举学事司及提举学事；在元代又设立监察机关肃政廉访司对督导机构与人员进行监督；至明代与清代则分别设立提督学校官与提督学政对地方官学进行专门的管理督导。二是督导内容越来越广泛，从最初的礼数教化效果逐渐扩展至经文修习成效、入学、教师职责、师生行为、考试、法令执行、经费使用、学校各类账目等方方面面，甚至对督导机构和人员也要监督。最后，我国古代官学督导的结果基本与帝王视学的结果类似，即通过行政权力赏赐表现优异者，惩戒甚至流放问题严重者。

第二节　清末与民国的教育视导制度

随着清末“废科举、兴学堂”的浪潮，新的教育督导制度逐渐建立。清末学部设视学官负责全国教育视导工作，并颁布《视学官章程》，这是中国近代史上第一个最规范的有关教育督导制度的规则和文件，标志着中国近代教育督导制度的正式确立。

中华民国成立后颁布《视学规程》，标志着民国时期中央教育督导制度的正式确立。民国时期教育督导机构虽几经变更，但仍逐步建立起了部、省、县视学组成的三级视学体系，为指导和促进民国时期的教育发展起到了一定的作用。与此同时，在中国共产党领导下的中央苏区也开展了轰轰烈烈的干部、成人、儿童教育，其中中央苏区教育巡视制度“较好地发挥了教育督导的检查、督促作用，有力地促进了中央苏区时期教育的顺利发展”①。

一、清末的教育视导制度

（一）清末教育视导制度的建立

清末教育视导制度是一个舶来品。面临内忧外患，晚清政府推动包括教育改革在内的一系列改革。一些官员在考察国外教育之后提出了在教育行政机构中设立视学官的想法②。由于我国和日本自古以来一衣带水，且日本的崛起为中国提供了一些启示，所以清末仿照日本建立视学官制度，开启了中国教育机构新官制的先河③。在这样的背景下，1906 年 5 月，清政府正式在学部设置视学官，负责全国的教育视导工作。

1906 年，清政府在各省设置教育行政长官提学使司，提学使以下设省视学六人。此外，县视学承省视学，也对其工作职责及任职要求做了相应的规定。这样，中央的学部，省一级的提学使和县级学务公所均有视学官员，从中央到地方的三级视学制度就建立起来了④。

1909 年 12 月 11 日，清政府学部颁布了《视学官章程》。该章程共分七

---

① 肖小华. 中央苏区等根据地的教育巡视制度研究［J］. 江西教育学院学报：社会科学，2012，33（5）：159—161.

② 考察各国政治大臣戴、端条陈学务折［Z］. 学部官报，1906-10-01（6）.

③ 闵晶. 清末新政中的教育视导制度［D］. 长春：吉林大学，2009：4.

④ 董双. 近代中国视学规程的产生、演进及其启示［J］. 吉林省教育学院学报，2013，29（1）：103—104.

章，包括视学区域、视学资格、视学职任、视学权限、视学日期、视学经费、视学考成，共计三十三条，这是我国近代关于教育视导的第一个规则和文件①。《视学官章程》的颁布是中国教育督导制度发展的一次转机，更是中国督导制度发展史上具有里程碑意义的一件大事，它的颁布标志着中国教育督导制度的正式确立②。

（二）清末教育视导人员的任用

视导人员在清末教育视导工作的实践中扮演重要角色。清政府成立学部后便开始派视学官赴各地视学。1906 年 9 月 8 日，学部奏派罗振玉、田吴炤、刘钟琳、张煜全等 4 人为查学委员，分赴直隶、河北、山东、山西 4 省考查学务。这是中国近代由中央教育行政部门派出的首批视学专员③。

1. 视导人员选派标准

清末的视导人员一般由两类人组成。一类是已获得一定的科举功名和官位的封建知识分子；另一类是既有科举功名，又曾到国内外新式学堂学习过的人，也就是同时接受过新旧两种教育的知识分子④。在视导人员的选用过程中，相关部门注重标准的把握。无论是中央视导人员还是地方视导人员，都必须做到学识俱优、曾习师范或出洋留学、在学校充当过教员等，这些方面都成为晚清任用视导人员的基本标准⑤。

2. 视导人员职责与管理

视导人员的职责要求有八个方面。《视学官章程》对视学官的职责做了相应规定："视学官应视察之事件，其要目如下：一、各省学务公所，各厅州县劝学所、劝学区教育行政情形；二、各种官立、公立、私立学堂教育情形；三、学堂卫生情形；四、学堂经费情形；五、各项学务，职员、教员办事、授

① 聂好春. 中国近代教育督导发源探析［J］. 华北电力大学学报：社会科学版，2006，(3)：125—127.

② 董双. 近代中国视学规程的产生、演进及其启示［J］. 吉林省教育学院学报，2013，29 (1)：103—104.

③ 江铭. 中国教育督导史［M］. 北京：人民教育出版社，1994：99.

④ 江铭. 中国教育督导史［M］. 北京：人民教育出版社，1994：102.

⑤ 闵晶. 清末新政中的教育视导制度［D］. 长春：吉林大学，2009：17.

课情形；六、各项学堂学生风纪；七、有关教育学艺诸种之设施；八、特受部示之事件。”①

视导人员的管理包括待遇规定和违规处罚等方面。《视学官章程》对视学官的俸禄有明确的规定：“第二十九条，视学官自由京起程之日起，至回京之日止，应结月薪一百六十两、夫马费一百四十两。其视察川陕、两广、云贵、甘新四区者，每月加给夫马费四十两。”“第三十条，视学官二人，应随带书记生一人，月给工费银二十两。沿途舟车等费，由视学官发给，回京时报部核销。”“第三十一条，视学官沿途食宿均须自给，不得受地方官供应。惟巡视所至，得借宿于该处之学堂内，仍将每日膳费照数发给。”对于一些违反规定的官员，学部也在章程中制订了相应的惩罚措施，章程的视学考成规定：“第三十二条，视学官如有收受地方馈送及干预权限以外之事者，经部查实，立即分别撤参。第三十三条，视学官如有敷衍瞻徇，视察不能认真，报告不能切实者，经部查明，立即撤换。”②

（三）清末教育视导的实践

在清末的教育视导过程中，视学官主要进行向上级反映地方教育实践的真实情况、提出教育改进的建议、推动地方办学等方面的实践。

1. 向上级反映巡视地区教育的真实状况

清末很多地方官对于办学成绩上报的数据常常弄虚作假，各级视学官就要据实撰写视察报告，向上反映真实的教育状况。如直隶省为清末教育先进地区，其上报的教育统计数据一直居各省前列，但视学官巡查发现有弄虚作假之处，新河县“县尊言新河小学，已有小学堂一处，蒙学堂共三十二处矣。……惟经本人亲查数处，尚有未开办者及已开办而学生不在堂者”。除了反映各学校的管理、教学、经费、设备等问题外，视学官还被派赴各地查处特殊事件，比如学款诉讼案件、调查地方学务官员劣迹等③。

①② 转引自闵晶．清末新政中的教育视导制度［D］．长春：吉林大学，2009：20—21．

③ 聂好春．中国近代教育督导发源探析［J］．华北电力大学学报：社会科学版，2006，(3)：125—127．

2. 提出改进教育的建议

视学官根据自己的巡查情况，向教育行政部门或地方提出改进当地教育的意见与建议。比如，1907 年直隶省视学官陈恩荣曾就小学教师教授法的问题，发表《劝各属初等小学教员教授改良书》，同小学教师一起讨论如何克服教材和语言方面的缺点①。

3. 推动地方办学

清末虽要求广设学校，但地方实际操作层面难度较大。视学官担负的视学任务推动了地方兴办学校。“一方面，视学官作为学部、提学使司的钦差赴各地巡查，地方官员为了显示政绩也要多办几所学校；另一方面，清末的县视学本身兼任劝学总董，担负着劝民设学的义务”②，如四川双流县视学程燧自 1906 年接任后，三年时间在当地新建官办学校四十余所。

二、民国政府的教育督导制度

（一）视学体系

1. 中央视学

清王朝被推翻后，民国政府于 1912 年成立了教育部，承担视学工作。教育部下的视学处统一负责全国的教育视学事务。为了适应新时期的视学工作，民国政府教育部于 1913 年 1 月 20 日公布《视学规程》，对全国视学区的划分、视察的种类、视察时间、视察事项、视学的权限等做出具体规定，这是民国第一部教育督导单行法规，也是民国中央教育督导制度正式确立的标志③。此后教育部先后颁布了一系列文件规范视学工作。1924 年之后，国民政府的视学工作一度名存实亡。直到 1931 年 7 月 6 日，教育部公布的《修正教育部组织法》规定“教育部设督学 4 至 6 人，视察及指导全国教育”，始恢复教育部专

①③ 吴长宏. 民国中央视学机构的历史考察 [J]. 山西师大学报：社会科学版，2011，38（3）：126—130.

② 聂好春. 中国近代教育督导发源探析 [J]. 华北电力大学学报：社会科学版，2006，（3）：125—127.

任督学①。1931 年 8 月 31 日，教育部公布《督学规程》，规定督学视察指导事项。同年 9 月 23 日，《教育部督学办事细则》公布，教育督导制度正式恢复，并由原来的“视学”改为“督学”。这一变化标志着我国教育督导制度从只“视”不“导”发展为既“视”又“导”②。抗日战争爆发后，民国政府的教育督导、视导职能经过多次调整和完善：如增加教育督学人员，实行分类分区视导；制订统一的视导标准和表格；加强部督学与省市县视导工作的联系；建立辅导制度；加强对省市视导工作的督促领导；等等。③

2. 地方视学制度

教育部要求各省教育厅设立视学，但是由于当时地方割据，加之各省教育制度不一，地方视学进展情况差别较大。为促进地方视学工作，教育部在 1917 年颁布的《教育厅暂行条例》和 1918 年颁布的《省视学规程》中对省级视学制度做了相关规定，特别是后者的颁布，对于全国视学工作的规范起到了很好的作用。随着社会发展，为了进一步规范省级视学，教育部于 1931 年又颁布了《省市督学规程》，该规程实施了十多年，对地方教育督学的规范化起到了很好的作用。民国政府鼓励县级视学的发展，为了规范县级视学制度，教育部于 1918 年颁布了《县视学规程》，这标志我国地方视学的正式确立。

（二）视学人员的任用资格与视学内容

1. 部视学人员的任用资格与视学内容

部视学人员的选择范围包括：毕业于国内外大学或高等师范学校，任学务职一年以上者；曾任师范学校中学校长或教员三年以上者；曾任教育行政职务三年以上者。④

部视学人员视察的内容有：教育行政状况；学校教育状况；学校经济状

---

①《甘肃教育史志资料》记载，甘肃于“1917 年省教育厅成立后，视学改为督学，正式建立了教育厅督学处。在原有省视学 6 人的基础上，又增设省督学 2 人”。可见我国视学称为“督学”，应早于 1931 年。

② 黄崴. 教育督导学［M］. 北京：中国人民大学出版社，2011：26.

③ 江铭. 中国教育督导史［M］. 北京：人民教育出版社，1994：137—158.

④ 江铭. 中国教育督导史［M］. 北京：人民教育出版社，1994：245.

况；学校卫生状况；关系学务各职员执务状况；社会教育及其设施状况；教育总长特命视察事项。①

2. 省视学人员的任用资格与视学内容

省视学人员的选择范围包括：大学文科或高等师范学校毕业者；师范学校本科毕业、曾任学务职五年以上、著有成绩者；曾任师范学校、中学校校长或教员二年以上、著有成绩者。遇特别情形，经教育总长核准暂行任用者，不在此限。②

省视学人员视察的内容有：地方教育行政及经济状况；中等以下学校教育状况；社会教育及其实施状况；幼儿教育及特殊教育设施状况；学务职员执务状况；主管长官特命视察事项；部视学嘱托视察事项。③

3. 县视学人员的任用资格与视学内容

县视学人员的选择范围包括：师范学校本科毕业，任学务职一年以上者；中学校或二年以上简易师范科毕业，任学务职二年以上、著有成绩者；曾任高等小学校校长或本科正教员二年以上，经省教育行政长官认为确有成绩者。凡符合上述资格之一项者，可任用为县视学。遇特殊情形，经省教育行政长官许可暂时任用者，不在此限。④

县视学人员视察的内容有：各区对于教育法令施行事项；各区对于学务计划进行事项；各区教育经费及学校经济之实况；各区学龄儿童之就学及出席实况；各学校设备编制及管理之状况；各学校课程教授及学业成绩之状况；各学校训育学风及操行成绩之状况；各学校卫生体育及生徒健康之状况；社会教育及其设施状况；幼儿教育及特殊教育设施状况；学务职员执务状况；主管长官或省视学所指定之事项；宣传主管长官指示之事项。此外，县视学对县属学务职员负有指导的责任。必要时，可调阅各种簿册、测试学生的成绩、变更教授时间。⑤

上述相关标准也在实践的过程中不断发展和变迁。比如，1946 年 4 月，

---

① 江铭. 中国教育督导史［M］. 北京：人民教育出版社，1994：245.

②③ 江铭. 中国教育督导史［M］. 北京：人民教育出版社，1994：277—278.

④⑤ 江铭. 中国教育督导史［M］. 北京：人民教育出版社，1994：279—280.

国民政府教育部颁布《教育视导试行标准》。该标准分为六个方面：（1）省市教育行政视导试行标准；（2）县市教育行政视导试行标准；（3）中等学校视导试行标准；（4）中心国民学校视导试行标准；（5）国民学校视导试行标准；（6）社会教育视导试行标准。该标准使各级视导人员在视导时有了统一的评判标准和依据。

三、中国共产党领导地区的教育督导制度

从1927年到新中国成立，中国共产党在其领导的区域实施了一系列教育改革，也探索和发展了自己的教育督导制度。

（一）土地革命时期根据地的教育视导制度

中央苏区是新民主主义革命时期全国最大的一块根据地。在党的领导下，中央苏区开展了轰轰烈烈的干部、成人、儿童教育，并建立了与当时战争环境相适应的教育巡视制度，较好地发挥了教育督导的检查、督促作用，有力地促进了中央苏区教育的顺利发展。

1930年5月，闽西苏维埃政府文化委员会做出决定，派员到各地巡视工作，并提出了调查教育状况等六项工作任务。1930年8月，在文化委员会第八次会议的决议案中又明确规定，上级文委会每月派人巡视所属各级文委会及各文化工作团体。1931年7月通过的《闽西各县、区文委联席决议案》中又重申了这一规定。这是中央苏区教育巡视制度的萌芽阶段。

1931年11月7日，中央苏区成立了教育人民委员部，并设有巡视委员会负责巡视教育工作。巡视员（又称指导员）的任务是巡视中央苏区各地的教育工作，领导和督促下级工作，如检查与测验学生的成绩、督导教职人员的勤惰、指导教育机构的教材教法等。此时期，中央苏区的巡视体系由三级组成：中央一级的巡视委员会主要负责督促、检查各级教育部门对中央教育政策、方针、法令法规的执行、落实状况，同时指导下级工作；省一级巡视机构设指导员，负责对所属地区教育的巡视与指导工作；县一级也设教育指导员。此时的三级教育巡视体系要求建立从上至下的教育巡视与工作报告制度。可以说这一时期中央苏区的教育巡视机构网络基本建立健全，教育巡视工作进一步制度化

和经常化。这是中央苏区教育巡视制度的发展阶段①。

1934 年 4 月，中央苏区在出台的《教育行政纲要》中把教育巡视制度作为教育法规写入其中。该纲要对教育巡视的目的、要求、方式都有严格的规定。如第三章的第七条规定："到下级巡视工作，每日要填写巡视日记，以备考查；尤其是要记入待解决的问题和可学习的问题。"第十条规定："巡视员除随时随地用简单信件报告外，在一区或一县巡视完毕时，还须作一个总的书面报告，报告所属的教育部。各级的教育部长，对巡视员的一切报告，应在教育委员会议或工作会议时，提出讨论回答；并将讨论的结果写成指示信，指示巡视员及下属教育机关。"这些规定全面可行，有很强的针对性，确保了上级对教育的指示精神能够迅速贯彻，基层的教育情况能够及时反馈。这是中央苏区教育巡视制度的完善阶段②。

红军长征胜利转移到陕北以后，继承了在中央苏区的一些优良教育传统，如在教育行政机构当中设置督学或督学室，对督学的选任制订了标准，明确了督学按照学区进行分区视导等。

（二）抗日战争时期根据地的教育视学制度

在抗日战争中，国共两党建立了抗日民族统一战线。为了适应抗日战争的需要，中共中央提出了以抗日救国为目标的国防教育总方针，即文化教育应为全面、持久的抗日战争服务，培养大批的抗日干部，提高人民的民族文化水平与民族觉悟，以民族精神教育下一代。中共中央于 1938 年成立中央干部教育部，1940 年与中央宣传部合并，改为中央宣传教育部，同年改为中央宣传部，直接领导全国各个抗日民主根据地的教育工作和视学工作。各个抗日民主根据地的政府机构中也设置了教育行政管理机构，负责本地区的教育工作和视学工作。比如陕甘宁边区政府中负责教育工作和视学的机构称为教育厅，有些地方称为教育处。从边区、专区到县各级教育行政机构中，一般设有督学，这些督学在各自的地域内督促检查学校教育和社会教育。在此过程中，督学还对一些先进的学校和教师的经验和实践进行总结和宣传。③

---

①② 肖小华. 中央苏区教育巡视制度发展概述［J］. 教学与管理，2007，(18)：8—9.

③ 黄崴. 教育督导学［M］. 北京：中国人民大学出版社，2011：28.

（三）解放战争时期解放区的教育督导制度

解放战争期间，解放区的教育督导工作与当时的解放区建设和政治斗争的使命高度一致。解放区教育的中心任务是配合军事、政治、经济、群运等工作，争取人民自卫战争的胜利。随着解放区的不断扩大，共产党不断接管和改造旧学校，为贯彻教育为解放战争服务的宗旨，各个解放区都建立了教育行政机构，由它们管理和监督本地区的教育工作。①

在革命战争年代，中国共产党领导区域的教育巡视制度的建立，有利于上级教育行政部门及时了解掌握实际情况，从而有针对性地指导教育工作，也有利于党对教育的指示精神能够迅速贯彻。当时教育巡视工作的一些做法，对我国现行的教育督导工作仍有一定的借鉴和启发作用。②

清末至民国时期的教育督导，可以说是“中国近代教育督导的开端与奠基时期，此时期的教育督导呈现出规范化、专门化、体系化的初步特征”③。一是清末颁布的《视学官章程》、民国时期颁布的《视学规程》《视学处务细则》《督学规程》《部视学规程》《省视学规程》《县视学规程》《教育视导试行标准》以及中央苏区制定的若干关于教育巡视的制度等，体现了这一时期的教育督导有了明确的制度规定，开始走向规范化的特点。二是清末学部下设督导机构提学使司及省视学，并对视学人员的选派、职责、惩处做了规定；民国时期设置专门的督导机构视学处及部省县视学员，对各级视学员的任用资格、视学内容、视导标准、惩处等做了规定，表明此时的教育督导有了专门的规定与要求；民国时期将督导员分为专职、兼职两种，也体现了专门化的特点。三是清末与民国时期都建立了中央—省—县的三级教育督导体系，提出了不同层次的督导职责与要求，体现了此时期教育督导的体系化特点。

此外，此时期教育督导的内容涉及学校教育，如教学、卫生、经费、教职员履职、学校设施、教育法令施行、儿童入学情况等诸多方面，基本包括教育

---

① 黄崴. 教育督导学［M］. 北京：中国人民大学出版社，2011：28—29.

② 肖小华. 中央苏区教育巡视的历史经验及启示［J］. 西北成人教育学报，2012，(3)：5—7.

③ 孙志毅，李津，张鹏宇. 教育督导：站在新的起点——访自治区教育厅督导室主任张鹏宇［J］. 内蒙古教育，2013，(13)：6—9.

运行的各环节和各要素。对于督导出现的问题则通过向上级汇报、提出改进建议、督促当地改正等方式，赏优罚劣，推动教育发展，较好地发挥了教育督导的应有作用。

第三节　新中国的教育督导制度

新中国教育督导制度的发展经历了初创、中断与恢复、重建、特色化发展四个阶段。2012 年 10 月，《教育督导条例》的颁布实施，标志着教育督导走上法制化的轨道；2014 年 2 月，国务院教育督导委员会办公室印发《深化教育督导改革转变教育管理方式的意见》，提出了构建督政、督学、评估监测三位一体的教育督导体系的改革思路。教育督导成为政府加强教育监督、指导和服务的重要抓手。

一、教育督导制度的初创阶段（1949—1957 年）

新中国成立伊始就重视教育督导的机构建设、制度建设和对全国教育督导工作的领导。具有教育督导功能的机构与中华人民共和国教育部同步诞生。教育部成立之时，曾专设视导司。视导司主要负责各类教育资料的调查统计、老解放区教育工作经验总结、教育资料的编译出版、教育研究和中小学教科书的审查等工作。

随着社会发展，视导司的工作任务有了相应调整，督导的性质逐渐突出。1953 年 1 月 14 日，教育部工作会议规定视导司负责的工作如下：（1）各级教育部门对方针、政策、法令、决议执行情况的组织视察工作；（2）各级各类学校教学工作的系统视察研究工作；（3）组织力量进行重点视导与典型调查工作；（4）有关教育方针、政策、法令、制度、编制以及有关教育行政问题的研究工作；（5）部长交办的专题视导工作；（6）各种教育工作总结、报告与重大问题的研究处理工作；（7）对本部各业务司、处工作情况的了解和研究改进工作；（8）涉及几个业务司、处之重大问题的组织处理工作；（9）其他有关视导方面的工作。同年，教育部精简机构，撤销视导司，在部内各司设视导室、在各处设视导员承担视导工作①。1955年4月，教育部发出《关于加强视察工作的通知》，强调视导工作的重要性，要求各省级教育厅（局）建立和健全视察机构，同时指出视察工作要依靠地方党委的领导，对视察提出了具体要求。由此可见，这一时期教育部对视导工作的重视程度在不断提升。

二、教育督导制度的中断与恢复阶段（1958—1985年）

1958年起，我国全面推进教研制度，淡化以至取消了教育视导制度，各教育行政职能司、处、科负责视导工作②；加之"文化大革命"期间的历史背景，教育督导工作处于中断状态。

1977年，邓小平同志恢复工作后，十分重视教育工作。同年9月，小平同志在与教育部负责人谈话时提出："要健全教育部的机构。要找一些40岁左右的人，天天到学校里去跑。搞40人，至少搞20人专门下去跑。要像下连队当兵一样，下去当'学生'，到班里听听课，了解情况，监督计划、政策等的执行，然后回来报告。这样才能使情况反映得快，问题解决得快。可以先跑重点大学，跑重点中学、小学。这些就是具体措施，不能只讲空话。"③这实际上提出了恢复我国教育视导机构和教育视导制度的设想。1978年初，在当时的王震副总理的建议和推荐下，王季青、苏灵扬、姚文、杨滨四位老同志到教育部任巡视员。

从1982年开始的几年，教育视导机构的恢复可谓每年都有新变化。1982年教育部增设视导室，由中学教育司代管。次年，时任教育部部长何东昌在全国普通教育工作会议上提出：要建立督学制度，县以上教育行政部门都要设立督学结构。会议讨论了《关于建立普通教育督导制度的意见》，要求先试点，再逐步施行。在这样的情况下，教育部视导室于1984年设立，编制为10人，

①③ 中国教育督导制度简况［EB/OL］．［2015-03-21］．http://www.moe.edu.cn/publicfiles/business/htmlfiles/moe/moe_163/200409/3084.html.

② 韩清林．中国特色教育督导制度30多年发展的回顾与思考［J］．教育实践与研究（A），2011，(11)：4—16.

负责巡视检查和指导帮助全国各地的普通教育工作。1985 年 3 月，教育部聘请肖源等 11 位同志为教育部视导员。

1984—1985 年，各地开始恢复教育视导制度，如甘肃、重庆、广州、沈阳、黄石、宁波、南京等省市相继建立或恢复了视（督）导室，开展了一些视（督）导工作。

这一阶段的工作重点是恢复新中国成立后的教育视导制度。邓小平是有中国特色教育督导制度的奠基者。这一阶段的工作虽然着眼于恢复性工作，但舆论上和政治上为建立有中国特色的教育督导制度做了必要的准备，为教育督导制度的重建奠定了重要基础①。

三、教育督导制度的重建阶段（1986—1992 年）

重建的教育督导制度是在“恢复教育视导制度基础上，依照我国社会主义教育制度和教育事业发展的需要而建立的新型教育督导制度”②。此阶段教育督导的发展体现在：一是教育督导司的成立；二是出台教育督导制度恢复重建以后的第一部部门法规文件《教育督导暂行规定》；三是从中央到地方开始聘请督学，全国教育督导机构网络逐步建立。

第一步，倡议恢复教育督导制度。1986 年 3 月，六届全国人大四次会议报告中明确提出：“要加强教育事业的管理，逐步建立系统的教育评价和监督制度。”③ 1986 年 4 月，《义务教育法》颁布实施。同年 9 月，国务院办公厅转发《关于实施〈义务教育法〉若干问题的意见》，指出要“逐步建立基础教育督学（视导）制度……国家和地方逐步建立基础教育督学（视导）机构，负责对全国或本地区范围内义务教育的实施进行全面的视察、督促和指导，并协同当地人民政府处理有关实施义务教育的各项问题”。

第二步，正式重建教育督导制度。1986 年 10 月，经国务院批准，国家教

①② 韩清林. 中国特色教育督导制度 30 多年发展的回顾与思考［J］. 教育实践与研究（A），2011，(11)：4—16.

③ 中国教育督导制度简况［EB/OL］.［2015-03-21］. http://www.moe.edu.cn/publicfiles/business/htmlfiles/moe/moe_163/200409/3084.html.

委视导室更名为督导司，这标志着我国教育督导制度开始正式重建。

第三步，重建教育督导队伍。1987 年 3 月，《国家教委督导工作座谈会纪要》指出，省、自治区、直辖市督导室应配备专职督学 10 人左右。1988 年，国家教委聘请第一批兼职督学。同年 7 月，国家教委同全国人大教科文卫委员会联合印发《关于组织检查执行〈义务教育法〉情况的通知》，以推动《义务教育法》的实施。同年 9 月，国家教委与人事部联合发出《关于建立教育督导机构问题的通知》，要求“各县以上人民政府应在其教育行政部门内建立教育督导机构或配备专职教育督导人员”①。

第四步，重建教育督导管理制度。1987 年，国家教委副主任何东昌指出，抓紧建立督导制度，主要对中小学贯彻执行教育方针和有关政策、法令的情况进行监督、指导和评价。1989 年，国家教委向国务院上报《关于建立我国教育督导制度的请示》，建议“各级教育督导机构实行双重领导，既对同级政府及其教育行政部门负责，又对上级督导机构负责”。同年 4 月，国家教委发出《关于对中小学教育工作开展五项督导检查的通知》。

第五步，重视教育督导的法制化建设。1991 年 4 月 26 日，国家教委发布《教育督导暂行规定》。《教育督导暂行规定》是新中国第一个关于教育督导制度的部门法规文件，明确了教育督导的本质属性是对教育工作的行政监督，统一和提高了各级政府、教育行政部门和学校对教育督导工作的认识。《教育督导暂行规定》明确了教育督导机构的“督政”与“督学”两大基本职能，并且把“督政”作为基础教育督导工作的重中之重。“督政”与“督学”职能的确立，为以后顺利开展教育督导工作和建立有中国特色教育督导制度奠定了基本制度基础②。《教育督导暂行规定》指出：“地方县以上均设教育督导机构……行使教育督导职权的机构应设相应的专职督学……行使教育督导职权的机构根据

① 方晓东，王燕，李玉非，刘巧利，姚宏杰. 新中国在教育质量标准方面的初步探索 [J]. 中国教育政策评论，2010：76—90.

② 韩清林. 中国特色教育督导制度 30 多年发展的回顾与思考 [J]. 教育实践与研究（A），2011，(11)：4—16.

工作需要，可以聘请兼职督学，兼职督学具有与专职督学同等的职权。”① 国家教育委员会聘任的督学，应当具备《教育督导暂行规定》第十一条规定的各项条件；从省、部级干部中聘任督学，由国家教育委员会提名中央组织部，征得所在单位及本人同意后，由国家教育委员会选聘；从厅（局）级干部中聘任督学，由各省、自治区、直辖市教育行政部门商当地党委组织部门后，向国家教育委员会推荐，由国家教育委员会选聘。②

四、中国特色教育督导制度的初步形成阶段（1993—2000 年）

这一阶段以建立“两基”（基本普及九年义务教育，基本扫除青壮年文盲）和“两全”（全面贯彻党的教育方针，全面提高教育质量）督导评估机制为标志，是我国教育督导制度恢复重建以来工作极有成效、社会影响极为广泛的时期。③ 这一时期是教育督导机构和队伍发展壮大的关键期，是有中国特色社会主义教育督导制度创立的关键期。④

（一）教育督导机构与队伍不断发展壮大，教育督导工作地位不断提升

我国教育督导地位的提升与党和国家的重视息息相关。1993 年 2 月，中共中央、国务院印发《中国教育改革和发展纲要》。该纲要第 32 条指出：“建立各级各类教育的质量标准和评估指标体系。各地教育部门要把检查评估学校教育质量作为一项经常性的任务。要加强督导队伍，完善督导制度，加强对中小学学校工作和教育质量的检查和指导。”这是党和国家在最高决策层面关于教育督导的第一次重要决定。在这样的背景下，国家教委在当年就成立了教育督导团，并设教育督导团办公室，挂靠在基础教育司。1998 年 7 月 21 日，国务院批准国家教育督导机构——教育督导团办公室正式成为教育部 18 个职能司（厅、室）之一⑤。

---

①② 教育督导暂行规定［EB/OL］.（2012-11-15）［2015-02-01］. http://www.gov.cn/fwxx/bw/jyb/content_2267021.htm.

③ 引自国家副总督学、教育督导团办公室主任郭振有 1999 年的报告。

④⑤ 韩清林. 中国特色教育督导制度 30 多年发展的回顾与思考［J］. 教育实践与研究（A），2011，(11)：4—16.

党和国家确立了教育督导在教育行政管理体系中的地位，为建立有中国特色的教育制度、促进我国教育的振兴和繁荣奠定了基础。2000 年 1 月 3 日，经国务院批准，将原国家教委教育督导团更名为“国家教育督导团”，启用了带有国徽的“国家教育督导团”的印章，揭开了中国教育督导制度建设的新篇章。

这一时期，地方教育督导机构和队伍建设也普遍加强。自 1986 年以来，国家、省、市、县四级教育督导网络开始逐步建立。到 1998 年，全国 31 个省、自治区、直辖市全部成立了人民政府教育督导团（室），基本形成了中央、省、市、县四级教育督导机构网络。在中央组建了国家教育督导团，全国 31 个省、自治区、直辖市的督导机构有 17 个是人民政府教育督导团（室），98.5％的地（市）建立了教育督导机构，其中 91.1％是人民政府教育督导机构，全国共有 2 716 个县建立督导室，其中有人民政府称谓的占 82.7％。全国专兼职督导队伍逐步壮大，到 1998 年底，全国共有督导人员 26 956 人，包括专职督导人员 10 831 人，兼职督导人员 16 125 人。其中，国家级专职人员 9 人，兼职人员 55 人；省级专职人员 208 人，兼职人员 773 人；市级专职人员 1 603 人，兼职人员 2 886 人；县级专职人员 9 011 人，兼职人员 12 411 人。①全国已基本形成了专职与兼职相结合的教育督导队伍。

（二）教育督导的法制化、规范化不断加强

1995 年 3 月通过的《中华人民共和国教育法》（以下简称《教育法》）规定：“国家实行教育督导制度和学校及其他教育机构评估制度。”从此，教育督导与评估制度成为法定的国家教育基本制度之一。国家以法律形式确定了教育督导在教育行政中的法律地位。这一时期，地方教育督导法规建设也取得重要进展，各地完善教育督导法规建设，在实践中总结工作经验。多数省份地方法规的颁布为教育督导制度的建立和完善提供了基础和保障，使教育督导工作开始走上全面推进法制化、规范化的道路②。

---

① 数据来源于 2000 年教育部督导办主任白景龙的研究报告。

② 韩清林. 中国特色教育督导制度 30 多年发展的回顾与思考［J］. 教育实践与研究（A），2011，(11)：4—16.

五、全面构建中国特色教育督导制度阶段（2001 年至今）

这一阶段，教育督导全面进入法制化、规范化、专业化的道路。尤其是 2012 年 10 月 1 日，新中国第一部专门的教育督导法规《教育督导条例》正式实施；2012 年 10 月 11 日，新中国最高规格的教育督导机构——国务院教育督导委员会成立，首批聘任 171 位国家督学。《教育督导条例》的颁布实施和国务院教育督导委员会的成立，标志着我国教育督导制度建设登上了一个新的高度。

（一）教育督导全面进入法制化、规范化、专业化建设的新阶段

1. 加强和完善教育督导制度，坚持督政与督学相结合

2001 年 6 月，国务院印发了《国务院关于基础教育改革与发展的决定》，确立了“以县为主”的新体制。该决定第 39 条提出：“加强和完善教育督导制度，坚持督政与督学相结合。”2001 年 9 月 8 日，国家教育督导团为了贯彻落实国务院决定，发布了《关于加强基础教育督导工作的意见》。①

2. 理顺教育督导机构与人民政府的直接隶属关系

2006 年修订的《义务教育法》规定：“人民政府教育督导机构对义务教育工作执行法律法规情况、教育教学质量以及义务教育均衡发展状况等进行督导，督导报告向社会公布。”此次修订的《义务教育法》明确了两点：第一，各级教育督导机构是隶属于同级政府的人民政府教育督导机构，而不是教育行政部门下属的内设机构；第二，各级教育督导机构由国家授权对下级政府实施行政监督。新修订的《义务教育法》明确界定了教育督导主体是“人民政府教育督导机构”，就从法理上明确了教育督导机构“督政”的合法性。这一规定还为规范、加强各级教育督导机构、队伍建设提供了法律依据。②

3. 强化教育督导人员的专业化水平

2006 年 7 月，教育部修订了《国家督学聘任管理办法（暂行）》，对国家督学的任职资格、聘任程序、权利与义务、培训等做了详细规定。京津沪渝四

---

①② 韩清林. 中国特色教育督导制度 30 多年发展的回顾与思考［J］. 教育实践与研究（A），2011，（11）：4—16.

个直辖市还开展了督学资格制度试点工作。上述举措进一步增强了我国教育督导人员的专业化。

4. 教育督导专门法规颁布

2012年10月，国家实施了《教育督导条例》，国务院成立了教育督导委员会。该条例是我国第一部专门的教育督导法规，“不仅总结和坚持了我国教育督导丰富实践中积累的成功经验，而且适应新形势和新要求，扩大了教育督导覆盖的范围、明确了教育督导机构相对独立行使职能和增强督导工作的科学性、权威性”。由国务院领导同志担任主任、国家多部门负责同志担任委员的高规格的国务院教育督导委员会的成立，充分体现了“强国必强教，强国先强教”，优先发展教育的国家意志和深化教育体制改革、推进依法治教的决心。这标志着我国教育决策、执行、监督相协调的教育行政管理体系基本形成，也标志着有中国特色的现代教育督导制度建设登上了一个新的高度①。

（二）建立和完善督政、督学、评估检测三位一体的教育督导体系

2014年，国务院教育督导委员会办公室印发《深化教育督导改革转变教育管理方式的意见》的通知，提出建立教育督导工作的总体思路是：“建立督促地方政府依法履行教育职责的督政机制、指导各级各类学校规范办学提高教育质量的督学体制、科学评价教育教学质量的评估监测体系，形成督政、督学、评估监测三位一体的教育督导体系，为促进教育事业科学发展、办好人民满意的教育提供制度保障。”

目前，我国已形成了中央、省、市、县四级教育督导网络，建设了一支超过八万人的专兼结合的教育督导队伍②。新时期的教育督导工作将努力落实《教育督导条例》。“一是健全督政、督学、评估监测体系，推动教育规划纲要的落实；开展督学工作，推进素质教育的全面实施；适应教育督导全覆盖的新要求，完善各级各类教育督导评估指标体系，制定督导评估标准，开发督导评估工具，改进督导评估方法，形成科学完善的学校督导评估体系；加强质量监

① 张俊芳. 创新体制机制实现教育督导全覆盖［N］. 中国教育报，2012-10-12（6）.

② 教育部. 四大措施“护航”《教育督导条例》［EB/OL］.（2012-10-22）［2014-12-01］. http://news.xinhuanet.com/edu/2012—10/22/c_113456608.htm.

测，推动教育评价模式改革，探索促进各级各类教育科学发展的质量评价体系。二是加强督导机构和督学队伍建设，提升教育督导工作的科学化水平；各地建立和完善与督导职能相适应的、独立行使督导职权的地方各级教育督导机构，根据督导工作需要，增加编制，配足人员；建立督学资格证书制度，制定以专业化为核心的督学资格标准。三是完善教育督导法规和规章制度，规范教育督导工作。四是完善问责机制，提高教育督导工作效果。”①

【拓展性阅读】

视学规程②

第一条　全国视学区域，划分为八：一、直隶奉天吉林黑龙江；二、山东山西河南；三、江苏安徽浙江；四、湖北湖南江西；五、陕西四川；六、甘肃新疆；七、福建广东广西；八、云南贵州蒙古西藏暂作为特别视学区域，其规程别定之。

第二条　每区域派视学二人，视察该区之普通教育及社会教育，并得酌派部员，协同视察。

第三条　各区域视察，分定期及临时二种。定期视察，每年自八月下旬起至次年六月上旬止。临时视察，依教育总长特别命令行之。

第四条　视学每年视察之区域，由教育总长临时指定。

第五条　有荐任文官资格而合于左列各项之一者，得任用为视学：

一、毕业于本国外国大学或高等师范学校，任学务职一年以上者；二、曾任师范学校中学校校长或教员三年以上者；三、曾任教育行政职务三年以上者。

① 焦新. 教育部有关负责人就《教育督导条例》答记者问［EB/OL］.（2012-10-23）［2014-12-02］. http://www.jyb.cn/china/gnxw/201210/t20121023_515029.html.

② 江铭. 中国教育督导史［M］. 北京：人民教育出版社，1994：254—256.

第六条　视学应视察之事项如下：

一、教育行政状况；二、学校教育状况；三、学校经济状况；四、学校卫生状况；五、关系学务各职员执务状况；六、社会教育及其设施状况；七、教育总长特命视察事项。

第七条　前条第一款至第六款事项，视学应于出发之前，公共研究，酌拟办法，呈教育总长核定。

第八条　视学遇下列各事项，得就主管者表示意见：

一、与教育法令抵触事项；二、部议决定事项；三、学校教授管理事项；四、社会教育设施事项；五、教育总长特命指示事项。

第九条　视学于所至各地方，应先与地方长官省视学及国立学校校长等接洽讨论，藉知该地方学务以往之历史，现在之实况，及将来之企图。

第十条　视学至各地方视察学校，毋庸向该校预期通知。

第十一条　视学遇必要时，得变更教授之时间。

第十二条　视学遇必要时，得试验学生之成绩。

第十三条　视学遇必要时，得调阅各项簿册。

第十四条　专门学校及其他特别事项，教育总长得派临时视学或命该区域之视学兼司其事。

第十五条　第十条至第十三条，临时视学皆适用之。

第十六条　视学应依第六条第一款至第六款切实调查，随时报告，至视察完毕，除面陈概要外，应提出本年度总报告书。

第十七条　本规程自公布日施行。

第三章
外国的教育督导

现代教育督导制度作为现代教育制度的一部分，随着西方工业社会的发展而逐渐趋于完善。教育督导制度与各国教育体制和社会政治制度有千丝万缕的联系，不同国家的教育督导制度各具特色。本章重点介绍英国、法国、美国、俄罗斯、日本和韩国的教育督导制度。

第一节　英国的教育督导

英国作为世界上较早建立教育督导制度的国家之一，在其一百多年的教育督导发展历史中，已经形成了“相对稳定的、比较成熟的皇家督学和地方导视两级并行的全国教育督导系统”①，并在整个英国的教育事业发展过程中发挥着重要的监控和指导作用。

一、英国教育督导制度的产生与发展

英国教育督导制度从19世纪30年代到20世纪末，经历了产生、形成及发展完善三个阶段。

（一）产生阶段：19世纪30年代到19世纪末

虽然英国教育在18世纪后期的工业革命中迅速发展，但存在着诸多问题。直至19世纪初，英国基础教育的办学主体仍是力量有限的宗教组织，加上英

① 岳中方. 关于教育督导的认识与思考［J］. 连云港师范高等专科学校学报，2004，(4)：60—62.

国原本的私人教育费用十分昂贵，因此，“为满足工业革命对普及初等义务教育的迫切需要，从1833年起，英国议会决定拨款补助教育事业”①。但是，由于没有任何国家的监督和控制，所以最终这些拨款并没能有效用于国家发展教育的需要。

为了解决这一问题，英国政府开始筹划建立教育督导制度。1839年，英国首次设置直接掌管监督和控制学校教育的领导机构——枢密院教育委员会，枢密院教育局第一任局长J. P. 凯提出：“应该任命学校督学”，“今后资助学校都要首先进行检查、访问。”② 于是，政府在1839年首次任命了两名皇家督学，即J. 艾伦和H. S. 特曼赫尔。这标志着英国皇家督学团的产生，英国教育督导制度也由此开端。

（二）形成阶段：19世纪末到第二次世界大战前

1902年，英国政府颁布教育法，大力提倡地方教育局兴办公立教育，由此结束了英国长期没有公立中等教育的历史，英国中等教育督导开始实行。此外，中央教育部内重新改组皇家督学团，“下辖初等、中等和技术教育三个层次，督导范围也扩展到学校管理、课程、教学和生活”③，并于1904年任命了首任中等教育主任督学。

这一阶段，英国国家教育机构不断加强，在中央建立督导制度，同时在教育科学部设督导司，督导全部教育。在地方郡、市教育局设导视处，负责本地教育督导任务。至此，英国近代教育督导机构正式成立。

1944年通过的《巴特勒教育法》，进一步明确了皇家督学的督导内容、程序及要求，成为英国现代教育督导制度全面建立的基础④。

（三）发展完善阶段：第二次世界大战后至今

为适应第二次世界大战后的政治经济环境，英国政府进行了一系列重大改革。

1988年出台的《教育改革法》强调中央对学校的控制——监控教育政策

---

① 李德龙. 主体性教育督导研究［D］. 济南：山东师范大学，2009.

②④ 马丽娟. 20世纪90年代以来英国教育督导制度的改革与借鉴［D］. 保定：河北大学，2004.

③ 凌静. 教学督导与教育督导概念之比较［C］. 全国高校教学督导论文集，2005.

的执行情况及学校教育质量情况，由此督导体制也进行了一系列改革。

1992 年，英国中央教育督导机构实行改组，颁布的《家长法》和《市民法》将英国教育标准局从原教育部中独立出来，取代原来的皇家督学团，与国家教育行政部门同级，并单独行使职权。《1992 年教育法》也为教育督导制度制订了新的方案。

通过频繁改革，督学开始“紧密配合教科部工作，从实际情况出发，提出诸多建设性意见，以保证改革后的各项工作顺利进行”①。此外，随着中央对教育统一管理的加强，督学的作用愈加明显，督学工作成为教育科学部决策的重要基础。②

总的来说，虽然英国建立教育督导制度主要是因为国家需要承担管理教育的责任，但由于其学校教育自主性的传统，所以，政府直接管理的权利在教育督导发展的过程中逐渐淡化。20 世纪 90 年代以后，英国的教育督导制度不断走向成熟。

二、英国教育督导机构及督导人员

19 世纪中期以来，英国教育督导制度为适应国家发展需要，从中央皇家督学团的建立开始，逐渐形成中央和地方双重督导机构③，各督导人员职责明确，各司其职，相互合作，共同促进英国教育督导制度的良性发展。

（一）双重督导机构

中央在教科部内设皇家督学团，即女王督学团（简称 HMI），地方在教育局内设导视机构，它们虽各自独立，但互助合作、互为补充，不存在领导与被领导的关系。

1. 中央——皇家督学团

教育科学部内设皇家督学团，为局一级机构，主要负责人是副部级职务的

① 张黎明. 英国教育督导制度的历史变革及启示［J］. 教书育人：教育新理念，2004，(12)：55—57.

② 顾明远. 外国教育督导［M］. 北京：人民教育出版社，2002：12.

③ 巩婷，吴钢. 英国教育督导机构的历史演变及对我国的启示［J］. 教育测量与评价：理论版，2011，(2)：39—41，51.

高级主任督学，可以和国务大臣直接联系。

皇家督学团有500余名督学，除少数留在中央工作，其余大多分散在地方工作。中央设有1名高级主任督学、7名主任督学以及32名高级督学，分管小学教育、中学教育、继续教育、职业技术教育、16—19岁青年的教育、教师培训与课程设置、督学培训及外事活动七个方面的工作。为便于皇家督学团开展地方工作，政府将英国划分为七个工作区（不是一级行政单位），每个区有一名地区主任督学负责工作。每个大区下分若干分区，每一分区约有10名督学。在各地区工作的皇家督学也按照学段和学科进行分工①。

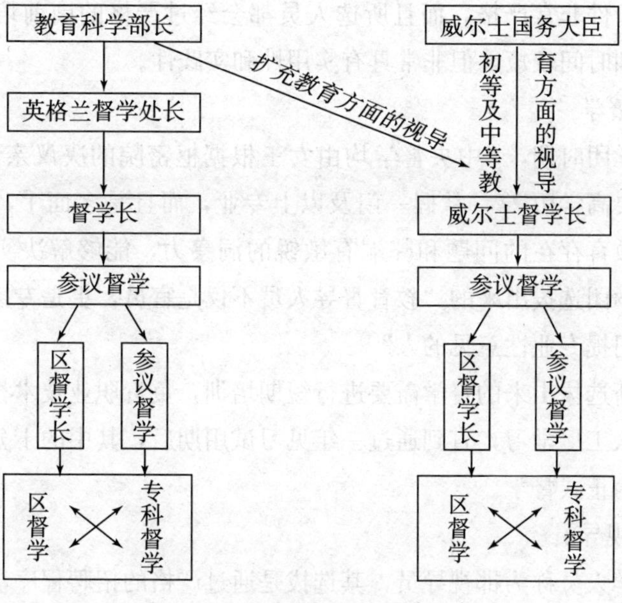

图 3-1 英国皇家督学组织图②

2. 地方——视导制度

英国在地方教育局内设置教育督导机构，称为郡（市）视导处（或视导团），其成员称为视导员。机构的主要负责人称为首席视导员或主任视导员，

① 沈卫理. 教育督导概论［M］. 大连：辽宁师范大学出版社，1996：120—121.

② 谢文全. 教育行政制度比较研究［M］. 高雄：复文图书出版社，1981：292.

另设若干名高级视导员和一般视导员。为了方便工作，视导处又下设地区视导办公室，办公室主任称为地区视导员，直接向首席视导员或主任视导员负责，其下有视导员若干①。

英国各地高度自治且独立性强，作为地方政府最高机构的地方议会，具有行使本地区初等教育、中等教育和继续高等教育的行政权力和义务，但实际上是委托教育委员会、教育局行使。②

（二）两级督导人员

英国的督导人员从中央到地方均采用公开招聘的方式，面向全社会进行选拔，但任职条件非常严格，而且所选人员都会经过严格的岗前培训和岗位培训，虽然培训时间较短，但非常具有实用性和实践性。

1. 中央督学

皇家督学团时期，“中央督学均由女王根据枢密院的决议亲自予以任命，所选人员需要高学历”③，掌握一门及以上专业，而且是多面手，有丰富的教育经验，对教育存在的问题和弊端有敏锐的洞察力，能够解决实际问题。因此，皇家督学团选拔出来的“教育督导人员不仅是官员，更是专家，是能够给教育管理部门提专业性意见的人”④。

同时，新选拔出来的督学需要进行短期培训，负责职业技术教育导视的新督学还要进入工厂学习，直到通过一年见习试用期后，其中的十分之一才能在第二年晋升为正式督学。⑤

2. 地方视导员

地方督学人员称为郡视导员，其选拔是通过严格的招聘程序，选择具有多方面专长和中小学教学经验，并且组织能力、思维能力、表达能力，尤其是解

---

① 巩婷，吴钢. 英国教育督导机构的历史演变及对我国的启示［J］. 教育测量与评价：理论版，2011，(2)：39—41，51.

② 王璐. 英国教育督导与评价：制度、理念与发展［M］. 北京：高等教育出版社，2010：20.

③ 马丽娟. 20 世纪 90 年代以来英国教育督导制度的改革与借鉴［D］. 保定：河北大学，2004.

④ 岳中方. 关于教育督导的认识与思考［J］. 连云港师范高等专科学校学报，2004，(4)：60—62.

⑤ 李素敏. 论加强我国督学队伍的建设［J］. 河北大学学报：哲学社会科学版，1994，(1)：136—141.

决实际问题能力较高的高素质人员。这些视导员一般会从校长、副校长和中小学、教育学院及大学的优秀教师中招聘，且待遇和地位与校长相当，所任领导职务高于校长①。

三、英国教育督导的内容与实施

英国的教育督导有一套严密的工作方法，每一时间段的工作都有工作计划和工作进度记录。督学与督政是英国教育督导的两个方面，分别针对以中小学为主体的各类学校、教育办学机构和地方教育局开展督导工作。中央和地方的督导形式都有两种，即全面督导和专项督导。

（一）督导内容

皇家督学团的主要任务是“向国务大臣报告有关教育制度好坏的评价”。依据督导法案，督学对学校的督导必须包括四个方面②：（1）被督导学校达到教育标准的程度；（2）被督导学校教育的质量；（3）被督导学校的领导和管理质量，包括可获得的应用于学校的财政资源和管理效率；（4）“被督导学校的学生在精神、道德、社会和文化方面的发展情况”③。此外，皇家督学团还要对全国教育质量、服务和资源状况做出评价，并对新的教育政策或地方提案以及相关教育问题提出建议，同时参与教师培训工作，观察了解各部门实际工作情况。这些督导内容都会由督学整理，然后报告给国务大臣，以便国家做出相应教育决策，从而为各教育局、学校提供政策性支持和帮助。

地方督导则主要协助地方议会、地方教委、教育局将学校办好。其督导内容主要包括：（1）了解当地学校情况，提供具体建议；（2）对学校进行视导和评价；（3）帮助和支持学校改进工作；（4）参与教师培训工作，帮助教师成长和教师管理；（5）在地方和国家改革中发挥重要作用。同时，视导员还要负责制订教师进修计划，负责新聘任教师的考核、转正和晋级工作，以及负责教师培训的组织工作和举办专题学术讨论等学习活动。

---

① 参见沈卫理. 教育督导概论［M］. 大连：辽宁师范大学出版社，1996：120—121.

② 钱一呈. 外国教育督导与评价制度研究［M］. 北京：中央广播电视大学出版社，2006：12.

③ 马丽娟. 20世纪90年代以来英国教育督导制度的改革与借鉴［D］. 保定：河北大学，2004.

此外，英国教育督导工作内容近年来也不断向以下几个方面发展变革：(1) 视导更加注重教育领域、课程设置和课程改革方面；(2) 希望通过考试改革推动课程改革，以提高教育水平；(3) 重视义务教育后的职前专业技术教育督导。

（二）**督导实施**

中央和地方督学都会采取全面督导与专项督导两种方式，通过视导、访问、调取以前的报告资料等途径，对被督导学校进行督导，并提出建设性改进意见，对其做得好的地方进行鼓励，此外还会评判该学校自前次督导以来是否有所改进。

1. 中央督导实施过程计划周详、严谨且贴合实际

为保障督导切实有效，督学会尽可能利用在学校的时间，与学校进行良好沟通，了解家长和学生对学校的看法以及是否被学校重视或采纳，并及时与学校商讨督导主题，然后对被督导学校进行预检评估。除此之外，督学还会进行实地调查，通常采用“观察教学、与学校教职工及附近闲散人员进行交谈、观察附加课程活动与日常教学运行方式、跟踪学校工作程序、参加会议、分析学生最近学业情况、直接进行观察管理过程、分析学校提供的文件及具有特殊教育需要的学生相关的记录”① 等手段，收集第一手资料，以提高督导评判的信度和效度。当然，最后在对督导结果进行整理的时候，督学还要将收集到的现象和问题及时反馈给校长、管理人员以及学生家长。

2. 地方督导实施过程点面结合，督导结果公正公开

英国对地方教育实施全面督导和专项督导。在全面督导的过程中，会将每一个地方教育局视为一个机构进行督导；专项督导则会在几个地方教育局之间详细检查其特定职能，主要目的在于报告地方教育局解决特定问题的方法，其工作进度的效果及结论，以及实践工作的好坏。督导的主要方式是：进行跟班听课，与教师学生谈话、讨论，看学生的作业及有关书面材料。每次视导结果都会记录在案，并撰写视导报告予以公布。接受督导的教育局要依照报告内容制订行动计划。

---

① 李德龙. 主体性教育督导研究［D］. 济南：山东师范大学，2009.

英国教育督导经历了漫长的发展历程。自 1944 年教育法确立了初等、中等和继续高等教育组成的公立教育体制，直至 20 世纪 80 年代，教育督导扩大到除大学外的整个教育事业，其教育督导制度不断完善，不但形成了独立、自成体系、职责明确的教育督导机构和多样化的教育督导方式，而且督导过程透明，督导结果公正公开且切合实际。至今，英国已经形成了较为成熟的教育督导体系，并对其整个教育事业产生了巨大影响。

第二节 法国的教育督导

法国是世界上最早建立教育督导制度的国家。法国的教育督导制在二百多年的发展过程中，不断丰富和完善，在 19 世纪 40 年代前后，形成了中央、学区和省三级督导制度。即使是在两次世界大战的间隙，法国政府依旧高度重视教育督导制，并且在战后积极对督导制进行改革，使督导制更好地服务于教育。由于法国对督导制度的重视，因此对督学的选拔聘用相当严格，同时，督学也享有非常优厚的待遇。法国教育督导体系完整，分工明确，督学水平高，督导细致，这些优点极大地促进了其教育事业的发展。

一、法国教育督导制度的产生与发展

法国大革命之前，教育很少由国家兴办，“基本上都由教会或者民间团体创办，但在那个时候便已出现教育督导的萌芽。大革命期间，教育督导受到重视，但直到 1804 年拿破仑称帝后，法国教育督导才正式确立并开始全面推行”①。随后，督导制不断在实践中发展完善，在教育中发挥重要作用。

（一）三级督导机构的逐渐形成

1. 督导制的萌芽阶段及督导制的基础

法国大革命之前已经出现建立教育督导制的思想，但由于教会的统治，教

① 谢延龙. 法国教育督导制度及其启示［J］. 世界教育信息，2004，（Z1）：26—30.

育督导制未有发展。在大革命期间，许多文件提出了一些具体建议；但是，这些文件的内容不够统一，比如，在谁来督导小学的问题上反复很大，家长、地方和国家，这三者都有被提及，却一直没有定论。18 世纪末 19 世纪初，拿破仑进行了一系列中央集权的努力。根据这一形势，塔列朗于 1802 年提出了一份教育法草案，其中提出对督学的一些要求及任务，并谈及建立督导制度的目的等相关内容。这一方案的提出极大地促进了法国教育督导制度的建立①。

2. 教育督导制初步形成

“1804 年，拿破仑称帝，建立法兰西第一帝国，法国教育督导制度随之正式确立并开始全面推行。1808 年 3 月 17 日，第一帝国关于组织初等教育的法案规定，将全国分成若干学区，由帝国大学垄断全国教育”②，并且规定了总督学及学区督学人员的数量组成和任命方式，明确了工作内容和方法。这标志着法国教育督导制度正式建立并实施。

但“在督导制度建立之初，督导的重点是国立中学和市立中学”③，一般的初等教育未受到高度重视。这样的局面直到 1835 年才开始有所改变。1833 年，七月王朝教育大臣基佐任命了四百多名临时督导去检查小学工作。试验获得了成功，于是基佐下决心建立常设的专门机构。1835 年 2 月 26 日，在他主持下制定的王朝法令规定每省设一名专门负责初等教育的督学，负责检查小学教育、学前教育和成人教育机构的面貌、管理、教学及其方法。自此，法国中央、学区和省各级都有了督导机构和人员，高等、中等和初等各级教育都在或部分在国家的监督之下，法国教育督导制度初步形成④。

（二）教育督导的发展

19 世纪中期开始，法国将学科教学督导与其他督导分开设立，以避免过去那种由于督导范围过大而顾此失彼的状况。1878 年开始设立图书馆总督学，专门对文献资料的管理进行督导；1885 年开始设立经济总督学，对中小学经

① 顾明远. 外国教育督导［M］. 北京：人民教育出版社，2002：46.

② 黄雪娜. 英、德、法三国基础教育质量评估机制的比较研究［D］. 福州：福建师范大学，2003.

③ 凌静. 教学督导与教育督导概念之比较［C］. 全国高校教学督导论文集，2005.

④ 顾明远. 外国教育督导［M］. 北京：人民教育出版社，2002：46—48.

济情况进行督察。督导方向的细化也带来了督学人数的增多，1888 年时，已有总督学 32 人。比起 1815 年的 12 人，数量明显增多。督导的地位和督学的待遇都随着督导制度的发展而有所提高。20 世纪上半叶爆发了两次世界大战，法国人民的正常生活受到影响，教育遭受重创，教育督导制度也颇受影响。不过，在两次世界大战的间隙，法国教育督导制仍受到政府的高度重视①。政府对原有的督学位置进行了调整，并且还新增了一些位置，如初等小学教育总督学、体育总督学等。1914—1939 年，“国家教育总督导体制中总共设立了 9 类总督导和总督学”②。

第二次世界大战结束后，法国教育的改革冲击了督导制度的调整和改革。法国教育督导的新机构随着教育领域的拓展而出现。比如，1968 年，中央一级教育总督导按学科分为数学、物理、自然等 7 个机构。20 世纪 60 年代，还曾出现过学校生活总督学、校舍生活总督学、公共卫生总督学等专业性很强的督学机构。70—80 年代，法国教育督导制度进行了一系列改革和调整。1980 年，公共教育总督学改名为国家教育总督学。1984 年起，总督学试行向社会招聘。1986 年，地区督学开始在教师的管理和评估中发挥作用。20 世纪 80 年代末开始，法国政府相继制定颁布相关督导法规，对督导的工作重心和方向进行了调整，这标志着法国的教育督导进入一个新的历史阶段③。

总的来说，法国教育督导制度历经两百多年的曲折发展，越来越完善，形成了今天的教育督导制度。

二、法国教育督导机构及督导人员

法国在 19 世纪 40 年代前后形成了中央、学区和省三级督导结构，各级督导机构又由分工不同的部门组成。法国重视教育督导，所以督导人员受到重视并享有优厚待遇，与此同时，国家对督学的要求也是非常严格的。

---

① 石灯明. 中央集权体制下的法国教育督导制度 [J]. 当代教育论坛，2009，(11)：22—25.

② 谢延龙. 法国教育督导制度及其启示 [J]. 世界教育信息，2004，(Z1)：26—30.

③ 李帅军. 法国教育督导制度的历史、现状与特色 [J]. 河南教育学院学报：哲学社会科学版，2003，22 (1)：21—25.

（一）法规保障下的三级督导机构

法国的教育督导制度有悠久的历史，形成了比较完备的法律法规保障。例如，最初的《国民教育总法》初步规定了教育督导的职能范围，奠定了法国教育督导制度的基础。20世纪，相继颁布的一系列法规从法律的角度规定了各级教育督导机构的设置，1965年颁布的《国家教育行政总督导章程》，1989年颁布的《国民教育总督学特别章程》，1990年颁布的《地区—学区督学和国民教育督学特别章程》。这三项法规是至今都还有法律效力的重要教育督导法规，这些法规促进着法国督导制的顺利发展①。

19世纪初期，法国教育督导制逐渐形成中央、学区和省三级督导制度。这种以维护中央集权的教育体制为目标的三级教育督导体系，在20世纪80年代后逐步改革，形成了法国现行教育督导体系的基本框架。法国教育督导机构的设置，从行政隶属上看，分为中央和地方两个层次；从工作职责上看，大致分为教学督导和教育行政督导。但是，无论是哪个层次或领域的教育督导机构和督导人员，都直接服从法国国民教育部的领导，地方政府部门无权干涉，这也是法国教育督导制度的一个特点②。

在中央一级，教育督导机构设在教育部内。它由教育部长领导，对教育部长负责。根据职权的不同，国民教育部内又分设了4个总督导处，分别是：国民教育总督导处、国民教育行政总督导处、图书馆督导处、青年与体育总督导处。首先，国民教育总督导处是原公立教育总督导处在1980年改名而来的，该处有总督学约160名③。在国民教育总督导处内，根据学科不同分为人数不等的组，由一名主任负责；每组由一名经部长任命的组长来协调工作④。其次，国民教育行政总督导处建立于1965年，自建立以来，人数不断增加，现今有督学约100人。国民教育行政总督导处也是分组工作的，一组负责高等教育，一组负责学区和省两级间的教育行政机构⑤。这样的分组，基本与教育部

---

①④⑤ 李帅军．法国教育督导制度的历史、现状与特色［J］．河南教育学院学报：哲学社会科学版，2003，22（1）：21—25．

② 石灯明．中央集权体制下的法国教育督导制度［J］．当代教育论坛．2009，（11）：22—25．

③ 顾明远．外国教育督导［M］．北京：人民教育出版社，2002：51．

长的职权范围相对应。在中小学方面，也设两组：一组负责学校布局和设备，一组负责学校行政。然后是设立于1969年的图书馆总督导处。该处的工作人员并不多，但其工作范围一再扩大：从国家图书馆到大学图书馆，再到加入了归文化部门领导的各种公立图书馆①。最后，青年与体育总督导处是在青年与体育部长和教育部长共同领导下，对学校体育教学及教师进行教育方面的督导。

在学区一级，督导机构设于学区教育厅，属于国民教育部总督导局的派出机构。学区一级督导机构也受学区长的领导，因为学区长实际上是国民教育部长派驻学区的代表。学区一级的督导机构及人员可分为三种情况。第一种是地区教学督学，他们是纯粹的督导人员，分科设立，共约600名②。第二种是名为学区督学的行政人员，他们与地区教学督学的级别相同，并且都在学区长领导下从事工作。但其主要职责不是督导工作，而是行政工作。第三种是参谋顾问人员。他们或专职或兼职，不少都具有督学的头衔。虽名为督学，但他们也主要从事行政和顾问工作。

在省一级，省督学被称为国民教育省督学。他们是纯粹的督导人员，是原来的小学教育、幼儿学校督学的改称。其中，大部分人负责小学教育，少部分人负责幼儿教育。在法国每个省的每个分学区，都设有一名国民教育总督学，一共有1 200多名③。

（二）督导人员优厚的待遇及严格的选任

法国教育督学分为国家教育总督学、大学区督学和省督学④。由于督导工作在国家的教育管理中有着非常重要的作用，所以督学作为教育督导机构的组成人员享有优厚的待遇。他们属国家第一级A类的公务员，工资待遇纳入国家财政预算。

担任国民教育总督学的要求有：年满45岁；在教育领域服务十年以上；属于公务员，必须有博士学位，有大学教授或中学高级教师职称；至少有五年

---

① 顾明远．外国教育督导［M］．北京：人民教育出版社，2002：52.

② 顾明远．外国教育督导［M］．北京：人民教育出版社，2002：53.

③ 顾明远．外国教育督导［M］．北京：人民教育出版社，2002：54.

④ 肖丽萍，尹小燕．英法教育督导制度的特点及对我国的启示［J］．甘肃农业，2006，（7）：195.

从事教育工作的经历①。担任学区一级的大学区督学的要求有：年满40岁；有博士学位或“会考教师”证书，若是原省级督导人员，则要求有学士学位证；在教育、管理或督导部门全日制工作满五年或相当于五年②。担任省一级督学的要求有：年龄小于45岁；有教育学士或硕士学位，有中学教师能力证书或技术课教师能力证书等证书中的一种；在公立教育部门任教的正式教师。如果没有相关学位或资格的，应具有教育部规定的同等学历③。

在法国，无论是哪个层次的教育督学，其选拔都是非常严格的。一般来说，选拔流程如下：(1) 公布招聘信息和选拔条件；(2) 审查筛选；(3) 候选人排序；(4) 长官会议讨论；(5) 以法令形式任命。对于地方学科督学来说，大部分还会经历一个为期两年的上岗培训④。

三、法国教育督导的内容与实施

1957年，法国一项关于教育的法令规定：督导机构的职能是“检查工作，组织活动，通报信息，提出建议”⑤。

不过，实际的督导内容更丰富，也更复杂。在中央一级，国民教育总督导处和国民教育行政总督导处的督导内容就有很大差别，前者侧重教学领域，后者的督导范围则涉及除教育教学以外的其他事务。对于督导的实施，各级督导机构和不同地区同级督导机构的情况也都不尽相同。

(一) 督导的内容

督导的内容大致可分为行政方面的督导和教育及其他方面的督导。行政方面的督导内容有：对教育部、学区、公立学校等机构进行行政、财务、会计及经济运行情况效益的研究和评估；评价和研究国家的教育制度；负责财会、行政人员的招聘和培训；对教育培训机构进行调研和紧急情况的处理。教育及其他方面的督导内容有：对教育体制的评价；对教师教学质量的评价及记分；负

①② 谢延龙. 法国教育督导制度及其启示 [J]. 世界教育信息，2004，(Z1)：26—30.

③ 顾明远. 外国教育督导 [M]. 北京：人民教育出版社，2002：57—58.

④ 吴声远. 简析法国教育督导制度的主要特点 [J]. 外国中小学教育，2004，(8)：24—26.

⑤ 顾明远. 外国教育督导 [M]. 北京：人民教育出版社，2002：51.

责教师的招聘；与相关人员合作，制订大纲；检查相关方面的工作运营，督导有关人员的工作。

（二）各级教育督导的实施

1. 中央一级“宏观”和“微观”相结合的督导工作

在中央一级，主要是国民教育总督导处和国民教育行政总督导处。这两处的工作情况都可以归纳为“宏观”和“微观”两方面。国民教育总督导处的重点是中等教育，国民教育行政总督导处面对的是小学至大学的各类教育机构。

宏观的评估和协调是国民教育总督导处的重要工作，是其工作“宏观”的体现。自20世纪80年代以来，这种宏观的评估和协调在总督导处的工作中变得越来越重要。对于重大的改革和试验，总会首先由总督导处进行可行性研究和论证，然后调查和总结。这些调查和研究对教育改革的推行起着重要作用。国民教育行政总督导处的不同就是它掌管的是行政方面的内容。

个别督导是督导处的传统，也是其工作“微观”的体现。但由于督学要面对的任务太重，所有的教师都单独受到督导将是非常困难的。所以，一般总督学的个别督导也会有所侧重。比如，对于新学校、新教师会加强督导；结合上一年的信息反馈，到问题较多处去进行督导。通常情况下，对一般学校、地区的督导，则由相应的地区督学来完成。国民教育行政总督导处面对的是行政和财务方面的工作，并且没有给教师进行打分的权力。

除了这种“宏观”与“微观”的方式，国民教育总督导处还会参与教学大纲的制订，国民教育行政总督导处则极少参与。但国民教育行政总督导处除了一些常规的任务外，还会有一些新的任务作为该处当年的中心工作。

2. 学区一级的督导工作对中央的工作进行补充

在学区方面，主要有地区教学督学和学区督学。前者负责教学方面的工作，后者负责行政方面的工作。学区一级的督导机构可以说是对中央一级机构的补充。地区教学督学弥补了总督学不能深入各基层的不足，他们在相关总督学领导下开展工作，负责一个或多个学区的相关学科督导工作，然后将结果汇报给总督学。他们的工作也会更细致，比如，他们会花大量精力对学科教师进行培训，并向总督学进行反馈。学区督学的职能体现在行政方面，他们不介入教学工作，是不搞督导的“督导”。

3. 省一级督导工作复杂琐碎

省一级的督导机构，他们要面对的工作更加复杂、琐碎和细化，如定期听课，定期检查学校工作和考核校长、教师，常常与学生和家长接触。不仅如此，国民教育省督学也会参加教师的职前和在职培训；负责与教育、经济、行政等各部门联系，协调关系，以维护学校的利益。省督学常常需要亲自到现场，工作量大，并且需要与形形色色的人打交道。

法国教育督导的实施，在中央、学区和省三级督导机构的密切合作中进行。这三个层次所负责的事务纵横交错，使得教育管理系统成为一个整体。

第三节 美国的教育督导

美国是发达的资本主义国家，其政治体制为立法、司法和行政三权分立。在教育领域，美国采取的也是一种高度分权的教育行政体制。在长期的实践中，美国创造了与教育行政体制、政治体制相适应的，以分权为重要特征的教育督导体系。美国的教育督导体系为促进美国教育的普及与发展发挥了重要作用。

一、美国教育督导制度的产生与发展

根据美国学者奈塞的研究，美国的教育督导可大致分为五个时期：行政视察时期，效率为指针的专家督导时期，民主督导时期，以研究和探索为督导方针的时期，以系统分析为主导的时期。

（一）行政视察时期

1624—1875 年为美国教育督导制度的行政视察时期。这一阶段的教育督导制度有两个特点。（1）学校督导的实施由非专业人士承担。直到 18 世纪中叶，牧师一直在学校委员会中占有相当大的比例。一方面是因为殖民时期的学校教育具有强烈的宗教色彩，另一方面是因为牧师是当时为数不多受过良好教育的群体。（2）初期的督导活动属于一般的行政视察，其目的在于确保教师按

照法律对学生进行教育。教师是主要的督导对象，帮助教师改进教学不是初期学校督导所关注的问题①。

（二）效率为指针的专家督导时期

1876—1936年为美国教育督导制度以效率为指针的专家督导时期。这一时期的督导理论和实践具有以下特点：（1）专职督导人员取代了非专业人士对学校进行督导；（2）现代教育督导体系基本确立，教育督导理论有了重大突破，对教育督导的功能有了新的认识②。

（三）民主督导时期

1937—1959年为美国教育督导制度的民主督导时期，这一时期又被称为重视人际关系、致力于改进教学的时期。关于当代教育督导性质与任务的理论框架在这一时期已基本确立。民主督导认为“教师具有自我管理、自我提高的能力，强调教师参与教学的决策过程以及个人的创造性，教育督导不应该是自上而下的监督与控制，而应该是督导员与教师合作的民主的过程”③。

（四）以研究和探索为督导方针的时期

1960—1970年为美国教育督导制度以研究和探索为督导方针的时期。教育督导活动在新管理理论指导下强调以管理控制为重要的活动内容，并要求突出管理的激励功能、协调功能、沟通功能与反馈功能。在督导评价方面，更多采用CIPP模式、目标游离模式等，使评价目的也由重视鉴定、选拔向重视改进、发展转变；评价方法从重视定量方法向注重定量方法与定性方法相结合转变④。

（五）以系统分析为主导的时期

1970年至今为美国教育督导以系统分析为主导的时期。20世纪70年代，柯根等人发展的“临床视导”（clinical supervision）因强调督导员深入课堂观察教学，与教师共同分析教学，提出改进教学的方法，受到了教师的普遍欢迎⑤。

---

①④⑤ 孙玉洁. 国外教育督导职能的历史演变及其启示［J］. 沈阳师范大学学报：社会科学版，2003，27（4）：82—86.

② 孙惠利. 关于中国现行教育督导制度的评价与建议［J］. 中共郑州市委党校学报，2005，(4)：119—120.

③ 何玉玲，袁桂林. 美国教育督导的特征及其变革趋势［J］. 外国教育研究，2008，35（10）：42—46.

80年代美国教育督导制度重视通过督导提升中小学的教育质量，也重视促进教师进行教育改革。

二、美国教育督导机构及督导人员

美国的教育督导机构可以分为政府督导机构和中介组织。美国的教育督导人员包括两类：一类是专职督导人员，另一类是教育行政人员兼任督学。

（一）教育督导机构

美国实行地方分权制，没有全国统一的教育制度，所以也就没有全国统一的教育督导制度。美国教育制度中，与教育督导关系最为密切的特点有两个①：教育高度的地方分权制和高度的多样化。地方分权的管理体制，是促成美国教育高度多样化的一个原因。

1. 政府督导机构

美国教育实施联邦、州和地方三级教育督导。

联邦政府实施“松散”督导。美国联邦政府对教育不负管理责任，也不掌握教育实权。联邦政府一般只在各州的特别要求下，才派人深入基层视察或督导。联邦教育部不掌握教育实权，只向州一级提供联邦主办的特别教育项目（包括特殊教育、双语教育、为改变处境不利的学生实施的补偿教育计划和为经济收入较低家庭的子女设立的学校早午餐计划等）的全部或者部分款项。

州级教育督导部门进行宏观督导。与联邦相比，州一级对教育事业负有主要责任。州一级的教育督导机构有州议会、州教育委员会和州教育厅。在美国，各州的教育督导部门的机构设置不尽相同，督导人员的分工方式不一，督导机构的职责也不尽相同。州一级教育督导权限的大小，一般与其在全州教育经费总额中所占的比率成正比。

地方教育行政部门是基层教育单位，因各地情况不同，地方可指镇、郡或市。地方教育行政机构称学区。学区设教育委员会，或称学区董事会，是当地的教育决策机构。学区教育委员会最重要的职能是决定学区教育经费和教师工资。

下面以阿拉巴马州的教育督导机构图（见图3-2）为例，说明美国的教育

---

① 李秋菊. 中国学校体育督导研究［D］. 北京：北京体育大学，2013.

督导机构设置。

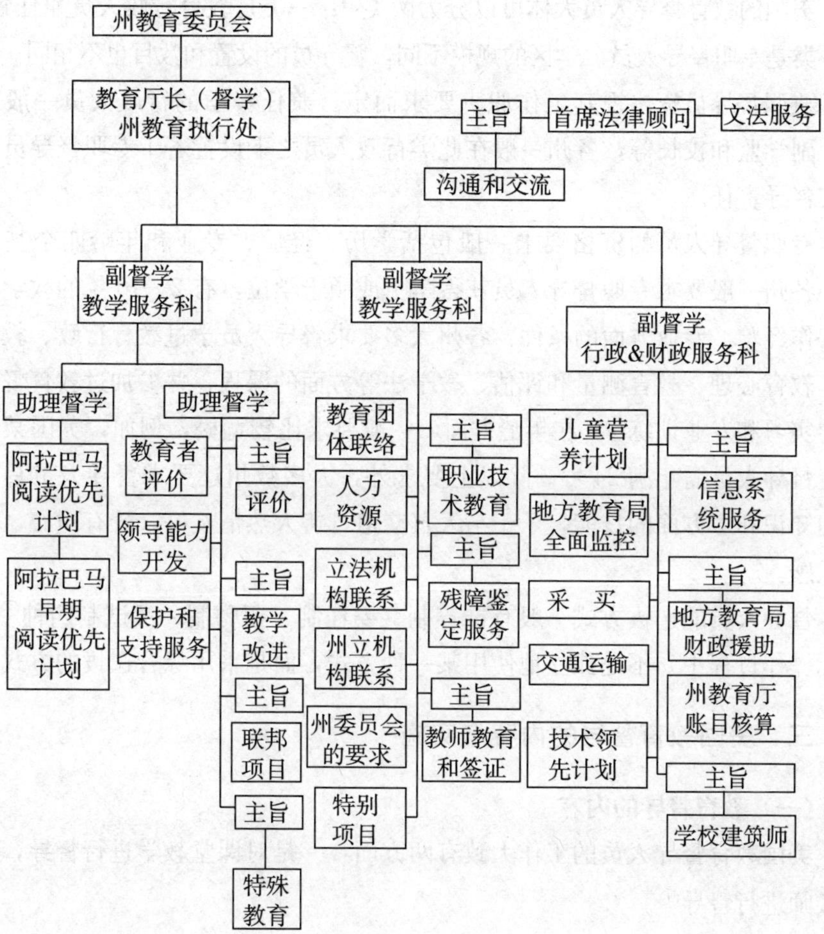

资料来源：译自阿拉巴马州教育厅（ALSDE）http://www. alsde. edu/html/superintendent. asp.

图 3-2　阿拉巴马州教育督导机构图

2. 中介组织

在政府机构之外，美国还有一些全国性的组织，以推动教育督导或实施教育督导为宗旨，如美国教育协会下属的督导及课程发展协会、全美教育评估标准、学生考试研究中心等。

（二）教育督导人员

美国的教育督导人员大体可以分为两类①：一类是教育行政人员兼任督学，另一类是专职督导人员。学区的规模不同，督导员的设置和数目也不相同。

兼职督导员资格视其工作职责要求而定。兼任督学的行政人员一般指学监、副学监和校长等，各州一般在此类行政人员之下设置若干专职督导员，代行其督导责任。

专职督导人员的资格要求一般包括学历、经验、专业和年龄四个基本方面。各州一般要求专职督导人员获得学士或硕士学位，有2—10年的教学和督导工作经验。专业方面的条件，各州大多要求督导人员学过教育行政、教育督导、教育心理、教育测量和评估、教学法等方面的课程，并参加过教育督导方面的实习和专业训练②。在年龄方面，一般要求比较宽松，例如，美国某些州规定督导人员需年满24岁。除以上要求外，大多数州还要求督导人员具有广博的知识和多方面的技能，乐于与人打交道，待人热情友好，既有耐心，又有幽默感。

督导人员的选拔方式一般有推荐制、委任制、招聘制、考试制四种③。在实际操作过程中，不是孤立地使用某一种方式，而是采用综合选拔的方式。

三、美国教育督导的内容与实施

（一）教育督导的内容

美国教育督导人员的工作大致有两方面：一是对课堂教学进行督导，二是对教师进行督导④。

课堂教学督导，旨在提高教师教学水平。专职督导人员的主要责任是定期或者不定期地寻访学校，针对教师的课堂教学活动进行相互交流与互动，帮助

---

①④ 何玉玲，袁桂林. 美国教育督导的特征及其变革趋势［J］. 外国教育研究，2008，35（10）：42—46.

② 孙玉洁. 国外教育督导职能的历史演变及其启示［J］. 沈阳师范大学学报：社会科学版，2003，27（4）：82—86.

③ 荣德生，李洪珠. 试析美国与俄联邦教育督导制度［J］. 辽宁工程技术大学学报：社会科学版，2008，10（3）：332—334.

教师解决工作中的实际问题，设计课程，改进教学。在学校内部，除校长负责课程与教学的辅导之外，一般设一名副校长协助领导这方面的工作，专门负责本校的课程设置与课堂教学。

教师督导是为了提高教师的教学能力。在美国，督导人员对教师的督导包括教师资格鉴定、教师评价和教师在职培训等。

（二）教育督导的实施

美国的教育督导方式主要有以下几种类型。(1) 独立督导和集体督导。独立督导就是在各自所负责督导的范围内进行的督导；集体督导就是由督导人员合作进行的督导。(2) 临时督导。美国的教育督导一般无预订的日程，一般是在感到有必要时或接受请求时采取督导，因此，从总体上说，美国的教育督导是一种临时性的督导。(3) 选择督导和全面督导。(4) 普遍督导与专题督导。普遍督导就是对学校的各个方面进行督导，专题督导就是对学习工作的某一方面进行督导①。美国教育督导的工作方法主要有观察法、检查测验法、调查法、访谈法等几类。

美国的教育督导主要由州和学区负责，一般以学区为单位具体实施。美国教育督导的实施方式多种多样，各州、各学区不尽相同。下面以阿拉巴马州专业教育人员评价方案、佛罗里达州学区安全自我评估方案以及美国国家教育进步评估为例说明美国教育督导的实施情况。

1. 阿拉巴马州的专业教育人员评价方案

阿拉巴马州的专业教育人员评价方案是以有效能的学校的标准为基础，关注对能力、绩效标准和结果的考察，以改进教学和学习，寻求有效的进步。在评价方案的知识/技能等级标准中，最高层级为能力，其次为指标，第三级为评价的具体项目。这种教师评价将在整个学年中进行。新教师（非终身任教教师）每年必须接受完整的评价程序，直到取得终身任教资格为止。一旦新教师取得终身任教资格，根据地方学校系统的判断，将被编入多年评价周期中。多年评价由完整的基础评价和与专业发展计划周期相一致的评价构成。教师评价按时间顺序包括了教师适应、自我评价、结构式访谈、首次观察、第二次观

① 钱一呈. 外国教育督导与评价制度研究［M］. 北京：中央广播电视大学出版社，2006：190.

察、第三次观察、完成督导总结表、准备评价总结报告、评价总结会议和呈交评价结果或建议等 11 个步骤。

以下用图解形式说明阿拉巴马州的专业教育人员评价方案（见图 3-3）。

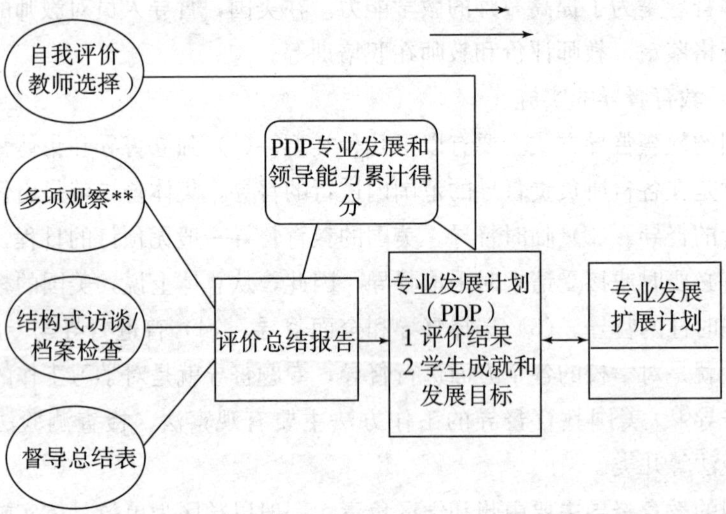

*多年完全评价是指运用本评价方案中所有程序和工具对指定人员进行的评价，并要求延长专业发展计划的年限。

**每一评价周期对终身任教教师至少要进行两次观察，对非终身任教教师每年至少进行三次观察。

图 3-3　阿拉巴马州专业教育人员评价方案

2. 佛罗里达州学区安全自我评估方案

佛罗里达州学区安全自我评估方案是为了确保每一个孩子都能有一个良好的教育环境，能安全地在州内的教育系统中完成学业而制订的。其程序主要由六个部分组成：确定自我评估团成员、确定学区自我评估协调员、培训自我评估团、使学校参与自我评估、进行自我评估、完成评估报告。

3. 美国“国家教育进步评估”（National Assessment of Educational Progress，NAEP）

美国国家教育进步评估也被称为“国家成绩报告单”，是美国国内唯一长期且具有全国代表性的教育评价体系，在美国教育领域占据着独特的地位，在世界范围内也产生了重要影响，成为其他国家建立教育质量监测体系的榜样，被多个国家借鉴和模仿①。

国家教育进步评估的测评采取抽样的方式进行，抽样采用“矩阵”(matrix) 设计方式，参加测评的学生每人只做试卷中的一部分题目。目前，国家教育进步评估主要有国家级和州级评估两种。国家级评估包括主要的全国评估（main NAEP）和长期趋势评估（long-term trend assessment）。州级评估与主要的全国评估同时进行，其测试工具、评价原则和评价内容与全国评估基本相同，只在样本选择和具体实施上与国家评估有所不同。

综上，辅导和监督是美国教育督导的两种基本职能。“辅导是为了帮助教师改进教学工作，帮助学校提高教学质量。监督是教育督导人员从教育行政管理方面考察教育法令、教育政策以及相关的教育决策是否得以贯彻落实并得以有力实施。”② 美国的教育督导制度在美国的教育体系中独具特色，并在不断自我完善中强有力地推动了美国教育的发展。

第四节　俄罗斯的教育督导

俄罗斯的教育督导制度有着悠久的历史，可以一直追溯到沙皇俄国（以下简称“沙俄”）时期。苏联时期的教育督导在其整个教育中起着重要作用，并形成了一套完整、科学的教育督导制度。

一、俄罗斯教育督导制度的产生和发展

从1869年沙俄设置国民学校检查机构，到苏联时期建立国民教育视导总局，再到2004年新成立的教育与科学督察署，俄罗斯教育督导体制的各个方

① 刘平萍. 美国国家教育进步评价（NAEP）［EB/OL］.（2010-07-01）［2015-03-02］. http://www.eachina.org.cn/viewthread.shtml? tid=165.

② 李小艳. 美国教育督导制度的历史发展研究［D］. 成都：四川师范大学，2010.

面都发生了很大的变化，每个时期教育督导的职能都被赋予了不同的意义，同时也呈现相应的特点①。

早在1869年，沙皇政府就设置了国民学校检查机构，作为沙皇专制御用工具的国民学校检查机构实际上是执行督导职能的部门。十月革命后，苏维埃政府废除了旧的学校督导机构，代之以专门的国民教育督导员来对普通学校进行督导②。

苏联时期，随着教育事业的发展，学校督导制度的改革势在必行。1923年和1926年，先后在俄罗斯联邦教育人民委员部和一些国民教育局设置了第一批学校督导员。1945年，俄罗斯联邦人民委员会第一次颁布了《学校督导员条例》。该条例规定，学校督导员是各级国民教育机关对普通学校实行国家监督的工作人员。学校督导员主要从具有高等师范教育或综合大学教育程度的优秀教师、中学校长中委任。1972年，经过修改和完善，苏联教育部颁布了《苏联教育部系统普通教育学校督导机构条例》。该条例规定，苏联的普通教育督导机构分为四级③。

第一级：苏联教育部设学校督导总局，负责检查各加盟共和国和自治共和国、边疆区和州的教育行政机关对党和政府关于普通学校的决定、教育部的命令和指示的执行情况。

第二级：加盟共和国的学校督导机构，负责对本加盟共和国范围内普通学校和各级国民教育机关的工作进行监督、检查和指导。

第三级：边疆区、州的学校督导机构，负责对本地区范围内的普通学校和市、区一级的国民教育局的工作进行监督、检查和指导。

第四级：市、区的学校督导机构，负责对本市、本区范围内的普通学校的工作进行监督、检查和指导。

以上四级教育督导机构各自有明确的工作分工和职责范围，不能缩小或超越自己的职权。

---

① 肖甦，王健红. 试析俄联邦教育督导制度新变化［J］. 比较教育研究，2007，(7)：7—11.

② 付玉红. 俄罗斯普通教育督导制度研究［D］. 长春：东北师范大学，2006.

③ 钱一呈. 外国教育督导与评价制度研究［M］. 北京：中央广播电视大学出版社，2006：120.

苏联各级教育督导机构的职能概括起来主要有三方面。第一，监督，包括对各级国民教育机关和学校执行党和政府有关教育的方针、政策和决定，及教育部的有关命令和指示、教学计划和教学大纲以及其他标准文件的执行情况实行国家监督。第二，检查，包括对各类学校和教育机构的教学、教育、人事、财务、物质保障等主要工作进行检查。第三，指导和帮助，包括对被检查单位在克服工作中的困难和不足方面给予实际的指导和帮助，以便被检查单位更好地开展工作①。

经过多年的积累和总结，苏联教育督导形成了一套行之有效的工作程序、方法和形式，并具有不同于其他国家的特点②。

第一，教育督导体制与教育管理体制相适应。苏联属于中央集权制的国家，在苏联，教育事业是国家的公共事业，必须由国家集中统一领导和管理。为了便于对全国教育事业实施领导和管理，从中央、加盟共和国到地方建立了四级教育管理机关。苏联的教育督导机构作为教育行政管理机关的组成部分，其设置带有分级的特点。分工明确、职责清楚是分级督导的优点，有利于工作达成计划性、系统性和完整性。

第二，督导工作有严格的立法依据和程序。苏联教育有严格的立法依据和周密、详细、具体的条例规定。为使教育督导能顺利进行并具有一定的法律性、权威性和客观性，苏联颁布了有关法令和条例为督导工作提供法律依据和保证。如《苏联和各加盟共和国教育立法纲要》明确规定，教育管理机关要代表国家检查国民教育领域的工作并确定进行检查的程序。《苏联教育部系统学校督导机构条例》详细规定了督导工作的指导原则，对督导机构的工作内容，督导员的职责、权力、资格和任用，督导工作组织的程序等做出了明确的规定。严格的法律依据和规定使得督导工作有法可依，有章可循，便于督导工作的顺利开展。

第三，教育督导人员的资格要求高、职责广、权力大。苏联对督导人员的任职资格要求比较高：一是要具有高等教育的文化程度；二是要有丰富的教育

① 付玉红. 俄罗斯普通教育督导制度研究［D］. 长春：东北师范大学，2006.

② 顾明远. 外国教育督导［M］. 北京：人民教育出版社，2002：200—204.

工作经验，掌握教育教学理论知识，通晓教育机关工作特点；三是要有一定的教育工作年龄，最少五年；四是要有较强的群众工作能力和良好的个性心理品质。这四条缺一不可。督导人员的职责几乎包括了学校工作的方方面面，同时督导人员享有充分的权利，既可以听课、检查作业、参加会议，也可以建议给予有关人员奖励、批评、提升职务、开除公职的处理决定。

第四，苏联教育督导有一套行之有效的督导工作程序、方法和形式。督导工作计划性很强。督导工作计划一季度制订一次，总结一次。督导工作每五年进行一次全面检查。督导工作不可打乱学校正常的教学秩序，督导小组不可在学校停留时间过长，每个督导员要固定联系一批学校和教师，在学校督导要提前通知学校并制订逐日工作进程表，以及督导工作要及时总结并给被督导单位具体指导和帮助等，都是苏联教育督导的特点。多年的积累和总结，苏联的教育督导已形成了一套行之有效的工作程序、方法和形式，而这正是督导工作取得成效所必不可少的。

二、俄罗斯教育督导机构及督导人员

（一）教育督导机构

苏联时期的教育管理方式为中央集权式，这种管理方式优缺点并存。俄罗斯时期的教育管理由中央集权发展为联邦、地区和地方三级分级管理，每一级责任明确，各司其责。

俄罗斯从联邦到地方设立了三级教育督导机构——联邦教育与科学督察署，各联邦主体（共和国、边疆区、州和联邦直辖市）教育局中的督察机构，地区和市教育行政管理局中的督察机构。联邦教育与科学督察署是国家最高教育督察机构，相应地，在地方教育司（局）、市（镇、乡或其他）教育委员会或市教育行政管理局等机构中设置教育督察机构①。

根据俄罗斯联邦（以下简称“俄联邦”）政府 2004 年 6 月 24 日颁布、2004 年 7 月 2 日生效的《联邦教育与科学督察署条例》的规定，联邦教育与科学督察署是联邦级的权利执行机构，在教育与科学领域行使检查和监督职

① 肖甦，王健红. 试析俄联邦教育督导制度新变化 [J]. 比较教育研究，2007，(7)：7—11.

能；联邦教育与科学督察署隶属于俄罗斯联邦教育与科学部，应与其他的联邦级权力执行机构、俄联邦主体的权力执行机构、地方自治机构、社会团体及社会的其他组织合作完成自己的工作①。

联邦教育与科学督察署由五个管理局组成②。：认证、评估和评定管理局，教育质量监督局，行政法律管理局，俄联邦教育法律监督局，国家评估科学教育工作者管理局。除了上述执行权力机关之外，督察署还配有五个直属研究机构：联邦教育测评研究所、联邦测验中心、国家教育评价总鉴定中心、国家教育鉴定代表处、教育组织评估信息教学法中心。这五个研究机构是督察署完成其检查和督导功能的理论研究基地。

（二）教育督导人员

1. 教育督察机构人员的任命

教育督导工作在苏联国民教育领导和管理体系中占有很重要的位置，因此苏联教育部对学校督导员的资格提出了比较高的要求。学校督导员要从最有经验的和最有威信的普通学校领导者，教师和其他具有广博教育科学知识和组织能力、通晓教育机关的组织原则和活动、具有高等教育程度和一定教育工作工龄的教育工作者中委任。

根据《联邦教育与科学督察署条例》，联邦教育与科学督察署的署长由俄联邦政府根据俄联邦教育与科学部的呈请任命或解任。联邦教育与科学督察署署长可以有副职，副署长由俄联邦教育与科学部根据联邦教育与科学督察署署长的呈请任命或解任。联邦教育与科学督察署副署长的数量由俄联邦政府确定③。

2. 评定委员会的组成

学校督察活动主要有三种评估活动：许可证评估、教学鉴定评估和国家认证评估。它们分别组成相应的评定委员会。

许可证评定委员会成员不能是在许可证申请者所在机构获取工资的人。

教学评定委员会由 7—20 人组成，一般由学校（不包括申请鉴定的学校）

①③ 付玉红. 俄罗斯普通教育督导制度研究［D］. 长春：东北师范大学，2006.

② 肖甦，王健红. 试析俄联邦教育督导制度新变化［J］. 比较教育研究，2007，(7)：7—11.

的代表、学术机构的代表、教学法部门的代表、职业的社会组织或团体的代表以及教育管理机构或主管部门的代表组成，以保证评定工作的客观性、公正性、公开性、权威性。评定委员会的领导由评估机构任命，工作程序、评估期限、评估方式、方法、标准也由评估机构指定。

国家认证评定委员会成员由俄联邦各主体的教育管理机构、地方自治机构和（或）地区（市级）教育管理机构的代表，职业的社会组织和团体的代表以及完成了对该校评定的机构的代表组成（委员会必须要有完成了对该校进行评定的机构的代表参加）①。

三、俄罗斯教育督导的内容与实施

（一）教育督导的内容

1. 学校管理工作

对学校管理工作的督导主要包括课程的安排情况，以及校方领导是否关注并深入教学实际。在深入教学实际方面，主要看校方领导是否进行听课，如何进行听课，以及是否能把听课与具体的教学实践联系起来，从而改进教学，提高教学质量。

2. 学校教学工作

学校教学工作是督导小组全体成员检查的重要内容，主要包括教师的教学工作和学生的知识质量。对教师的教学工作的检查包括教学大纲的实施，教学的理论水平，教学方法的运用等；对学生知识质量的检查主要通过研究文件法、谈话法和观察法对学生进行知识习得与技能掌握的分析和检查②。

3. 学校教学物质基础状况

对学校教学物质基础状况的督导主要包括：校园环境的装点与室内环境的营造，在教学过程中多媒体设备的配置，学校规划与布局，学校家具的卫生质量情况等。学校物质文化的构建影响着学校教育职能的发挥，不容忽视。

---

① 钱一呈. 外国教育督导与评价制度研究［M］. 北京：中央广播电视大学出版社，2006：120.

② 付玉红. 俄罗斯普通教育督导制度研究［D］. 长春：东北师范大学，2006.

（二）教育督导的实施

1. 督导前的准备工作

做好细致谨慎的准备工作是保证督导工作的目的性、计划性和精确性的一个重要条件。督导前的准备工作包括以下几项。

（1）学习有关工作文件，收集和分析研究有关资料

首先要学习督导工作的法律依据，其次要学习有关督导工作的文件，以理解督导工作的指导原则，熟悉督导工作的程序，再次是分析和研究有关材料的情况，以便做到心中有数。

（2）制订督导工作规划

一个督导员的工作是否有成效，事先考虑好并及时制订工作计划是前提。督导员的工作规划一般是一个季度制订一次。在制订某一季度的工作规划时，督导员不仅要提出学校或地区（市）教育局的名称，而且要确定将要视察的问题和检查的日期，同时还要制订如何帮助学校领导者和教师以及总结先进的教学经验的计划。

（3）制订外出督导计划

外出督导计划不同于总的某一季度的工作规划，它是对督导工作规划中某一次具体督导行动的事先设计和安排。在制订外出督导计划时，明确视察目的十分重要，因为其他各项都是由这一项决定的，如计划是全面视察还是专题检查等。苏联时期规定，对地区（市）教育局的工作每年至少要进行一次全面视察。如果很长时间不做全面视察就会导致工作缺乏监督，使得这些部门对所承担的工作缺乏责任感。

（4）组织视察小组

组织视察小组可以集中一些有关学科的教学法专家、有经验的教师和其他工作人员，明确视察的目的和内容，这样的督导工作更有成效。

（5）事先通知学校，使学校有所准备和安排

事先和学校联系，不仅使学校能有所准备，而且对于督导员和视察小组也是有益的。督导员和视察小组在到达学校之前，通过事先联系看到被视察学校的统计材料和其他有关材料，可以使他们做初步的了解，便于他们到校后顺利开展工作。

2. 督导工作的组织

在进行督导工作时，不仅要求督导员在出发前做好准备工作，而且也要对督导工作有周密的组织。

(1) 广泛联系群众，深入了解情况

凡是有经验的督导员，他们在督导工作的组织过程中，十分注意与学校的教师、校领导等工作人员进行谈话。在谈话中，督导员可以深入了解和研究教师的工作条件和思想情况，从而向学校提出更合理且更切合实际的要求和建议。

(2) 制订逐日工作进程表

制订逐日工作进程表应在视导小组与校长第一次会晤时完成，视导小组成员向校长提出具体计划，由校长予以审查和批准。尽管在实施过程中可能会对工作进程表做一些补充和修改，但事先制订工作进程表是非常必要的。这样做将有助于更明确地完成视察学校的计划，能防止工作中不必要的重复，能使视导小组组员的职责分明。

(3) 在学校正常工作秩序下进行视导工作

学校是一个复杂的有机体，督导员在对学校进行视导组织工作时，应注意不要破坏学校各种工作的正常进行。

综上，教育督导作为教育管理中的一项重要职能，从沙俄到苏联时期，由国民学校检查机构发展为国民教育视导总局，2004 年又成立了教育与科学督察署，俄罗斯教育督导体制在各个时期的职能都被赋予了新的意义。

第五节　日本的教育督导

日本的教育督导制度历史久远，在其发展的过程中由于经历了第二次世界大战，因此其战前战后的政府行政体制直接影响了其教育督导形式及内容的变革，由此造就了其独特的风格。从总体上看，教育督导在日本教育行政体制中的地位十分重要，是教育行政管理活动的重要环节，在一系列改革过程中，日本逐步建立起了一套以视学制度和指导主事制度为基本内涵的较为完备的教育督导制度。

一、日本教育督导制度的产生与发展

日本近代的教育督导制度在明治维新时期产生，随后得到逐步完善。现代意义的教育督导制度是在第二次世界大战后建立起来的。

（一）第二次世界大战前的教育督导制度

1. 战前教育督导制度的建立

日本近代教育产生的标志是1872年颁布的规范教育问题的第一部教育法典——《学制》，这也标志着日本教育督导制度的建立。《学制》中规定，在日本中央集权的教育行政管理体制下，将全国按学区分区进行管辖，所有教育行政统一由文部省管辖。“各学区内设若干中学区，各中学区内又设若干小学区。各大学区分别设有督学局，督学局设督学和附属官员。文部省设置督学本局，统辖督学事务。”① 1874年，日本文部省颁布了《督学局职制及事务章程》，建立起了系统的督导制度，其中规定督学局下设大、中、小三级督学，监督各大学区的教育。此外，督学局还设立大、中、小视学，负责巡视各大学区，监查学事。随后，各中学区设置督学10—13人，每人分管20—30个小学区。由此，日本在明治初期，就建立起了中央督学、视学及地方学监组成的教育督导系统②。

2. 系统的视学制度的建立

1877年，文部省撤销督学局，相关督导事务由文部书记官兼管。随后，日本重新开始建立中央集权的视学制度。1886年，日本制定了《文部省官制》，在文部省设置视学官，专门从事学事视察。在地方上设有与文部省视学官相互配合的视学人员，负责指挥监督所有思想、学术及教育事项③。

由此及至第二次世界大战结束前，日本的教育督导制度又经历了几次发展变化，最终形成了一套集权威性和中央集权性为一体的系统的教育督导制度，

①③ 李帅军. 日本教育督导制度的历史、现状与特色［J］. 教育理论与实践，1991，11（6）：54—58.

② 卢盈. 中日教育督导制度比较研究［D］. 新乡：河南师范大学，2012.

具有强烈的国家主义色彩，是天皇忠实的御用工具。

（二）第二次世界大战后旧的督导制度的废除和新的督导制度的建立完善

1. 旧的督导制度的废除

第二次世界大战结束后，1946 年，由 27 人组成的美国教育使节团抵达日本，进行了为期一个月的调查、研究，最终发表了对日本教育影响深远的《美国教育使节团报告书》。报告书指出日本的教育督导制度应进行改革，并将其改革方向确定为“以民主主义代替法西斯，以自由主义代替控制，以分散代替集中，以大众教育代替英才教育，改变中央集权的局面，缩小文部省的权限，取消视学制度”①。据此，日本自 1872 年《学制》起建立并发展起来的督导制度被彻底废止。

2. 新的督导制度的建立

日本根据美国教育使节团的报告建议，改之前的中央集权式管理为地方分权制，削弱文部省的行政管理权，增强地方权力，增强教育管理活动的民主性，并将教育行政从政府一般行政中独立出来，以保证教育行政、教育督导活动独立运行。《文部省设置法实施细则》对文部省视学官及视学委员会的设立及相应职责做了规定。地方教育督导制度的建立则以 1948 年颁布的《教育委员会法》为标志，并在 1956 年重新制定了《关于地方教育行政组织及营运法》。及此，日本建立起了一个提供专业化的教育指导、咨询、建议的教育督导制度，建立起中央的视学官、视学委员制度和地方的指导主事制度②。

总的来说，以第二次世界大战的结束为界点，随着现代教育制度的形成，日本的教育督导制度经历了 19 世纪中期至 20 世纪初期的产生及建立初步雏形的过程，并最终从严密的自上而下的垂直型督学系统转变成包括视学官与指导主事在内的两个平行的督学系统。

二、日本教育督导机构及督导人员

第二次世界大战后，日本的教育督导机构分为两类三级，高度重视基层的

---

① 王迎君. 试论战后日本教育体制改革的基本特征 [J]. 日本研究，2002，(2)：92—96.

② 卢盈. 中日教育督导制度比较研究 [D]. 新乡：河南师范大学，2012.

教育督导工作；日本的教育督导人员类型多样，但专业化要求较高。

（一）注重基层建设的两类三级的督导机构

1. 两类三级的教育督导机构

两类指文部省的“视学官”，地方教育委员会的“指导主事”（即视导员）①。前者注意宏观，后者侧重微观。三级指与日本的行政区划相一致的中央（文部省）、都道府县、市町村的督导机构。两类三级督导机构的建立，形成了较为系统的独特网络，便于更有效地开展教育督导工作。

2. 文部省对地方教育不行使直接督导职责

日本教育行政实施的指导性原则决定了各级督导机构的相互关系。《文部省设置法》规定，除特殊法令规定外，文部省对地方教委的行政管理及办学不得行使监督。《文部省设置法实施细则》中也规定，在文部省的初等中等教育局、大学局分别设置视学官，分别就中小学教育和高等教育开展联络和指导②。因此，文部省视学官在从事督导时，不能对各级教委及其学校发号施令。

3. 地方教育督导机构彼此独立又相互联系

由于第二次世界大战后日本实行地方自治教育行政原则，以及私立学校的办学与管理由学校设置者负责的原则，因此，教育督导机构只负责督导国立和公立学校，不与私立学校发生关系。但是，各级教育行政机构虽然纵向关联，不存在上下隶属关系，却依然有行政上的联系，上级机关可以对下级机关及其管辖的学校进行督导，督导机构之间彼此独立又相互联系、相互配合地开展工作。

4. 地方督导部门是核心力量

在各级督导机构中，地方教委尤其是都道府县教委的督导部门是核心力量，事务局是其主要职能部门。《关于地方教育行政组织及营运法》中指出“为了处理属于教育委员会权限的事务，教育委员会设置事务局”，其中也规定了事务局设指导主事，负责对都道府县的中小学进行指导、帮助。③

---

① 李丽霞. 各国教育督导制度发展述略［J］. 吉林省教育学院学报，2011，27（5）：42—44.

②③ 李帅军. 日本教育督导制度的历史、现状与特色［J］. 教育理论与实践，1991，11（6）：54—58.

（二）强调专业性的督导人员

从日本教育督导制度的发展历程来看，日本在第二次世界大战前后的教育督导人员有较大差别。战前，日本在选任中央地方教育督导人员时，多注重对象的官衔、职务及工作年限等外在条件。战后的选任则转向注重对象的内在条件。

日本的督导人员由各大学以外的公立学校教师、行政人员出任。从现代社会和现代教育发展的角度，日本要求督导人员要有广博的知识和良好的个性品德。广博的知识包括认识教育在社会中的作用、课程和教学法、教育心理法、对学生个性差异的理解与评价等；良好的个性品德包括真实的友情、理解他人的感情、协助他人的亲切心、尊重所有的人等。此外，还要求督导人员充分掌握法令制度、管理规则、学校工作特点等；能掌握现代社会和教育的发展状况、新的教育评估工作的方法①。

各级教育督导人员各有特点。日本的教育督导人员中，文部省视导官由文部大臣直接委任与解职，地方指导主事则由地方教育长任免。但是，指导主事的产生需经过考试、推荐，选考权与推荐权均掌握在教育长手中。日本各地方的教育指导主事属公务员，其任免、工资、惩罚都按地方公务员法的规定进行②。

三、日本教育督导的内容与实施

第二次世界大战以后，日本重新确立了其教育行政管理体制，对其督学制度、督学机构、督学人员进行了重新划分，并以美国式的民主为模式，形成了现代的中央与地方合作的教育管理体制。

（一）督导内容

日本的教育督导分为中央和地方两个方面。中央的文部省视学官主要负责设置教育机构、管理及整顿学校、课程、教学、学生工作、教科书、学校办学等工作。视学官进行实地考察，通过地方教委，对上述内容进行宏观协调和指

① 参见沈卫理. 教育督导概论［M］. 大连：辽宁师范大学出版社，1996：130.

② 沈卫理. 教育督导概论［M］. 大连：辽宁师范大学出版社，1996：130.

导，并采取编写教学参考书和工作指南之类的资料以及每年定期举办讲习班和研讨会等积极的方式促进学校工作。日本的地方督导——指导主事，由于在不同的机构内，因此工作内容和性质会有所不同。但总的来说，指导主事负责的督导内容主要有三个方面：教委事务局内的工作、学校教育实际的督导和组织进修①。

（二）督导实施

日本在批判其第二次世界大战前以封建色彩、集权化国家本位为理论基础的中央集权督导制度的情况下，建立了以民主化和科学化为特点的现代化督导制度。督导的过程坚持法制性、服务性、自主性原则。

1. 督导实施过程重视民主化

日本现代化的督导制度的实施，首先要求督导应充分尊重和听取对方意见。督导应制订好各种计划，帮助每个教师获得发展，并强调在尊重个人价值和个人对社会发展做出贡献的责任基础上的合作，而非监控和命令。此外，教育督导人员还应该与时俱进，避免价值观僵化、固化，因此，提倡督导不能是固定不变的一套，而应当是动态、灵活的。

2. 督导实施过程重视科学化

日本教育督导制度强调一切行动以对事实的客观分析和认识为依据，以此探寻科学的记述和方法。由此要求督导要从对教育效果的评价出发，特别重视教学研究、实践研究和集体的力量，并认为督导人员也要有客观思维方法且掌握科学研究方法。

3. 日本教育督导制度的实施坚持法制性、服务性、自主性原则

以这些原则为前提，日本的教育督导形成了相应的实践形式：(1) 深入学校实际，通过走访学校和组织在职教育两种途径，对学校提供诸如课程、教学方法、学生工作、教材、学校环境、教师在职教育等方面的指导帮助；(2) 通过开展讲习班、研讨会等活动，鼓励教师自我提升，启发教师多渠道进修；(3) 督导人员在学科、学校两方面分工具体，相互配合，在整体上形成网络，并在开展督导工作的同时，定期整理督导记录，提交工作报告。

① 顾明远. 外国教育督导［M］. 北京：人民教育出版社，2002：158.

总的来说，日本教育督导制度从体制上看，由中央统筹、协调并进行宏观指导，地方指导主事灵活、自主程度高；从督导方式上看，注重科学性，强调督导人员自身的专业性；从督导实践上看，民主化精神逐步体现，督导工作以建议、指导为主，尊重学校及教师的意见，对学校具体事务的直接干预较少。

第六节 韩国的教育督导

韩国是一个高度重视教育的国家，教育的各项目指标都居于世界领先水平。韩国从20世纪70年代开始建立教育督导制度，并逐步发展完善。韩国教育督导制度可分为教育监察制度与教育奖学制度，为教育的发展提供全方位的保障。作为世界上著名的教育大国，韩国的教育督导制度是“实现‘教育立国’与‘尖端科技立国’发展战略以及促进教育质量提高的重要举措”①，在韩国教育事业的发展中占据重要位置。

一、韩国教育督导制度的产生与发展

韩国从20世纪70年代初开始建立教育督导制度，并随着形势的不断发展逐渐完善这项制度，形成了教育监察制度与教育奖学制度相结合的教育督导体制。

（一）教育督导制度的产生

第二次世界大战前，韩国受制于日本帝国主义的统治，当战争结束后，解放了的韩国人民骤然迸发“向学热”“教育热”。1962年12月26日，韩国“第三共和国”颁布《宪法》，规定中央政府与地方政府机构中均要设置监察机构，对政府各级机关及其公务员进行监督与检查。20世纪70年代初，韩国政府各级机关都设置了监察机构。鉴于《宪法》规定，韩国文教部（现为教育人力资源部）也于70年代在部内设置了检察官组织机构。这一机构的设置标志

① 孙启林，金香花. 韩国教育督导制度及其特点评析［J］. 外国教育研究，2007，34（7）：1—5.

着韩国教育督导制度的建立①。

（二）教育督导制度的发展完善

法治是现代文明的标志，也是现代社会正常运作的根本保障②。韩国的教育立法有两个出发点，其一是通过教育立法，使教育发展与社会发展协调，尤其是要强化教育为经济发展服务这项功能；其二是通过教育立法，使各级各类教育协调发展并得到相互促进。这些与教育相关的法律，不仅促进教育的更好发展，而且也是教育督导制度的有力保障。

1. 各项法律的颁布保障经济发展

1962年起，韩国经济进入高速增长期，教育部制订了“1962—1967年文教重建五年计划”，并且在1963年颁布《产业教育振兴法》，对职业技术教育发展的方向和途径做了明确规定。这些法律法规的制定，使得教育发展适应了经济发展对人力资源的需求。1967年，韩国又相继颁布《科学教育振兴法》和《职业训练法》，这些法律有效配合了20世纪60年代韩国的产业结构调整。80年代后，韩国确立了“科技立国”，终身教育被写入新宪法，随之，颁布《发展学前教育法》、《发展社会教育法》及《非正规教育法》等。这些法律促进了教育对经济发展的支持作用，培养了大批有用人才③。

2. 教育税费保障教育经费的来源

1980年，韩国通过了《教育税法》，依据此法，自1982年起向居民征收教育税费，保障了教育经费的来源。这使得韩国在1985年便普及了九年义务教育④。

3. 教育督导制在保障下发展完善

韩国文教部于20世纪70年代在部内设置的检察官组织机构，不断改善其工作职能，使得教育督导制度不断完善。在韩国中央政府的领导下，形成了由教育监察制度与教育奖学制度相结合的教育督导制度，教育监察与教育奖学即督政与督学。督导制度在发展中形成了自己的特点⑤。

① 孙启林，金香花. 韩国教育督导制度及其特点评析 [J]. 外国教育研究，2007，34（7）：1—5.

②③④⑤ 郑福明. 港台地区和新加坡韩国教育行政体制探讨 [J]. 华南师范大学学报：社会科学版，1993，(4)：102—108.

二、韩国教育督导机构及督导人员

韩国教育行政监察体制自上而下设有专门的组织机构。在国家层面设立了监察院，人力资源部设有专门的监察局，地方政府也设有专门的监察机构。这些机构有些虽然没有直接领导与被领导的关系，但是相辅相成，共同为韩国的教育事业贡献力量。教育监察与教育督学相互协作，构成韩国教育督导系统。

（一）教育督导机构

1. 自上而下的监察机构

韩国监察机构包括国家监察院、教育人力资源部的监察局以及地方教育厅专设的监察机构等多级监察。自上而下的监察，对教育及其他各项事宜都能起到良好的促进作用。

国家监察院是根据韩国宪法的规定设立的，它是国家最高监察审计机构，隶属于总统领导。它的主要职能是对政府机构包括其工作人员的行政行为进行监察；对国家财政收支、中央和地方政府各级机构及其他受国家法律约束的团体的财务决算进行监督①。

韩国教育人力资源部于20世纪70年代初设立了专门的监察局，并设置监察官。监察官下又设有三个室，分别是：监察综合担当官室、民愿调查担当官室以及企划监察担当官室。监察局共有人员47人（包括民愿调查官和事务性工作人员），负责对16个地方教育厅，48所国立与公立大学以及350所私立大学进行监察②。作为人力资源部的内设机构，监察局不受监察院的领导，只接受人力资源部的指导和监督，而且不负责对教育人力资源部自身的监察。

地方教育厅也设有专门的监察机构，负责对本区域教育行政部门及各类学校进行监察。比如济州道的9名监察人员，其中属4级公务员的担当官1人、属5级公务员的事务官1人 、讲学士1人、行政职与建筑职人员5人。济州道教育厅下辖的3个地区教育厅、6个直属机关、30所高中和2所特殊学校都由宣传监察室负责监察，另外104所小学以及42所初中则由所在地区的市教

①② 李海亮. 韩、日教育行政监察工作的基本情况及启示——关于韩国、日本教育行政监察工作的考察报告 [J]. 国家教育行政学院学报，2006，(3)：81—84.

育厅负责监察①。

大学里没有设专门的监察机构，但是学校相关部门，如总务局等，承担一定的监察工作职能，并且进行内部自我监察。教育人力资源部监察局与各地方教育厅监察机构没有直接的领导与被领导关系，但有权对地方教育厅的监察机构进行指导。

2. 丰富的教育奖学

作为教育督导的重要组成部分，教育奖学从种类上大致可分为两类。其一，是以地区教育厅及首尔市教育厅为主导的教育奖学。其中包括：责任教育奖学、聘请教育奖学、综合教育奖学、选择教育奖学、特别教育奖学。其二，是学校主导的教育奖学，也叫作自律教育奖学，包括校内和地区自律奖学。主要有教学奖学、同事教育奖学、自我教育奖学、日常教育奖学、校内自我培训等②。

教育监察与教育奖学的关系，实质就是督政与督学的关系。教育奖学为更好地实现教育目标而服务，教育监察则对各机构及职员进行检查和督导。这两者相互协调，构成韩国的教育督导系统。

（二）教育督导人员

1. 职责分明的督导人员

韩国在教育人力资源部的督导人员是监察官，下属三个室分别设置相应的督导人员，即担当官室。

教育人力资源部设置的监察官的主要职责是：制订并调整监察计划；对教育人力资源部直属机构及其下属团体进行监察；对所属教育公务员的财产进行登记和监察③。

监察综合担当官室的主要职责是：对行政监察制度的运营以及监察计划进行制订与调整；对教育部直属机构及其下属团体进行监察；对地方教育行政机关与各级学校进行监察；调查处理其他机构对教育部直属机构及其下属团体的监察结果；指导访问计划的调整与管理④。

---

① 李海亮. 韩、日教育行政监察工作的基本情况及启示——关于韩国、日本教育行政监察工作的考察报告 [J]. 国家教育行政学院学报，2006，(3)：81—84.

②③④ 孙启林，金香花. 韩国教育督导制度及其特点评析 [J]. 外国教育研究，2007，34 (7)：1—5.

民愿调查担当官室的主要职责是：管理所属公务员的财产登记与监察事项；公职监察以及对违法乱纪事项的调查与处理；民愿业务的综合、处理及对其业务的改善；支援国政监察；对教育部长官指导的有关监督事项的处理①。

企划监察担当官室的主要职责是：有关私立高等教育机构的行政监察实施计划的制订、实施及事后管理；有关设立与经营私立高等教育机构的学校法人与私立各级学校的会计制度及会计监察技术的开发与改善等事宜②。

2. 教育督导人员角色逐渐向民主化发展

过去，教育督导官员都被看作是威严的上司，而且是到下级教育机关与机构去监督检查工作的人员。现在的教育督导人员是基层发展教育事业的合作者、志愿者、帮助者，他们是基层教育机构的朋友与导师。他们的出现是为了帮助学校和教师解决困难，共同研究如何贯彻教育法规与实现教育目的；并且一起探讨如何实施课改计划，提高人才培养质量等问题③。

自上而下的监察机构，让督导制度结构完备；督导人员明确的分工是督导实施的良好保障；督导人员角色的变化也印证了韩国教育督导制度的发展和成熟。这些因素使得韩国的教育蒸蒸日上，为其实现“教育立国”与“尖端科技立国”发展战略以及促进教育质量提高做出了重要贡献。

三、韩国教育督导的内容与实施

韩国的教育督导包括教育监察制度和教育奖学制度两种，其关系实质是督政与督学的关系，所以它们的内容与实施有所不同。

（一）督导内容

1. 三种类型的教育行政监察

行政监察，是指韩国各级教育行政机关为了掌握该机关或下级机关的业务管理现状，对政府政策在各阶段的适宜程度及公务员违背纲纪等事项进行检查和分析，提出相应的改正或改进方案的行为。行政监察包括综合监察、部分监察和纲纪监察三种类型④。

首先，综合监察包括各行政机关的自我监察和对下级机关（包括地方自治

①②③④ 孙启林，金香花. 韩国教育督导制度及其特点评析 [J]. 外国教育研究，2007，34（7）：1—5.

团体在内）的监察。综合监察的实行周期，在中央行政机关（院、部、处、厅）为1—2年，在驻外使团为2—4年，在各行政机关为1—3年。其次，部分监察也包括各行政机关的自我监察和对下级机关（包括地方自治团体在内）的监察。但只有行政机关领导认为有必要时，部分监察才能实施。最后，纲纪监察是各行政机关对该机关或其下级机关的公务员有违反服务义务行为的意向或是已经发生违纪、违法行为时实施的监察①。

2. 扶持教育督导政策的教育奖学制度

韩国的教育奖学制度是教育督导制度的一个重要组成部分。教育奖学指的是影响教师的教学行为，提供各种教育资料，开发、修订或补充教育课程，改善学习环境，进而提高学业成就和学习效果的一种教育活动。由此可见，韩国的教育奖学制度的主要特点是促进和督促。教育奖学的职能主要表现在三个方面。第一，促进教师发展，也就是说要促使教师形成教师职业所需的价值观、信念、态度、知识、行为等；第二，提高教育课程运营效率，要提高教育内容和教育活动的开发、运营、评价效果，以实现教育目标；第三，增强学校管理合理化，即有效地维护或综合管理学校系统内的人力、物力、财力等，促使各种教育活动最优化②。

3. 教育奖学与教育监察从督导的目的和内容上都具有一定差异

教育奖学制度主要是为了更好地实现教育目标，而在全部教育活动中实施的教育支援和支持；教育监察制度主要是对地方教育行政机关的事务及其所属教育公务员或职员职务进行的监察，其目的是确保教育行政工作的合法性，确立行政纲纪和行政秩序，以及维护教育行政的信誉③。这两种督导制度相互配合，共同服务于韩国教育的发展。

（二）督导实施

韩国政府高度重视教育督导，认为教育督导制度是实现“教育立国”与“尖端科技立国”发展战略、促进教育质量提高的重要举措。韩国把这种制度放在发展教育事业的重要位置。督导制度的实施，有明确细致的程序，更好保障督导制度的效率和作用。教育督导制度的良好实施，为韩国实施“尖端科技

①②③ 孙启林，金香花. 韩国教育督导制度及其特点评析［J］. 外国教育研究，2007，34（7）：1—5.

立国”战略培养了大批高水平的人才，使综合国力得到增强，经济不断发展。

1. 教育监察的实施

监察的实施程序需按照以下三个步骤进行：(1) 通报监察的实施；(2) 要求提出监察资料；(3) 实施监察。具体事项的实施步骤如下①。

一般事项：第一，查对证据，即对照凭证记录和账册记录；第二，核算及确认各种账册及发票数额的合计、差额、余额等；第三，检查其他方面的合法性与合目的性。

个别事项：第一，抽查，并对抽取的部分监察对象进行细致的检查；第二，核查，这是为确认财物的数量以及实地调查库存而进行的；第三，现场验证，指的是在现场去确认处理结果的适当与否；第四，比较，对两个以上的事项进行比较，找出差异，发现问题；第五，提问，向负责人提出可疑问题；第六，评估，由专家进行鉴定。

关于征求证言资料的实施步骤有：(1) 确认证实书、问答书、询问书、意见书等是否填好日期；(2) 是否记录证实者的职务、姓名；(3) 是否盖了章；(4) 原件与复本是否一致等。

教育监察的实施中，对于行政处分，要根据情节分别提出现场改正，然后提出改进方案或提醒注意等要求；对于财政处分，则根据情节分别追究赔偿、追加、追回及退赔等责任；对于身份处分，根据情节分别给予惩戒、免职、揭发、警告、提醒注意等处分与警告。

2. 教育奖学遵循的原则

教育奖学是一种学校教育的积极措施，其职能是促进教师的发展，提高教育课程运营效率，增强学校管理的合理化。在进行教育奖学时，要遵循以下六个原则：学校中心原则、自律原则、合作原则、多样性原则、连续性原则、自我发展性原则。这些原则使得教育奖学更好地改善了教育活动，为教育事业做出贡献②。

---

①② 孙启林，金香花. 韩国教育督导制度及其特点评析 [J]. 外国教育研究，2007，34 (7)：1—5.

【拓展性阅读】

中美两国教育督导制度的比较

一、教育督导机构的设置

（一）美国教育督导机构

美国实行地方分权制，其教育呈现高度的多样性，没有全国统一的教育督导制度。美国的教育督导机构主要有联邦、州与学区三级，各级之间相互独立。联邦政府的督导主要通过举办教育项目、调配经费拨款来间接、渗透性地实施。通常情况下，大量的督导工作依靠州和学区两级教育督导机构。多数情况下美国的教育督导机构与其管理机构是合二为一的，州一级的教育督导机构主要由教育厅负责。

（二）中国教育督导机构

中国现行的教育管理体制是以中央集权为基础、中央管理与地方管理相结合的制度。中国的教育督导制度也是在这种体制基础上形成的，目前基本上形成了由国家、省、市、县四级教育督导机构组成的教育督导网络。

二、教育督导的职能

（一）美国教育督导的职能

教育督导人员的职责是在行政管理、课程设置、学生成绩与师资培训等事务中发挥咨询、协调和协助的作用。美国教育督导的最大特色是州、学区教育督导机构的服务性和指导性。

（二）中国教育督导的职能

中国的教育督导准确地说是以督政为主，兼重督学，坚持督政与督学结合。中国的督导工作是按照泰勒的目标评价模式展开的，以国家意志为导向，以一个全国统一的目标为标准进行评价。

三、教育督导人员的选拔

（一）美国教育督导人员的选拔

美国的教育督导人员分为两类，一类是由教育行政工作者做兼职督导人员，一类是专职教育督导人员。兼职督导工作的行政人员一般包括学监、副学监与校长等。专职督导人员的选拔在专业训练和工作经验两方面均具有严格规定。此外，选拔过程还要考虑专职督导人员的知识结构、技能水平和性格特征。部分州还要求专职督导人员具备相关资质证书。督导人员的选拔方式一般包括推荐制、委任制、招聘制和考试制四种，在考核中通常采用综合考核方式。州和学区两级的督导人员大多由教育厅厅长和局长向本级教育委员会推荐，同级教育行政部门任命。

（二）中国教育督导人员的选拔

中国的教育督导人员称为督学，可分为国家督学和地方督学。在教育部2006年制订的《国家督学聘任管理办法（暂行）》（以下简称《办法》）中规定了督学的任职条件和选拔程序。中国教育督导人员也分为兼职督学和专职督学，中国兼职督学是为完成某项任务而临时组合的，聘任兼职督学以在职人员为主，以退休人员为辅，具有较大的不稳定性。《办法》也对我国专职督学的任职条件和聘任做出明确的规定。

四、教育督导方式

（一）美国教育督导方式

美国有三种教育督导方式：行政性辅导、服务性辅导和二者的结合。行政性辅导一般由教育机构组织进行，目的在于了解情况、发现问题。服务性辅导是一项经常性的繁杂的工作，一般由专职辅导人员实施。此外还有总结督导工作，为制订新的督导工作计划做好准备。总之，美国实施督导的方式因时、因地、因人而异，具有较大的灵活性和多样性。

（二）中国教育督导方式

中国教育事业发展所处阶段的特殊性决定了我国督导方式的特殊性。中国的教育督导主要分为综合督导、专项督导和经常性检查。中国在督导方式上倾向于政府层面的宏观教育督导；督导功能方面，以终结性督导和鉴定性督导为主；从督导实施密度上分，以周期性督导为主，辅以随访性督导；从实施的过程上来看，主要采用初始督导的方式。

（资料来源：陈世瑶. 中美教育督导制度的比较研究［J］. 教育观察，2012，1（5）：31-35.）

第四章

教育督导机构和人员

教育督导机构是依据国家有关法律法规设置的、代表国家履行教育督导职能、执行教育督导任务的组织。教育督导人员是依据国家有关法律、行政法规、规章执行教育督导公务的人员，是教育督导工作的具体组织者和实施者。教育督导机构和人员是教育督导实施的主体，在教育督导中起着极其重要的主导性作用，教育督导机构的高效运转和教育督导人员的职业素养决定着教育督导工作的质量和水平。

第一节　教育督导机构

教育督导机构承担教育督导实施的具体工作，并在本级人民政府领导下独立行使督导职能。

一、教育督导机构的概念

教育督导机构是指教育督导主体为达到共同的教育目标，按特定的管理结构形式、活动规律所设计建构起来的开放型的教育督导组织。

《现代汉语词典》认为，机构指机关、团体等工作单位，也指其内部组织。[①] 机构强调以共同目标、互相协作、信息交流为存在的基础。我国的《教

① 中国社会科学院语言研究所词典编辑室. 现代汉语词典：第6版［M］. 北京：商务印书馆，2012：596.

育督导条例》明确规定承担教育督导实施工作的组织称为教育督导机构。

共同目标、互相协作、信息交流是教育督导机构存在的重要基础。教育督导组织表现为一定的机构形式，是一个工作和职能单位。除了工作内容和制度、人员、物质条件等有形的要素之外，共同目标、互相协作、信息交流是教育督导机构的无形要素。共同目标是教育督导机构的方向定位要素，没有目标，教育督导就可能偏离方向；互相协作是教育督导机构的发展性要素，通过相互协作，形成教育督导的合力；信息交流是教育督导机构的生命力要素，只有实现教育督导机构外部和内部的信息交流，才能保证教育督导及时有效。

教育督导机构主要包括监督、指导、评估和反馈四大基本职能。监督是指上级对下级的监察和督促。它是教育督导机构最核心，也是最能体现这一组织本质属性的职能。没有履行或者削弱了这一职能，教育督导机构就失去了存在的意义或者根本不能正常地发挥作用。指导是指上级督导机构对下级政府或政府部门、学校教育工作及工作方式给以具体的指教和引导。第二次世界大战之后，世界上许多国家对教育督导工作的改革内容之一就是扩大教育督导机构的指导、服务职能。教育评估既是国家履行教育管理职能的体现，也是教育法律赋予教育督导机构的责任。从现代教育管理的观点和发展趋势来看，积极开展教育评估对于一个国家或地区提高教育管理质量，贯彻国家教育法律、方针、政策和推动教育事业的发展有着巨大的作用。与有关部门协作、配合，建立系统科学的教育评估指标，通过科学的评估指标测评，尽可能如实反应对象教育活动的成效，这是对教育督导机构的评估职能充分发挥的基本要求。反馈是教育督导机构的重要职能。教育督导机构通过将在督导过程中获得的信息，包括反映下级政府、教育主管部门、学校或教育工作者的工作成效情况或意见和要求，反馈给有关部门，以判断教育决策是否科学、正确，执行教育决策是否有力、有效，同时相关主体就教育决策或执行进行调整或改进提出建议。

建立健全教育督导组织机构，形成教育督导组织网络，能较好地发挥教育督导机构的效能，开展高效的教育督导。

二、教育督导机构的类型

根据履行职能过程中的独立性，可将教育督导机构划分为三种类型：完全独立型、相对独立型和合并型。

（一）完全独立型

完全独立型是指教育督导机构独立于教育主管部门，不受教育主管部门的干预，代表国家或政府对教育主管部门或教育机构进行督导。如日本第二次世界大战前的教育督导机构就属于这种类型，按天皇的教育敕令对教育行政部门和学校教育部门进行督导。根据《教育督导条例》，我国的教育督导机构也属于这种类型。这种类型的教育督导机构是根据地方权力机构或政府安排成立的，代表地方权力机构或地方政府进行教育督导。这种教育督导机构与教育行政部门平行，不处于教育主管部门的领导和管理之下，其工作直接对同级人民代表大会或常务委员会或政府负责，具有完全的督导权力。

完全独立型的优点是行政权力大，独立性强，能够客观地进行教育督导工作；独立于教育主管部门，实现教育决策、执行和监督的分离，改变了教育主管部门既当运动员，又当裁判员的局面；教育督导组织与教育主管部门没有上下级关系，基本没有利益关系，其监督评估教育主管部门执行教育法律、方针政策以及政府教育决策的结论信度高。这种类型的教育督导组织有利于促进教育主管部门提高执行力，最大限度地避免教育管理中懒政、腐败现象的发生。教育督导机构有职有权，其督导开展更具有权威性，有利于激发督导机构或人员的积极性和主动性。

但是这种类型的教育督导组织也有其自身的弊端。首先，可能会忽视教育督导非权力因素的影响功能，过分重视教育督导的权力性质，容易出现“重督轻导”的现象，使教育督导成为教育监督，教育督导人员就可能成为教育“警察”。其次，在坚持以学校为本和以人为本、教育民主化的现代社会，强化教育督导的权力性就可能产生被督导对象应付督导、消极对待督导现象的发生。再次，可能会过分强化教育督导的行政性，进而改变教育督导组织的性质，过度增加非专业督导人员，削弱专业督导人员，从而违背了教育督导的初衷和目的，使教育督导偏离督导的方向。

（二）相对独立型

相对独立型是指教育督导机构设在教育行政部门内，在教育行政部门的领导下开展督导工作。教育督导机构是教育主管部门的一个职能机构，受教育主管部门的领导和管理。这种相对独立型的教育督导机构，由于直接对主管部门负责，相对教育主管部门的其他职能机构，具有相对独立性和权威性。教育督导机构设在教育主管部门内部，教育主管领导主要在教育系统内选择督导人员，督导人员专业性强，也便于对督导人员的教育和指导，其可开展督导的针对性更强。世界上许多国家的教育督导机构基本上采取这种组织模式。现代的英国、日本教育督导机构都属于这一类。如英国教育督导组织“在中央一级，英国的教育督导组织是皇家督学团，目前设在教育科学部内，为局一级机构，但主要负责人为副部长级”，而“地方视导处设在教育局内，地方教育局设主任视导员一人，负责该地区的整个视导工作”①。日本建立的两类三级教育督导机构都设立在相应的文部科学省、都道府、市镇村教育委员会的事务局。它们分别承担全国或者辖区内高等教育或中小学检查和指导，教育督导机构没有上下级隶属关系，各自独立承担辖区范围内的教育督导工作。

相对独立型的教育督导机构尽管有自己的优势，但是这种督导机构由于受到教育主管部门的限制，就可能出现要么把重点督导对象放在督政上，要么把重点督导对象放在督学上，而对教育主管部门自身就可能失去督导，从而导致督导走过场。相对独立型督导机构是典型的教育主管部门的自我督导型组织，相当于三位一体的自我决策、自我执行和自我督导组织。这种“既当运动员，又当裁判员”的教育督导组织形式其功能发挥极其有限，甚至完全可能沦为形式主义。

（三）合并型②

合并型又可以称为分散型，是指把教育督导的职能分散于教育主管部门的各职能部门。教育督导的职能由教育主管部门的职能部门分别承担，如对基础教育的督导就由基础教育职能部门承担，对职业教育的督导就由职业教育职能部门承担，对学前教育的督导就由学前教育督导部门承担等。教育主管部门不单独设专门的教育督导机构。德国的教育督导机构就属于这种类型。德国没有独立的、专门的教育督导机构，但有教育督导工作，教育主管部门负责人既是

① 黄崴. 现代教育督导引论［M］. 广州：广东高等教育出版社，1998：55.

② 李帅军. 德国教育督导制度的特点及启示［J］. 辽宁教育研究，2006，(10)：79—82.

行政官员，也是教育督导人员，校长既是学校领导，同时也是学校教育督导人员。德国教育督导的主要特点之一就是教育督导和教育行政管理工作合二为一，没有独立的督导系统和督导机构，教育督导贯穿于教育行政的整体工作之中。

合并型的教育督导机构模式有利有弊。从利的方面看，它有利于保证教育管理过程的完整性，把决策、执行与监督一体化，体现了政府对教育职能部门最大的信任，避免一些不必要的矛盾和冲突，提高了管理效率；有利于减少人员编制，减轻财政负担；有利于充分发挥教育管理者的自我教育、自我管理、自我调控等内在功能，激发管理者的聪明才智。但是其缺点是很明显的：一是把教育行政与教育督导混合在一起，由于职能部门的负责人精力有限，行政工作不能替代督导工作，就可能导致教育督导工作有名无实；二是自己决策、自己执行、自己监督、自己评价，特别在个人“利益”驱使下，难以保证教育督导应有的公信力，很难充分发挥督导的基本功能，其督导结论的作用和价值很难发挥；三是对从事教育管理的人员素质要求特别高。虽然，要求每一个教育管理者都能够成为教育管理精英，在理论上这是成立的，但是在现实教育管理中可能很难办到。

三、教育督导机构的设置

教育督导机构的设置是根据国家的教育管理体制和有关法律规定，对不同层级的教育督导机构及教育督导机构与相关机构的关系的规定。教育督导机构的不同结构形式反映了一个国家对教育督导机构的设置。目前，各国的教育督导机构主要分为两种结构形式。

（一）直线型结构

直线型结构是指不同层级的教育督导机构之间具有垂直的上下级关系。不同层级的教育督导机构呈现出“金字塔”形结构。在这一组织结构系统中，从上到下由各级具有垂直隶属关系的机构组成，上级教育督导机构对下级教育督导机构具有领导权力。在最高级教育督导机构下，又设置相应的二级、三级或四级组织构成，形成一个上下联动的独立的教育督导系统。

直线型督导结构的优点是权力集中、层级清楚、职责明确、信息反馈与传播相对简捷，能够较好地保证教育督导机构的独立性，工作效率高。其缺点是在国家管理体制中，各级教育督导机构是由本级政府依法设立的，需要本级政府提供相应的人、财、物等基本条件，因此，各层级教育督导机构之间难以建立完全垂直管理和被管理的行政关系，只承担指导和信息反馈的任务，再加上专业人员少，兼职人员多，在督导工作中就可能发生顾此失彼的问题，出现以点带面，信息交流受阻或被过滤，职能人员官僚作风，督导组织机构对环境的适应缓慢等现象。但是，由于教育督导组织结构相对其他教育管理组织，人员少、职能单一，有的地方政府基本上采用这一组织结构构建教育督导机构。

（二）事业部结构

事业部结构是指将教育督导事项划分为不同的领域，分别由不同的机构承担教育督导责任的组织结构形式。在这一结构中，各级教育督导机构由本级政府设立，并接受本级政府的领导。地方政府则把教育领域的相关督导事项进一步划分成不同的范围，由不同的机构来承担相应的教育督导责任。

事业部结构原是欧美一些国家、日本各大企业所采用的典型组织结构，是一个组织内对具有独立的产品和市场、独立的责任和利益的部门实行分权管理的一种组织形态结构。事业部结构需要具有三个条件：一是具有独立的产品和市场，是产品责任或市场责任单位；二是具有独立的利益，实行独立核算，是一个利益责任单位；三是一个分权单位，具有足够的权力，能够自主经营。

在教育督导机构建设中，有的地方就参考这种结构构建教育督导机构，其根据是教育督导工作属于专业工作，一个人不可能对所有专业都精通，需要不同的专家负责不同方面的督导工作，特别是对承担督政和督学责任的人员来说，面对的是两种不同类型的对象。督政面对的是政府官员甚至大权在握的领导，一般来说，他们比督导人员地位高，权力大，甚至把握或者影响着督导人员的发展，督导人员如果没有较高的地位和威望，没有对国家法律和方针的熟悉、认识和理解，没有对政府有关业务（如税收、预算决算）的熟悉，没有对教育事业的负责和坚持原则的精神，没有对教育事业的忠诚，是很难主动开展督导工作，达到督政目标的。督学承担学校管理督导工作，学校层面多，路程远，督导工作面大，学校的学科和发展条件复杂，大量的督导工作需要独当一面，这就决定了督导人员既需要具有高水平的综合素质和一定的学科专业素养，也需要具有吃苦耐劳的精神、对教育事业的忠诚和实事求是的态度，能够独立开展工作。两种不同的督导对象，决定了督政和督学的实质属于不同的业务，这就决定了教育督导机构可以成为由督政和督学构成的事业部结构。

事业部结构的督导对象清楚，任务明确，责任具体，有利于专门督导人员的锻炼和成长，有利于督导更有针对性和实效性，有利于积累督导经验，有利于充分发挥督导机构和人员的专业优势，深入到教育内部，促进政府和学校按教育规律办好教育。但是事业部结构也存在明显的“分工负责，各司其职”的特点，容易造成对不同教育事项督导的不均衡，也可能造成教育督导机构内部缺乏必要的合作，在一定程度上削弱教育督导的权威性。如果教育督导的责任分解到了不同的非专门机构，那么，可能会使教育督导流于形式。

以上列举了两种代表性的教育督导组织结构，实际上站在不同角度或层面，以不同依据为分类标准，还可以划分出其他的教育督导组织结构。任何一种教育督导组织结构都有其独特的功能、优势和弱势。从相对论观点的角度认识，“优势或弱势”“好与差”是比较而言的。至于具体到地方政府选择哪种方式构建教育督导组织结构，还是要在有利于管理，有利于开展工作，有利于提高督导质量的原则指导下，根据当地教育事业发展和教育管理组织建设的需要而最终决定。

四、我国当前的教育督导机构

我国的教育督导机构是依据国家法律、法规设立的专门从事教育督导的组织。它是一个接受同级政府领导，并在上级教育督导机构的指导下开展教育督导工作的组织体系。《义务教育法》第 8 条明确规定：“人民政府教育督导机构对义务教育工作执行法律法规情况、教育教学质量以及义务教育均衡发展状况等进行督导，督导报告向社会公布。”至此，教育督导机构的地位才得到法律的明确规定，即教育督导机构是与教育主管部门的地位平行的组织，其工作直接对政府负责。《教育督导条例》第 4 条明确规定：“国务院教育督导机构承担全国的教育督导实施工作，制定教育督导的基本准则，指导地方教育督导工作。县级以上地方人民政府负责教育督导的机构承担本行政区域的教育督导实施工作。国务院教育督导机构和县级以上地方人民政府负责教育督导的机构

（以下统称教育督导机构）在本级人民政府领导下独立行使督导职能。”这些规定使得我国相对独立型的教育督导机构地位在法律上得以正式确立，成为推进地方各级政府的教育督导组织逐步转变成为独立型教育督导机构的重要法律依据。我国教育督导机构设置的发展变化，必将推动我国教育督导组织的健康发展。

在国家层面，于2012年成立了由国务院领导的国家教育督导委员会，其主要职责是：研究制定国家教育督导的重大方针、政策；审议国家教育督导总体规划和重大事项；统筹指导全国教育督导工作；聘任国家督学；发布国家教育督导报告。在省级层面，成立了由省级政府领导的教育督导委员会。截至2014年年底，天津、安徽、贵州、江西、西藏、湖北、青海、山西、广东、宁夏、云南、江苏、四川、河北、山东、海南、黑龙江、吉林、辽宁、浙江、新疆等21个省、自治区、直辖市相继成立了人民政府教育督导委员会。在市、县级层面，则由本级政府成立了专门的教育督导机构。

（一）教育督导机构设立的依据

设立教育督导机构是实行教育督导制度的重要基础。《教育法》明确规定“国家实行教育督导制度和学校及其他教育机构教育评估制度”。这一法律规定为我国建立教育督导机构，全面实行教育督导制度奠定了法律依据。随着《教育督导条例》的颁布，我国的教育督导机构的职责、工作内容、工作程序等更加明确。

（二）教育督导机构与相关机构的关系

1. 我国的教育督导机构是本级政府领导下从事教育督导工作的专门机构

从法理上看，《教育督导条例》规定“国务院教育督导机构和县级以上地方人民政府负责教育督导的机构在本级人民政府领导下独立行使督导职能”，“县级以上地方人民政府负责教育督导的机构承担本行政区域的教育督导工作”，“县级以上人民政府应当将教育督导经费列入财政预算”。这说明县级以上教育督导机构是政府的一个职能部门，与教育行政单位具有并列关系，代表国家行使教育监督权力。

2. 下级教育督导机构接受上级教育督导机构的指导

《教育督导条例》规定“国务院教育督导机构承担全国的教育督导实施工

作，制定教育督导的基本准则，指导地方教育督导工作”，“县级以上地方人民政府负责教育督导的机构还应当将督导报告报上一级人民政府教育督导机构备案”。这说明下级教育督导机构除了接受本级政府的领导外，还应当接受上级教育督导机构的指导。

3. 上级教育督导机构对下级政府具有督导责任

《教育督导条例》规定教育督导的内容包括“县级以上人民政府对下级人民政府落实教育法律、法规、规章和国家教育方针、政策的督导”。这说明代表上级政府行使教育督导权力的上级教育督导机构对下级人民政府具有督导责任。

第二节　教育督导人员

教育督导人员一般是指在教育督导机构中专门从事教育督导工作的人员，或由教育督导机构聘请的从事教育督导工作的人员，一般包括专职督学、兼职督学、相关专业人员及利益群体代表。虽然他们参与教育督导的方式及发挥的作用有所不同，但他们应履行的职责和享有的权利是相同的。截至 2014 年底，全国共有专兼职督学 8 万余名，教育督导人员的数量明显增加，队伍进一步壮大，成为开展教育督导工作的中坚力量。

一、教育督导人员的类别、职责与权利

教育督导人员有狭义和广义之分。狭义的教育督导人员是指具有教育督导资格，并依法承担教育督导任务的人员，统称为督学。广义的教育督导人员是指依法参与教育督导活动，并承担一定教育督导职责的所有人员，除督学外还包括相关专业人员、家长代表与社区代表等相关利益群体[①]。因此，通常把教育督导人员分为专职督学、兼职督学、相关专业人员以及相关利益群体代表。

① 苏君阳，杨颖秀，李帅军．教育督导学［M］．北京：北京师范大学出版社，2012：112.

（一）教育督导人员的类别

1. 专职督学

专职督学是指任职于国家和地方教育督导部门，具有一定教育行政人员身份，专职从事教育督导工作的人员。专职督学是教育督导工作的基本队伍和骨干力量。

在国外，督学的分类一般是自上而下按层级划分，如德国、法国、日本等国家，从中央到州（省）再到市（学区）构成了一个十分完备的督学体系。美国作为一个联邦国家，由于联邦教育机构并不掌握教育的实权①，联邦政府也没有统一的教育督导制度，因此，美国实际上只有州、学区两级督学。英国把督学分为二线督学和一线督学，其中二线督学又称为女王督学或皇家督学，具体负责全国督导工作总体规划、评估工具研发并对全体督学工作进行质量监督，是全国教育督导工作的最高长官；一线督学是对全国学前教育、中小学教育、职业教育、高等教育和继续教育机构实际履行督导职能的人员，主要由注册督学、督学小组成员、外行督学三部分人员构成。

在我国，专职督学一般都具有一定的行政职务职级，其配备需由编制部门核定编制，以公务员编制为主，事业编制为辅。专职督学的职务可分为领导职务和一般职务。如在国家督学职务中，设有国家总督学、副总督学和一般国家督学；在地方督学职务中，设有总督学、副总督学或主任督学、副主任督学和一般督学。督学的层级一般划分为国家督学、省级督学、市级督学和县级督学。各级督学的任用一般按干部管理权限办理，其职责、权利与本级督导部门的职能相对应。目前国家督学中的专职督学较少，地方各级专职督学的名称、职级、数量也不够统一。

2. 兼职督学

兼职督学是指由国家和地方教育督导部门聘任，从事教育督导工作的兼职人员。兼职督学是教育督导来源最广泛、最具活力的宝贵资源，是教育督导工作的重要力量。兼职督学一般只在特定条件下才行使教育督导权力，即在教育督导部门授权或安排的条件下才履行督学职务的职责。

---

① 钱一呈. 外国教育督导与评价制度研究［M］. 北京：中央广播电视大学出版社，2006：178.

兼职督学由教育督导机构根据教育督导工作的需要，从具有丰富教育工作实践经验、较高教育理论水平的人员中聘任，其任期一般为三年，可以连任，但连续任职一般不得超过三个任期。

兼职督学按在职与否，可分为在职的兼职督学和退休的兼职督学；按作用，可分为特约兼职督学和一般兼职督学；按来源，可分为教育系统内的兼职督学和教育系统外的兼职督学。来自教育系统内的兼职督学，通常是具备教育专业及教育相关专业方面的知识背景，并具有较长时间从事教育行政管理及学校教育教学工作的人士，比如在职或退休的教育行政管理人员、教育教学研究人员、优秀校长、优秀教师等。这些人员在教育督导工作中，能够充分发挥其特长，弥补专职督学在某些方面经验不足的问题。来自教育系统外的兼职督学，虽然没有直接参与教育工作，但他们对教育非常关心，有深刻的认识和了解，并且熟悉教育发展、学校建设等方面的政策法规和专业知识。这些人员身份特殊，具有行业、部门优势，他们参与到教育督导工作中来，能够根据社会对教育的需求，从“第三方”的视角对教育工作做出客观的评价，使教育督导工作能够“跳出教育看教育”，增强教育督导工作的科学性、针对性、实效性。教育系统外的兼职督学来源十分广泛，在党政机关、人民团体的工作人员以及人民代表、政协委员、社会贤达中都可能产生很多高素质的兼职督学。

3. 相关专业人员

《教育督导条例》第十六条规定：“教育督导机构可以根据需要联合有关部门实施专项督导或者综合督导，也可以聘请相关专业人员参加专项督导或者综合督导活动。”专业人员也可叫作专业技术人员，是在相关单位中从事专业技术工作的人员。这些人长期从事某种专门职业，对某些专业技术比较精通，具有很高的专业素养。在教育督导中，诸如教育设施建设、教育技术装备、校园安全管理、财务后勤管理等方面，专业技术性很强，吸收专业人员参与教育督导，有利于增强教育督导的科学性、权威性。专业人员参与教育督导的方式有两种：一是受聘参加督导小组，承担一定的督导任务；二是由专业人员组建教育评估事务所等中介机构，以第三方的身份独立完成教育督导机构委托的教育督导评估事项。我国部分地方根据教育督导工作的实际需要，创造性建立了教育督导专业委员会，聘请各个领域具有一定专业造诣的人员担任委员。如

2015年1月，四川省教育督导委员会就在全省范围内聘任176名同志作为全省第三届省教育督导评估专业委员会成员（兼职）。

4. 相关利益群体代表①

许多西方国家将部分相关利益群体也引入到教育督导活动中。这些相关利益群体主要有学生家长、社区代表等。这些人虽然没有取得督学资格，但教育督导部门可以根据某些督导活动的需要，临时邀请他们参加督导活动，赋予他们一定的职权，听取他们的意见建议，可以更好地增强教育督导工作的公正性、民主性、透明性。

学生家长一般通过家长委员会的形式参与学校管理，对学校的校园建设、课程开设、教师工作、学业负担、费用收取、生活服务等起着见证、督促、监察的作用。如果吸收部分家长代表参与教育督导活动，更能真实、全面地掌握学校情况，对学校工作进行客观、准确的评价，有利于提高教育督导工作的效率和信度。

社区代表对学校管理、学生素质、学校周边环境及群众对学校的真实评价十分了解。吸收社区代表参与教育督导活动，是推行开放式教育督导的新尝试，是依靠社会力量开展教育督导的重要举措，有利于增强教育督导工作的社会性、群众性、客观性。

（二）教育督导人员的职责

教育督导人员的职责指从事教育督导工作的人员所负责的范围和承担的一系列工作任务，以及完成这些工作任务所需承担的相应责任。教育督导人员的职责是由教育督导的职能和使命决定的。世界各国都很重视对教育督导人员职责的探索和界定。如英国教育督导人员的职责范围包括了学前教育、初等教育、中等教育、中等后教育和师范教育②。督导人员除需要督导所有的学校以外，还要从事教师培训工作以及分学科、学段和专题等的全国性视导计划工作。美国的教育督导一般称为教育辅导。美国教育辅导专家本·哈里斯定义教育辅导为：为保持或改变学校的运行，以直接影响教学过程的方式帮助教师，

① 苏君阳，杨颖秀，李帅军. 教育督导学［M］. 北京：北京师范大学出版社，2012：115.

② 王璐. 英国教育督导与评价：制度、理念与发展［M］. 北京：高等教育出版社，2010：76.

以求促进学生学习的工作。美国的州一级和学区一级承担大部分教育辅导工作，其学区与学校是实施教育辅导的基层单位，辅导员们的职责除了确保各学科的正常教学之外，还负责师资在职培训、改革课程设置和教学方法、解决教师教学问题、协调教师与家长之间的关系等工作。

我国教育督导人员的职责在不同时期有不同内容，不同层次的教育督导人员的职责也有所区别。随着教育督导的工作地位、职能、关系的不断明晰，对教育督导人员的职责逐步形成共识。现阶段，根据《教育督导条例》等法规、规章的要求，我国教育督导人员须履行以下基本职责：（1）检查法律、行政法规、规章和国家教育方针、政策的贯彻执行情况，监督地方性教育法规、规章、制度和相关标准、规定等的落实情况；（2）监督、检查、指导教育规划布局，协调发展和教育教学、规范办学及教育经费投入的管理使用情况；（3）参与经常性督导、专项督导和综合督导，调研、督促、指导解决群众关注的教育热点、难点问题；（4）对教育教学水平、素质教育、教育监测和义务教育均衡发展等情况进行督导与评估；（5）参与督导机构组织的相关活动，参与研究制订教育督导文件，对教育决策提出咨询建议；（6）撰写教育督导报告，及时向政府和教育督导机构反映督导情况，提出合理、可行的意见建议；（7）完成政府和教育督导机构交办的其他工作事项。

与此同时，为保障教育督导工作的顺利开展，《教育督导条例》对教育督导人员的履职行为规范做了进一步要求。规定督学或教育督导机构工作人员有下列情形之一的，由教育督导机构给予批评教育；情节严重的，依法给予处分，对督学还应当取消任命或者聘任；构成犯罪的，依法追究刑事责任：（1）玩忽职守，贻误督导工作的；（2）弄虚作假，徇私舞弊，影响督导结果公正的；（3）滥用职权，干扰被督导单位正常工作的。此外，《教育督导条例》还规定实施督导的督学是被督导单位主要负责人的近亲属或者有其他可能影响客观公正实施教育督导情形的，应当回避，若未回避者，由教育督导机构给予批评教育；经常性督导结束，发现违法违规办学行为或者危及师生生命安全的隐患，而未及时督促学校和相关部门处理的，由教育督导机构给予批评教育；情节严重的，依法给予处分，取消任命或者聘任；构成犯罪的，依法追究刑事责任。

（三）教育督导人员的权利

教育督导人员的权利是指教育督导人员依法行使的权力和享受的利益。权利与责任是对等的，只有权责一致，才能最大限度地发挥教育督导的作用和功能。根据我国《教育督导条例》等行政法规、规章的要求，现阶段我国教育督导人员在教育督导活动中享有以下基本权利：(1) 可不事先通知学校，凭督学证进校督导；(2) 听取被督导单位的情况报告，查阅、复制财务账目及与督导事项相关的文件、资料；(3) 要求被督导单位就督导事项的有关问题做出说明；(4) 参加被督导单位的教育、教学活动，列席有关会议；(5) 向政府和教育督导机构提出对被督导单位或负责人给予奖惩的建议；(6) 就督导事项有关问题展开调查；(7) 依照有关规定和标准获得督导工作津贴或报酬。

二、教育督导人员的素质

教育督导工作的特点，决定了教育督导人员必须具有较高的素质。教育督导人员素质的高低决定了教育督导的效率与质量，直接关系到教育督导工作的成败和信度。教育督导人员的任职标准是政府及其教育督导机构规定的基本要求，是入职的“门槛”，只有达到“门槛”的要求才能成为教育督导人员。同时，要从教育督导的实际和发展要求出发，不断提升督导人员的素质，更好地适应教育督导工作发展的需要。

（一）国外教育督导人员的任职标准

世界上很多发达国家都很重视制定教育督导人员的任职标准，对不同类别的督导人员制定了不同的任职标准。英、法、美、日四国不仅对教育督导人员的能力素质有明确、具体的要求，而且对督导人员的年龄也有相应的规定。如英国要求督导人员在 30 岁至 49 岁之间，法国则要求督导人员不超过 45 岁，美国的督导人员必须年满 24 岁。

从表 4-1 可见，虽然英、法、美、日四国教育督导的情况各不相同，督导人员的任职标准也不尽相同，但也有不少共同之处。对督学的任职标准都至少包括：(1) 必须具备一定学历，至少具备学士以上的学位；(2) 必须具备一定的工作经历，具有丰富的教育教学工作经验；(3) 必须具备较强的工作能力，要有分析问题、解决问题的能力，同时具有指导能力、表达能力、写作能力等。

表 4-1 英、法、美、日四国教育督导人员的任职标准①②③

国家	任职标准
英国	1. 女王督学：必须具备硕士以上学位并且具有较高学术能力、丰富的工作经验及较强的解决问题能力。
	2. 注册督学：有 5 年以上参与督导评估活动的经历，有评估文学、数学等主要学科的经验，须具备分析问题、管理和写作能力。
	3. 其他督学：拥有至少 4 年或以上的教学经历或学校管理经验，并且必须参加由注册督学举办的培训课程并通过考试认证获得教育管理部门颁发的督学证书。
法国	1. 中央总督学：必须具备较高的专业水平和能力，同时关心教育工作；对教育体制及运作模式熟悉；为人和善，办事公正并且拥有改革创新精神；必须是公立教育部门的工作人员。
	2. 学区级督学：具有法国大学最高学位——国家博士学位，或者具有法国中学最高的教师资格证书，或者是具有学士学位以上的省级督导人员。同时至少担任过如大学教授、讲师、高中校长等职务。
	3. 国民教育省督学：具有教育学士学位以上的证书、中学教师能力证书、技术课教师能力证书、师范学校教师能力证书中的一种；具有初中普通课教师证书，且 28 岁以上，具有 5 年以上教龄；通过专门预考的小学教师或持有大学第一阶段结业文凭，且 30 岁以上，有 7 年以上的教龄。
美国	1. 教育行政人员兼任督学：一般由学监、副学监、校长兼任，同时在学历、工作经验和教育理论水平等方面达到较高的水平，除此之外还要经过一定的督导训练，具备一定的督导经验。
	2. 专职督导人员：一般要求具备学士或硕士学位；具备 2—10 年的教学和督导工作经验；对应学级任教经历；研修过教育行政、教育督导、教育心理、教育测量与评估、教学法等课程，并参加过教育督导方面的实习和专业训练。

① 顾明远. 外国教育督导［M］. 北京：人民教育出版社，2002：51.

② 钱一呈. 外国教育督导与评价制度研究［M］. 北京：中央广播电视大学出版社，2006：85.

③ 王璐. 英国教育督导与评价：制度、理念与发展［M］. 北京：高等教育出版社，2010：107.

续表

国家	任职标准
美国	3. 除此之外，一般还要求督导人员具备广博的知识和多方面的技能：熟悉各类课程；熟悉州、学区和学校的结构组织，具有学校财政、教育法令、社区联系等方面的知识；能够教授中小学一两门常设课程、掌握教法的知识和技能；能够使用各种现代工具；熟悉测量与评估原理、方法和程序；懂得教育研究方法等。
日本	1. 督导人员首先应是教育实际问题的专家、内行，对学校工作的专门领域，比如某一学科，要有深刻的研究和经验。
	2. 督导人员对教育法令、规章制度、管理规则、学校工作的内容和特点也需要充分地掌握。
	3. 从现代社会和现代教育发展的角度，日本对督导人员的内在素质还提出了较高的要求。

（二）我国教育督导人员的任职条件

新中国成立后，随着教育督导工作机制的建立、恢复和不断完善，对教育督导人员任职标准的认识也在不断深化。为落实“科教兴国”战略，加强和改进教育督导工作，国家提出了教育督导人员的基本任职要求。《教育督导条例》第二章第七条进一步对督学的任职条件进行了规范：（1）坚持党的基本路线，热爱社会主义教育事业；（2）熟悉教育法律、法规、规章和国家教育方针、政策，具有相应的专业知识和业务能力；（3）坚持原则，办事公道，品行端正，廉洁自律；（4）具有大学本科以上学历，从事教育管理、教学或者教育研究工作10年以上，工作实绩突出；（5）具有较强的组织协调能力和表达能力；（6）身体健康，能胜任教育督导工作。

根据《教育督导条例》的规定，全国许多地方也相继出台了省（市）级督学的聘任管理办法，进一步细化了督学任职条件。如《四川省省督学聘任管理办法（试行）》中对督学的任职标准规定为：（1）坚持党的基本路线，热爱社会主义教育事业，熟悉教育法律、法规、规章，有较高的政策理论水平；（2）具有大学本科以上学历或者同等学力，有较高的教育理论水平，有较强的组织、协调和解决实际问题的能力；（3）教育系统工作人员应从事教育教学、教育科研或教育管理工作10年以上，其他系统工作人员应热爱教育工作，并有10年以上工作经历；（4）担任或曾经担任副处级以上行政领导职务或者具有教育教学领域内的高级专业技术职务；（5）遵纪守法，品行端正，坚持原则，廉洁自律，公道正派；（6）须有保证履行省督学职责和任务的时间与精力，身体健康。退休人员初聘不得超过61周岁，续聘不得超过63周岁。

上述这些规定，对于加强督学队伍建设，推动督学任职条件的标准化、制度化起到了积极作用。

（三）教育督导人员的能力素质

教育督导人员的任职标准或条件具有法定性，主要是解决入职的基本要求。在实际工作中，教育督导人员的能力素质内容要广泛得多，具体得多。紧跟时代步伐，建设一支优秀的教育督导工作队伍，必须加强督学能力建设，高度重视教育督导人员的素质修炼和能力培养。

在国外的教育督导研究中，学者柏奇和邓莱①认为督导人员应具备以下10项基本能力。（1）应具备在公开场合主持会议及演讲能力，且能给人留下良好的印象。（2）能代表政府或机关，提供有关信息给相关的个人或团体，以利沟通的进行。（3）能与教育界及非教育界的相关人员保持良好的关系，同时也鼓励组织中的成员与其他人维持良好的互动。（4）能广泛阅读，随时吸收新的知识与信息，并乐意与其他人分享相关信息。（5）能有效分配个人时间，并适当运用相关的人力、物力资源，以发挥最大的成效。（6）能协助教师获得所需之专业知识、能力，能编制教学指引及教材，也能设计、执行教师在职教育计划方案，并对课程内容项目、教育活动进行客观的评估。（7）在督导学校时，能主动解说学校教育目标，并客观评估教学上进步的情况。（8）能运用适当方法介绍新观念，以激励教师提出创新的想法；能有效影响学校教师做必要的变革；能对努力及成效卓越者，给予奖励；尤其应在个人工作及专业态度上，成为教师的典范。（9）能分析危机形成的原因及背景，能圆满处理人际冲突，也能与他人充分沟通协商，以获得圆满效果；同时，为应付未来可能遭遇之危

---

① 刘淑兰．教育评估和督导［M］．上海：华东师范大学出版社，2000：225—226.

机，能制定出一套危机处理的办法。（10）能圆满处理例行性工作，并对各项问题做进一步的追踪研究。

近年来，我国学术界和教育督导领域也对教育督导人员的能力、素质进行了很多有益探讨，提出了很有见地的意见。比如，国务院教育督导委员会办公室副主任林仕梁同志2013年10月在“全国中小学责任督学骨干培训班”上指出，教育督导人员要严格履行“依法监督、专业指导、科学反馈”的职责，成为“政府的助手、学校的参谋、教师的朋友”，必须具备“把握形势任务、掌握政策理论、强化专业技能、形成职业品质”的基本能力。国内有的学者认为，教育督导人员不仅应当成为“专才”，还应当成为“通才”。教育督导人员必须做到“知政”“通学”。所谓“知政”，就是熟悉教育法律法规，掌握内容，理解含义，融会贯通，还要熟悉教育的方针政策以及教育行政部门的有关文件，包括教育行政部门提出的工作目标、要求、部署等，同时要具备行政管理的理论和经验。所谓“通学”，就是掌握教育教学的理论和规律，了解教育改革的新观点、新经验、新理论，精通或熟悉至少一门学科的教学。只有“知政”，才能督政；只有“通学”，才能督学。还有的学者认为，教育督导人员不能仅依靠职权去影响被督导者，更要依靠个人所具有的知识、品行、人格魅力、领导艺术等来树立自身的权威性。

综合各方面的研究，教育督导人员的能力素质主要包括政治素质、专业知识、基本技能和身体素质四个方面。

1. 政治素质

教育督导人员的政治素质主要包括政治意识、责任意识、道德素质三个方面。

政治意识是指政治思想、政治观点，以及对于政治现象的态度、价值观和评价。教育督导人员要随时保持清醒的政治头脑，具有正确的政治思想，坚定的政治立场，敏锐的政治观察力、鉴别力，在思想和行动上与党中央保持高度一致；必须坚持社会主义道路，具备较高的马列主义理论修养和一定的政治理论水平。

责任意识，某种程度上讲就是角色意识、担当精神。教育督导人员必须以强烈的责任感、进取心和事业心，胸怀全局，爱岗敬业，忠于职守，认真负责，善始善终，善作善成，努力创造一流业绩；要树立服务意识，立足于为地方和学校的发展“出点子、开方子、搭台子”，通过有效的服务推动教育的改革和发展。

道德素质是人们的道德认识和道德行为水平的综合反映，包含一个人的道德修养和道德情操。教育督导人员要贯彻习近平总书记关于“既严以修身、严以用权、严以律己，又谋事要实、创业要实、做人要实”的重要论述精神；同时要遵纪守法、廉洁奉公，谦虚谨慎、戒骄戒躁，深入基层、吃苦耐劳，公平公正、敢讲真话，力戒形式主义、官僚主义，不弄虚作假，不人云亦云，不相互掣肘。

2. 专业知识

教育督导的工作性质决定了教育督导人员既要掌握扎实的理论知识，又要具备丰富的专业知识和基础知识，努力成为教育的行家里手。

教育督导人员要学习和掌握教育学科的基本知识，做到功底深厚。教育督导人员要系统学习教育学、教育管理学、教育督导学、教育心理学、教育统计学、教育测量与评估学等知识，形成扎实的现代教育理论基础，同时拓宽知识面，在某个具体领域形成一定优势，从而具备对所督导学科的知识背景。

教育督导人员要学习和掌握教育政策法规，做到有法须知，有法熟知。教育督导人员要重点学习《宪法》《民法》，重点学习有关财政预算、决算、税收的法规，重点学习《教育法》《义务教育法》《职业教育法》《高等教育法》《教师法》《民办教育促进法》《未成年人保护法》《预防未成年人犯罪法》以及《行政诉讼法》《行政处罚法》《行政复议法》《国家赔偿法》《行政许可法》等相关法律和行政法规，认真学习国务院和地方颁发的有关教育行政法规、规章、政策等，这是督导人员顺利开展督导工作的基础。

教育督导人员要学习和掌握教育督导评估的标准、办法，做到了然于胸。教育评估办法、标准是教育督导工作的根本依据和必备工具。教育督导人员要认真学习钻研各级政府编制的教育督导评估文件，学习掌握教育督导机构及有关部门制定的各类评估标准、工作标准及其细则，对标准内涵、评估程序、评估方法等要力争平时烂熟于心，用时得心应手，这是督导人员顺利开展督导工作的基本条件。

3. 基本技能

教育督导工作具有一定的技术性，教育督导人员应当学会和掌握必要的技术技巧，具备一定的专门能力。

（1）组织协调能力。教育督导是一项系统工程，从制订方案到检查、评估、指导、反馈等全过程，需要教育督导人员精心策划、组织、安排和协调，同时还要同各有关部门和人员打交道。因此教育督导人员必须善于谋划，精于计划，统筹安排，沟通各方，协调行动。

（2）系统思维能力。教育督导人员要在纷繁复杂的事物中抓住最关键、最本质的方面，洞察事物发展的方向和规律。因此，教育督导人员必须具有敏锐的观察力、周密的思考力、较强的分析和评价能力。这就需要教育督导人员不断创新思维，既要擅长宏观性思维，又要重视微观性思维，同时还要善于整体性思维和发展性思维。在督导过程中，教育督导人员要善于发现细节，见微知著，同时要站在更高的层次、更广的视角，观察教育，思考教育。比如，透过学校图书的崭新度这一细节可以发现学生借阅图书的状况，透过学校电脑的崭新度可以发现信息技术课的开设情况，透过实验仪器是否开箱的细节可以发现实验课的开设情况。在各种类型的督导活动中，教育督导人员要从不同方面、不同层次、不同角度审视教育教学管理行为，为督导主题提供全方位的事实支撑，为整体性评价教育教学管理提供科学依据。诸如，督学在课堂观察中，应立体化审视课堂，不仅要观察教师的教学理念、教学过程与方法、学生的学习状态，而且要观察学生的学习习惯、学生的文明礼仪、教室环境布置、师生融洽度等。教育督导人员一定要具备发展性思维，既善于发现被督导对象的亮点与特色，又能发现问题与不足，还要用发展的眼光提出建议和意见。

（3）语言表达能力。教育督导人员要练就“看”的本领，更要学会“说”的艺术，在与督导对象的交谈交流中，做到言之有理、言之有据、言之有序、言之有情。教育督导人员还要有扎实的文字功底，尽量掌握实用文书写作的十八般武艺，能通过对督导情况及材料的整理、分析、归纳、概括，尽快撰写出较有质量的督导评估意见、督导评估报告等反映督导评估结果的各种文书。

（4）信息处理技术。随着计算机系统在处理能力、存储能力、打印能力和通信能力等方面的提高，特别是计算机软件技术的发展，教育督导工作对计算机的依存度越来越高，教育督导工作的信息化程度也会越来越高。因此，教育督导人员必须掌握一定的计算机技术，不仅能够熟练应用计算机办公系统，而且要学会多媒体课件的制作、简单程序的编制以及摄录像技术的使用，为建立教育督导资源平台、开展社会化网络评价、开展督导信息交流共享等方面提供技术支撑。

4. 身体素质

教育督导是一项艰苦的工作，教育督导人员很多时间在基层检查、指导，面对的是不同的地区、不同的学校、不同的环境，往往奔波于学校与学校之间、学校与教育管理部门之间，经常会遇到各种各样的困难和压力，不仅要面临“苦其心志”的考验，还要迎接“劳其筋骨”的挑战。这就需要教育督导人员不怕困难，勇于吃苦，在具备坚强的意志和无私奉献精神的同时，必须具备健康的身体条件，包括强健的体魄、良好的心态、较强的记忆力、反应力、耐受力等。

三、教育督导人员的管理

教育督导人员的管理涉及教育督导人员的选拔、任用、培训、考核等系列问题。完善督学管理制度，通过专业培训、定期考核及交流研讨等多种形式，可以提高督学的理论和业务水平。

（一）教育督导人员的选任

严把“入口关”，是保证教育督导队伍质量的关键环节。国外对教育督导人员的选拔，已经形成较为成熟的制度体系，为我们提供了可资借鉴的经验。我国教育督导人员的选任制度从初创到完善，不断在改革中发展。

1. 国外的教育督导人员选拔

英国的教育督导人员遴选程序包括以下五个方面：第一，在全国范围发布广告，由申请人填写报考申请表格；第二，从应征者中挑选符合标准的人进行面试，同时审核应征者的个人经历、工作动机、对教育各领域的观点兴趣、学科专业背景知识等，同时还要考察其个性品质；第三，通过面试，由督学团成员及教育主管部门人事官员组成的遴选委员会进行评价，并实行一票否决制；第四，通过面试环节的应征者进入培训和见习阶段，参加包括教育督导工作内容的培训以及模拟讨论练习；第五，培训结束后进入为期一年的实习期，通过见习考核才能被任命为督学。由于选拔的基本原则是宁缺毋滥，这五个阶段都有被淘汰的可能，因此，英国皇家督学团的成员均具备良好的素质，其权威性非常高。

依据级别的不同，法国教育督导人员的选拔有如下三种方式。(1) 审议。法国教育督导最高部门是教育部直属的国民教育总督导处、国民教育行政总督导处、图书馆总督导处①。国家总督学也相应分为三种，即国民教育总督学、国民教育行政总督学、图书馆总督学。人员的选拔主要通过总督导处以审议的方式进行，其中包括初审和复审。由于总督学的候选人大都是学区督学、学校校长、教育部司长、图书馆馆长、博物馆馆长等人，因此不需经过考试，这些候选人本身就具有一定的权威性。(2) 审议、实习。第二级是学区督学，其任职标准较为严格。候选人首先必须向学区长提出报名申请，通过审查后递交到总督导处进行审议，审议通过后由教育部长确定人选并上报到总统处，由总统宣布任命。任命后，见习督学进入为期两年的实习环节，必须在通过实习考察后，才能够转为正式的学区级督学。(3) 考试、培训、实习。最低一级是国民教育省督学，其任职标准相对较低。候选人首先必须通过考试，对于在职的小学教师，还必须通过预考才能报名参加正式考试。通过考试后，候选人需要进行两年的培训，第一年以见习和学习方式交替进行，年底进行口试，通过口试进入第二年的职业实习。最后进行年终考试，通过考试并取得能力证书者可以到学区进行实习，一年后通过考核，转为正式的国民教育省督学。

日本教育督导人员中的最高督学长官需要通过国家公务员资格考试，由日本文部大臣任命。其他教育督导人员则是通过推荐与面试相结合的方式进行选聘，其任免、惩戒都必须遵循相应的法律，主要有《地方教育行政的组织和运营法》《教育公务员特例法》《地方公务员法》。

2. 我国教育督导人员的选拔

目前，我国教育督导人员的选拔方式主要有两种：推荐任命和招聘考试。推荐任命是按照干部管理有关要求和程序组织实施，从新中国成立开始，沿用

① 顾明远. 外国教育督导 [M]. 北京：人民教育出版社，2002：51.

至今。一般的做法是，党委、政府根据教育督导工作需要，通过同级或者下级党委、政府、教育行政部门、学校广泛推荐，对符合任职条件的人员进行组织考察，然后按照干部管理权限进行任命。被任命的督学（包括总督学、副总督学、专职督学等）享受同级公务员的政治、经济待遇。应当说，这种方式对于我国教育督导队伍的建立起到了重要作用，也有利于对教育督导人员的选拔与管理，但也有一定的局限性，主要是社会参与度不够，缺乏竞争机制，不能合理流动，很难保证把优秀人才吸收到督导队伍中来。

近年来，为扩充教育督导队伍，国家及各地均采取选聘的办法充实了大量的兼职督学。这些兼职督学一般由本级人民政府在国家机关、民主党派、社会团体、企事业单位中，聘任具有教育行政管理、教育经费保障、教育设施设备、教师队伍建设、学校教育教学、教育科学研究等业务专长的人员担任。聘任程序为：（1）根据督学的专业分类要求，向有关单位发出推荐人选提名通知；（2）各有关单位根据通知要求推荐督学人选，被推荐人选须填写推荐表格并经所在单位同意；（3）各有关单位审查同意后，将推荐的本单位督学人选名单、推荐表和推荐意见报教育督导机构；（4）教育督导机构对各单位推荐的督学人员按照规定的条件进行严格审核，对符合条件的报本级政府审批；（5）政府批准聘任后，向拟聘任人员颁发政府督学聘任证书，并向社会公布。

为适应新时期教育督导工作的需要，上海市、厦门市等地方积极引入竞争机制，通过公开招聘考试的方式选拔教育督导人员。公开招聘考试的大致流程有：发布公开招聘公告、申请人报名、初试（一般以笔试为主）、复试（以面试或者复合型考核为主）、培训实习、任命。河南省郑州市由过去单一从本地聘任督学转变为特邀国内知名教育专家担任督学，有 31 名教育教学专家担任了郑州市兼职督学。这些新的举措有效拓展了教育督导人员任用的思路。

（二）教育督导人员的培训

加强培训，是提高教育督导人员政治业务素质，推进教育督导队伍专业化、职业化发展的有效途径。督学培训一般分为岗前培训和在职培训两类。岗前培训是对新任督学开展督导工作前的培训，以熟悉有关法律、法规、政策、文件和有关督导工作要求及必备的职业操守等内容为主；在职培训是对督学任职期间的经常性和提高性的培训，以学习法规政策理论、深入掌握督导知识、提升业务能力，从而不断适应督导工作改革发展需要的内容为主。

1. 国外教育督导人员的培训

在英国教育督导人员的管理中，一个最重要的环节就是培训。只有通过培训，才能成为正式的督导人员。在督学选拔结束后，候选人被称为见习督学，必须通过为期一年的培训与见习才能转为正式督学。在见习期之初，见习督学要参加入门学习，主要包括：（1）教育行政管理人员和高级督学介绍教育体制、教科部的组织及工作、皇家督学团的结构、教育行政与督导的关系等情况；（2）介绍不同类型督学的职责范围、方式方法等，并展开讨论；（3）模拟练习；（4）访问笔记与报告撰写技巧的学习；（5）讨论整个督导过程；（6）介绍督学如何组织与实施教师培训课程①。此后，见习督学要跟随一名现任督学开始见习，并且跟地区主任督学一起共同制订见习督学的培养计划。在见习过程中，现任督学要随时发现见习督学的不足之处，进行有针对性的辅导。另外，见习督学转正后，还要对他们不断进行专业培训，发展其督导技能，使其能够跟上教育发展的进程。

美国则强调将培训贯穿于教育督导人员的职业生涯。以纽约州为例，他们为教育督导人员设置了四大培训项目②。（1）未来督导培训。纽约州合作教育服务董事会和一个简称为 LEAF 的机构合作，为还没有成为教学督导员，但正致力成为督导员的人提供未来督导学员培训项目。项目为期一年，学员要参加暑期学院以及八次研讨会。每次会议历时两天，主题都不一样。（2）新督导培训。这是为新上任的督导员提升工作能力所进行的培训。由纽约州督学委员会和 LEAF 机构合作开展。培训时间为期一年，培训内容主要包括督导的专业能力发展、交流沟通能力、教学科学技术、管理、财务培训等能力。（3）在职督导培训。在职督导培训是纽约州督学委员会和 LEAF 机构合作提供的督导培训项目，是针对已有督导经验的督导人员，进一步提升其专业技能而进行的培训。培训主要为学员提供最新的督导理念等。（4）特殊督导项目培训。特殊督导项目培训是纽约州每年开展的某种最新督导活动为学员提供的培训，没

---

① 王璐. 英国教育督导与评价：制度、理念与发展 [M]. 北京：高等教育出版社，2010：107.

② 李俊. 中美中小学教学督导的比较研究 [D]. 上海：上海师范大学，2013.

有限制的对象，只要有兴趣了解这些督导活动的督导人员都可以参加。例如，近年来纽约州出台了最新的教师和校长工作绩效评价体系（APPR），大部分督导人员对这个项目还不太了解，特殊督导项目就为这些人员提供了获取信息的途径。

2. 我国教育督导人员的培训

我国对教育督导人员的培训，随着教育督导工作的不断发展而逐渐得到重视。1996年，国家教委印发的《关于加强教育督导队伍建设的几点意见》中明确要求："专职督学在履行其职责前须经系统的督导专业课程的岗位培训。省、地两级督学岗位培训由国家教委统一组织；县、市、区的督学岗位培训由各省、自治区、直辖市教育行政部门负责。针对现职督学半数以上未经岗位培训的实际，国家教委要求各省、自治区、直辖市即做出切实安排，力争在近三年内，组织年龄在55岁以下、未经岗位培训的专职督学，分期分批接受一次岗位培训。""各省、自治区、直辖市教育行政部门应确定督学培训基地，制订教学计划，选好培训教材，培养相对稳定的专业课教师，提供培训经费，努力提高培训质量。督学人数较少的省、自治区，也可委托华东师范大学教育管理学院和北京师范大学教育管理学院等培训基地进行培训。要重视在督导实践中提高督学素质。各地督导部门应建立日常业务学习制度，及时组织督学学习有关法律、法规和政策文件，有计划地开展教育督导业务研究活动，不断提高督学的理论水平和业务能力。"

近年来，我国对教育督导人员的培训思路逐渐清晰。2013年，在国务院教育督导委员会起草的《督学管理办法（征求意见稿）》中，把督学培训分为岗前培训与在职培训，由教育督导机构组织实施，要求每名督学必须接受岗前培训。督学培训采取集中培训、个人自学和网上学习等方式进行，其中集中培训每年不少于一次，时间不少于一周。督导机构应将督学参加培训的情况记录在案，作为对督学考核的重要依据。督学培训的主要内容包括六个方面：(1) 国家及地方教育法律、法规、规章和教育方针、政策；(2) 国家及地方教育督导法规、规章、制度；(3) 教育督导应具备的政治素质、个人品德及业务知识；(4) 学校教育教学规律、各地教育督导经验、教育管理专业知识；(5) 教育及教育督导改革的政策与经验；(6) 国际教育督导的理论和经验。

目前，我国已经初步建立起国家、省、地（市）三级培训制度。国家教育督导部门负责培训的宏观指导、制度规范和督促检查，开展骨干督学培训；省级教育督导部门负责本地区督学培训的统筹规划、工作指导、协调服务和督促检查，实施省内重点培训项目；地市和县级教育督导部门负责研究制订督学培训方案和计划，抓好本地区督学培训的组织实施。

我国教育督导人员的培训多采取以会代训的方式进行，如 2013 年 10 月，国务院教育督导委员会在北京举行了 400 多人参加的“中小学责任督学骨干培训班”。依托专门的培训机构、师范类高等院校等，举办脱产培训班，也是较为普遍的做法。此外，不少地方教育行政部门、教育督导部门结合工作实际，适时组织督学开展交流、调研、考察和观摩等活动，也为督学及时了解督导工作的新情况、新经验、新信息提供了有益帮助。

（三）**教育督导人员的考核**

建立健全教育督导人员考核机制，有利于促进教育督导人员履职尽责，提高教育督导工作的质量和水平。2013 年，国务院教育督导委员会办公室印发的《中小学校责任督学挂牌督导办法》第 10 条明确指出：“教育督导部门要建立责任督学考核制度。对责任督学履行职责、开展工作和完成任务情况进行考核。对年度考核称职的督学，予以续聘；对考核优秀的督学，给予表彰奖励。对存在玩忽职守、弄虚作假、徇私舞弊、滥用职权等行为，干扰学校正常工作或在督导活动中造成不良影响，及发现重大问题未及时上报的，视不同程度给予批评、教育和处分，情节严重的取消督学资格。”

目前，我国很多地方对教育督导人员的考核还处于探索阶段，今后将逐步完善制度，加大考核力度。基本思路为，各级政府教育督导机构对督学实行年度考核。考核内容由教育督导机构确定，主要为年度工作完成情况、参加培训情况、履行督导职责等情况。考核方式为督学对照考核内容进行自评，教育督导机构在审核自评报告后，听取被督导单位和群众的反映（必要时可发放问卷调查），最后根据各方面情况进行考核结果评价。考核结果分为优秀、称职、不称职三个等级，优秀等次表示出色地完成了考核的主要内容要求，称职等次表示较好地完成了考核的主要内容要求。有以下情况之一发生的，可评为不称职：（1）没有完成考核内容中的大部分要求；（2）学校、师生、家长和社会意见反映普遍较大；（3）被督导的学校存在严重隐患，以致发生重大事件，在教育系统或社会产生不良影响；（4）对人民政府和教育督导机构交代的工作任务不能及时、有效完成；（5）玩忽职守，长期不开展督导活动、不撰写督导报告、不发挥督导作用；（6）受到行政处分或刑事处理，不宜再担任督导工作；（7）弄虚作假，影响督导结果公正，或是以权谋私，造成不良影响，或是打击报复，干扰被督导单位、个人正常工作；（8）其他违反法律、法规、规章和国家教育方针、政策等的情况。

政府和教育督导机构应根据考核结果对督学进行奖惩。对优秀等次的督学要加大对其督导工作的支持，推广介绍其督导经验，并给予一定的物质奖励，对于连续3年被评为优秀的督学可提前晋级。对于不称职的督学要及时解聘，对其中严重违法、给督导形象造成恶劣影响或造成重大损失等的要协同有关部门依法追究相关责任。督导机构要通过网站或其他媒体向社会及时公布督学辞职、不续聘和解聘督学的信息，并收回聘书和督学证。

【拓展性阅读】

国家督学聘任管理办法（暂行）

第一章　总　则

第一条　为加强国家督学队伍建设，提高教育督导工作水平，促进教育事业健康发展，根据《中华人民共和国教育法》制定本办法。

第二条　国家督学是由教育部聘任的依法执行教育督导公务的人员。

第三条　国家督学应由具有教育经费保障、教育设施设备、教师队伍建设、学校教育教学等业务专长的人员构成。

第四条　国家督学的聘任工作依照规定的任职条件和程序进行。

第五条　国家督学分为专职督学和兼职督学。聘任兼职国家督学以在职人员为主，以退休人员为辅。

第二章 任职条件

第六条 国家督学应当符合下列基本条件：

（一）坚持党的基本路线，热爱社会主义教育事业；

（二）熟悉有关教育法律、法规、方针、政策，具有较强的业务能力，工作实绩突出；

（三）具有较强的组织协调能力和较强的口头与书面表达能力；

（四）具有大学本科以上学历或同等学力，从事教育管理或者教学、研究工作10年以上；

（五）行政机关副厅级及以上，或具有中小学特级教师称号，高等学校和科研机构等正高级专业技术职务；

（六）坚持原则，办事公道，品行端正，廉洁自律；

（七）身体健康，能够保证履行国家督学职责和完成任务所必需的时间。

第七条 退休人员拟聘国家督学职务的人选在退休前应符合第六条基本条件的相应要求。

第八条 初聘国家督学人选年龄不得超过61周岁，续聘国家督学人选年龄不得超过63周岁。

第九条 国家督学每届任期3年，续聘一般不得超过三届。

国家督学任期届满，自动解聘。

第三章 聘任

第十条 教育部设立国家督学聘任审查委员会。

（一）国家督学聘任审查委员会由11位委员组成，由教育部总督学负责。委员会成员由具有较高政策水平和业务能力、作风正派、办事公道的行政人员和专家组成。

聘任审查委员会具体事务由国家教育督导团办公室承办。

（二）国家督学聘任审查委员会按照规定程序开展工作。

第十一条 国家督学的产生实行差额推荐。实聘人数与推荐人数的比例为1∶1.2。

第十二条　国家督学人选推荐程序：

（一）教育部根据聘任国家督学人数和专业分类要求，确定推荐国家督学的单位和人数。

（二）被确定的单位根据国家督学任职条件和推荐要求，研究推荐国家督学人选。各省、自治区、直辖市推荐国家督学人选中应有一位分管教育督导工作的厅局级负责人或专职的厅局级督学。

（三）被推荐的国家督学人选必须由本人提出申请，并按要求填写《国家督学申请表》。

（四）各单位对推荐对象的基本条件进行审核和综合评价，提出推荐意见，按要求将国家督学推荐人选名单和《国家督学申请表》加盖公章后报送教育部。

第十三条　国家督学聘任审查委员会按照规定程序和聘任条件对国家督学推荐人选进行审查，以无记名方式投票确定国家督学拟聘人选。

教育部将国家督学聘任审查委员会审查确定的拟聘人选名单在教育部网站上予以公示，公示期为10天。

公示期满无异议的拟聘人选，由国家督学聘任审查委员会报教育部审批聘任，颁发国家督学聘任证书。

第十四条　国家督学可向教育部提出书面申请辞去国家督学职务，教育部批准后向社会公布，并通知推荐单位。

第十五条　国家督学有下列情形之一的，教育部对其解聘：

（一）不履行国家督学职责的；

（二）一年内未参加国家教育督导团安排的教育督导活动的；

（三）在督导活动中造成不良影响的；

（四）受到行政处分、刑事处罚的。

解聘国家督学时，要向所在单位通报，以书面形式通知本人，在教育部网站发布公告。

第四章　职责与权利

第十六条　国家督学应当履行以下职责：

（一）检查国家教育法律、法规和规章的贯彻落实情况；

（二）指导学校按照教育方针和教育教学规律办学；

（三）撰写教育督导报告；

（四）参与研究制订教育督导文件；

（五）对教育决策提出咨询建议；

（六）完成国家教育督导团交办的其他任务。

国家督学应当接受督学岗位培训。

第十七条　国家督学在教育督导活动中享有以下权利：

（一）听取被督导单位报告情况，查阅相关文件、资料，对有关情况进行调查；

（二）参加被督导单位的教育、教学活动，列席有关会议；

（三）遇到危及师生人身安全、侵犯师生合法权益、扰乱正常教学秩序等紧急事态立即予以制止，及时向有关部门提出处置的意见；

（四）向有关部门提出对被督导单位负责人的奖惩建议；

（五）依照规定获得国家督学职务津贴。

第十八条　国家督学在参加国家教育督导活动时应实行异地回避制度。

第十九条　国家督学参加国家教育督导团组织的教育督导活动，所需工作经费由教育部负责提供。

第二十条　教育部接受并受理对国家督学聘任过程中不当行为的举报，一经查实，将依照有关规定严肃处理，并建议有关部门追究当事人的责任。

第五章
教育督导的实施

教育督导实施是教育督导机构和人员按照一定的标准和要求对督导对象进行督导的过程。《深化教育督导改革转变教育管理方式的意见》提出，要建立督促地方政府依法履行教育职责的督政机制、指导各级各类学校规范办学提高教育质量的督学体制、科学评价教育教学质量的评估监测体系，形成督政、督学、评估监测三位一体的教育督导体系。这个体系实际上也是教育督导实施的体系。

第一节　教育督导的对象与原则

一、教育督导的对象

对督导对象的理解中外有别。欧美国家的教育督导基本上都是以学校教学工作为对象，偏重于“以改进教师的教学行为为中心而开展的，包括安排教学，开展课程建设，提供教职人员、设备和教材，评价教学效果等一系列教学管理工作”①。我国教育督导的对象包括政府与学校。

（一）外国教育督导的对象

英国中央皇家督学团的主要任务是“向国务大臣报告有关教育制度好坏的评价”，依据督导法案，督导对象是除了高等教育之外的各级各类学校，具体

① 邱锦昌. 教育视导之理论与实践［M］. 台北：五南图书出版有限公司，1991：20—35.

包括学前教育机构、初等教育机构、中等教育机构、继续教育机构和师范教育机构。地方视导组织的职责范围和督导对象与中央督导组织基本一致，其对象为从事初等教育、中等教育、继续教育和在职培训的教育机构。

法国的教育督导包括中央的教育督导、学区的教育督导和省的教育督导，其内容大致可分为行政方面的督导和教育及其他方面的督导。教育部、学区行政部门、公立学校、教育培训机构等均为其督导对象。

美国作为一个分权制的典型，教育督导主要通过教育辅导来实现，全国没有一个统一的教育辅导制度。美国教育督导人员的工作大致有两个方面的内容：一是对课堂教学进行督导，二是对教师进行督导。美国教育督导的对象主要是学校和学校里面的教师。

日本的教育督导分为中央和地方两个方面。中央的文部科学省视学官主要负责设置教育机构、管理及整顿学校、编制、课程、教学、学生工作、教科书、学校办学等工作。日本的地方督导（指导主事）的督导内容主要有三个方面：教委事务局内的工作、学校教育实际的督导和组织进修。可见日本教育督导的对象包括政府和学校。

由此可见，各个国家教育督导的对象有所不同，有的侧重学校，英美法等均如此；有的既包括学校，也包括政府，日本便是如此。但总体上看来，国外教育督导的对象主要是学校。

（二）我国教育督导的对象

我国大陆学者对教育督导的概念界定和所针对的对象的表述比较统一，无论是在《教育督导条例》颁布前和颁布后，都将教育督导的对象统一在了“督政”和“督学”两个方面。

1. 地方各级政府

《教育督导条例》规定，“县级以上人民政府对下级人民政府落实教育法律、法规、规章和国家教育方针、政策的督导”。由此可见，除中央人民政府外，地方各级政府都是督导的对象。

需要说明的是，人民政府都是由若干工作部门组成，比如发展改革部门、人力资源与社会保障部门、财政部门、组织部门和教育部门等。在这些部门中，教育部门作为政府管理教育的主要部门，承担着辖区内教育改革与发展、学校建设、学校管理、办学条件、教育教学、队伍建设等大部分教育管理的职责；其他部门，比如人力资源与社会保障、财政等部门也承担着影响辖区内教育改革与发展的主要工作职责。但这些部门在行政职能上是体现同级人民政府的安排和意志，虽然不属于教育督导的直接对象，但他们的相关行为是督导政府落实教育政策、体现教育职能的依据。

2. 学校及其他教育机构

《教育督导条例》第二条规定："教育督导包括县级以上地方人民政府对本行政区域内的学校和其他教育机构（统称学校）教育教学工作的督导。"这就决定了教育督导督学的对象就是各级各类学校和其他教育机构。这些机构包括：（1）公立学校及其他教育机构；（2）各类全日制民办学校及举办机构；（3）各类民办培训机构及举办机构。

各类教育机构内部包括各教育职能部门，比如相关处室、年级组和班级等，教育机构的教育职能是通过这些组织的活动体现出来的。需要特别说明的是，这些组织及其教育活动不是督导的对象，它们的活动和行为只是作为评价和督导学校的依据。

二、教育督导的原则

教育督导的原则是在教育督导的实施过程中，根据对教育工作客观规律的认识优化提炼出来的，它不仅反映了教育督导的一般规律，更是人们对教育督导规律的一种认识和对已完成的督导工作的经验总结，是继续开展教育督导工作的基本原则。

从本质上看，教育督导活动作为政府管理教育的一种行政行为，体现着一定的国家意志，其实施也必须遵循一定原则。教育督导是对教育实行国家监督的重要手段，是现代教育管理体系的重要组成部分，教育督导的原则是从属于一定教育督导制度的，不同的教育督导制度，具有不同的教育督导原则①。从巩固和发展社会主义教育事业的角度出发，根据《教育督导条例》的规定，我国的教育督导主要有以下原则。

---

① 向宏业. 现代教育督导学［M］. 长沙：湖南教育出版社，1995.

（一）依法督导的原则

依法督导是指对政府和各级各类学校的督导要根据本国的教育法律、法规、规章、方针、政策等来进行。依法督导是实施教育督导必须坚持的根本性原则。在我国，国家教育督导检查组对义务教育发展基本均衡县（市、区）的督导评估认定，主要依据《义务教育法》《教育督导条例》《国务院关于深入推进义务教育均衡发展的意见》《县域义务教育均衡发展督导评估暂行办法》等进行；对县域义务教育投入的专项督导，要依据《义务教育法》中对教育经费“三个增长”等要求来进行。

依法督导的责任主体既有被督导单位，也有督导者本身。因此，坚持依法督导，主要包含两个意思：一是被督导单位是否依法行政、依法办学、依法治教，要求被督导对象都能执行有关教育的法律、法规和方针、政策，全面落实办学规程和课程方案，管理水平达到规范要求；二是督导者是否依法实施教育督导活动。教育督导坚持依法督导的原则，具体有以下四个方面的要求：（1）教育督导实施程序必须符合法律、法规和行政规章的规定；（2）教育督导机构必须严格按照规定的教育督导实施程序执行教育督导公务；（3）对教育督导机构或督导人员违反程序的督导行为依法进行处理，并要求教育督导机构或督导人员承担因此而产生的相应法律责任；（4）加强教育督导的法制建设，保障教育督导顺利开展。

（二）遵循教育规律的原则

遵循教育规律的原则是指教育督导活动的开展要尊重教育规律，严格按规律办事。教育规律是教育发展过程中的本质联系和必然趋势。教育规律不以人的意志为转移，体现着教育的本质，贯穿于教育的始终，是教育督导工作必须坚守的准则。以我国教育事业的发展为例，教育发展遵循了由数量扩展到质量提升的基本发展规律。党的十一届三中全会以来，我国教育事业百废待兴，教育基础薄弱，教育数量扩展成为一段时期内教育发展的主要目标。这一时期，教育发展的目标更多追求量化结果，如“两基”攻坚、提升高等教育的普及率。随着教育事业的发展和人民生活水平的不断提高，人民群众对接受良好教育的要求越来越强烈，提高教育质量也随之成为全球教育发展的主题和重点任务。

遵循教育规律，开展教育督导活动，主要具有两方面意义：一是遵循教育基本规律开展教育活动，有利于在制订教育目的、安排教育内容、组织教学活动、选择教育方法与手段、构建教育环境、处理师生关系等具体环节中保持正确的方向；二是遵循教育规律，也就遵循了基本的理论指导和思想基础，有利于学校教育功能的正常发挥。《教育规划纲要》指出，要“尊重教育规律和学生身心发展规律，为每个学生提供适合的教育”。同时，《教育督导条例》也把遵循教育规律作为实施教育督导应当坚持的原则。教育作为一门以育人为目的的科学，有其自身的客观规律，这些规律的背后蕴含着以人为本的原理，坚持教育督导遵循教育规律的原则，要求督导人员务必做到了解、掌握教育规律，并在教育督导实践中充分运用，以真正做到以人为本，教育优化。只有尊重教育规律，按照教育规律开展教育督导，教育督导工作才会有实效。

（三）以提高教育教学质量为中心的原则

以提高教育教学质量为中心的原则是指教育督导要以提高教育、教学质量为主要目的和核心内容。教育教学质量是教育事业改革发展的永恒主题，是学校发展的永恒主题，是学校工作的“生命线”。以提高教育教学质量为中心进行教育督导，是贯彻落实《教育规划纲要》、党的十八大等教育方针、政策的重要举措，是促进教育事业科学发展、办好人民满意教育的迫切需要。首先，提高教育教学质量是建设人力资源强国的关键环节。全面提高教育质量，培养更多更好的创新型人才，是建设人力资源强国的迫切任务。其次，提高教育教学质量是教育改革发展的核心任务。提高教育教学质量是教育事业的永恒主题，是办好人民满意教育、建设人力资源强国的关键。最后，提高教育教学质量是努力满足人民群众“上好学”的要求的关键。随着知识经济和科技创新的迅猛发展，随着人们对教育价值认识的提高，人民群众已不再满足于一般意义上的“有学上”，而是努力追求“上好学”，追求更优质的教育。

遵循以提高教育教学质量为中心的原则进行教育督导，要求教育督导人员深入教育教学实践，借助实地考察、访谈、听取汇报等手段进行摸底，努力发现教育教学中存在的问题，科学诊断原因，进而向政府、教育行政部门和学校提出改进教育教学质量的对策建议。

（四）督政与督学并重的原则

督政与督学并重的原则是指在教育督导实践中，要坚持督政与督学的相互结合，高度重视督政工作和督学工作，以此保证教育方针、政策的贯彻执行，促进教育事业的科学发展。“督政”与“督学”是我国教育督导的两大职能，是教育督导机构及督学肩负的双重任务。坚持督政与督学并重，在我国有着重要的实际意义。

首先，政府是教育投入的主体，督政工作到位了，有助于促进政府加大对教育的投入力度，为学校办学质量的提高奠定物质基础，创设良好的教育发展环境。反之，督政工作不到位，学校的办学条件可能难以及时改善，学校工作的正常运转可能会受到不利影响；其次，督学工作做好了，学校才能依法规范办学，提高学校管理水平和教育教学质量，赢得社会的认可和支持，发挥教育的社会效应。因此，只有坚持督政与督学并重，监督政府和学校依法履行教育职责，才可以为教育和学校自身创造良好的大环境，形成教育的良性循环。

在教育督导实践中，坚持督政与督学并重的原则进行教育督导，要求我们“两手都要抓，两手都要硬”，本着全面负责的态度，高标准、严要求地分别抓好督政与督学工作，做好督政与督学工作的相互协调、相互配合，共同促进我国教育教学质量的提高，并朝着优质教育的方向迈进。

（五）监督与指导并重的原则

监督与指导并重的原则是指教育督导机构通过监察督促教育作为，帮助、指导下级政府、行政部门和学校积极、准确、有效地贯彻落实国家的教育方针和政策，完成教育教学、管理等方面的工作。教育督导的过程既包含监督的内容，也包含指导的因素。无论是督政还是督学，其最根本的功能就是检查鉴定和指导改进两个方面，二者相互联系。检查鉴定功能是实现指导改进功能的前提和基础，指导改进是为了更充分地实现检查鉴定的功能，完成检查鉴定结果的转换。从实践的角度来看，监督与指导并重的原则是教育督导实践的必然要求，它主要体现在两个方面。首先，监督和指导是督导活动中的两项重要内容，其目的是一致的。无论监督还是指导，都是为了使被督导对象能更好地贯彻执行国家的方针政策、法律法规，促使政府教育行为、教育行政行为和学校教育教学行为的合法化、规范化，促进教育事业健康发展。其次，监督是指导的前提。监督与指导不能截然分开。没有监督，就谈不上专业的指导；没有指导，监督也就失去了意义。当督导人员在监督过程中发现被督导对象故意甚至恶意违反国家教育法律和法规的情况时，必须予以明确指出，并向有关主管部门提出惩处的建议，要求和指导督导对象予以纠正。当督导人员在监督过程中发现督导对象能够达到更高的教育发展水平或有好的工作经验的时候，应当提出促使教育和学校工作达到更高发展水平的指导建议。当督导人员在监督过程中发现督导对象在执行国家法律法规的时候有好的经验，应当指导他们认真总结经验。

在具体的教育督导实践中，必须坚持监督与指导并重的原则。教育督导人员既要对被督导对象贯彻落实国家教育方针、政策、法律、法规情况进行监督，又要根据不同情况进行具体指导，同时多换位思考，多沟通，以法、以理服人，以情感人，那么就不会被视为“铁面孔”，而会受到欢迎，工作推行起来也会非常顺利。

（六）实事求是、客观公正的原则

坚持实事求是、客观公正的原则是指教育督导机构和人员应依据教育法律、法规、方针、政策等标准，从教育、教学、管理工作的实际出发，规范有序地开展教育督导，确保做出客观的评估结果。实事求是、客观公正，是对事物发展规律不懈探求，努力找出事物的本质规律，坚持按照规律办事的科学态度。这是中国共产党倡导的马克思列宁主义理论和实践统一的科学态度和作风，是辩证唯物主义认识论的灵魂。

在具体的教育督导实践过程中，应努力做到以下两点：首先，注意具体的教育调查研究，使主观尽可能地符合客观现实需要，达到主客观的统一；其次，一切从实际出发，老老实实按照教育的发展规律和具体情况办事。实事求是、客观公正的原则是我们开展一切工作必须遵循的原则。督学既是监督者，也是被监督者。因此，从这一原则出发，每个督学都应做到坚持原则，公道正派，敢于讲真话、报实情。教育督导人员要尊重实践，尊重被督导的单位和个人，虚心向他们学习，善于听取不同意见，发挥正确的指导作用；同时还要做到严于律己、廉洁自律，成为教育工作者的楷模。

第二节 教育督政

督促地方政府切实履行教育职责，是推进教育事业发展的重要手段。我国历来重视对地方政府的督导，并逐步形成了一套稳定、有效的教育督导制度与监督机制，这是我国当代教育督导制度的显著特色。

一、教育督政概述

（一）教育督政的概念

“教育督政”简称为“督政”。关于督政，有两种典型观点。首先，政府与职能部门说。该观点从督政职能的角度出发，认为“督政”包括对政府及其有关职能部门的督导检查。政府及其教育、财政、计划、城建等有关政府职能部门都是教育督政的具体对象。① 其次，政府说。该观点从督政对象的角度出发，认为“督政”专指对政府的督导检查。在督导检查时，要求教育、财政、计划、城建等有关政府职能部门接受检查并进行专题汇报，是为了了解政府对教育全局的领导、管理状况，“督政”的对象只能是各级政府，各有关职能部门特别是教育主管部门只是作为政府履行教育管理职能部门来一起接受督导检查，各职能部门并不是督导检查的直接对象。②

将这两种典型观点做对比，政府与职能部门说显得很具体，便于认识和理解，而政府说相对比较抽象，但却直指主题。《教育督导条例》第 2 条明确规定：“教育督导包括县级以上人民政府对下级人民政府落实教育法律、法规、规章和国家教育方针、政策的督导。”由此可以看出，“督政”的对象和客体是下级各级人民政府，“督政”的主体是上级人民政府，教育督导机构是依法成立的独立行使政府“督政”职能的专门机构，教育督政是对下级人民政府落实教育法律、法规、规章的监督、检查、评估、指导，保障国家有关法律、方

①② 袁振国. 中国教育政策评论：2003 [M]. 北京：教育科学出版社，2003：43.

针、政策的贯彻执行和教育目标的实现。当前，我国实行的是以县为主的教育管理体制，国家教育方针、政策以及法律、行政法规的贯彻，教育改革发展的进程与办学质量和效益的提升，从根本上说，在很大程度上都取决于地方政府，特别是县级政府对教育工作的重视程度；而教育主管部门只是政府的职能部门，如果政府缺少“百年大计、教育为本”“教育优先发展”的理念，缺乏对教育事业的高度重视、坚强领导和优先支持，没有为教育提供足够的经费、师资，没有为教育营造良好的社会环境等条件，教育主管部门任何努力的成效都是极其有限的。

所以，各级人民政府是决定教育事业能否优先和健康发展的关键。为此，督政就是指政府教育督导组织依照国家有关的教育法律、行政法规，对地方人民政府履行教育领导、管理和发展教育事业的职责和在教育领域依法行政的情况所实行的行政监督。

从这一概念的界定可以看出，督政包括四方面的内涵：第一，督政是对地方各级人民政府履行教育领导、管理责任的监督行为；第二，督政在性质上是上级人民政府对下级人民政府履行教育管理职责的行政监督；第三，督政的重点对象是地方各级人民政府依法领导和管理教育事务的行为；第四，督政的内容不仅包括政府应当承担的教育工作职责，也包括政府的教育行政行为，以保证教育行政依法进行。

（二）我国教育督政的发展历程

教育的改革与发展离不开各级政府的领导与支持，对地方政府实施督导是世界教育督导的普遍做法。世界各国都成立了专门的教育督导组织实施督政。例如，英国于 1993 年 9 月成立了专门的国家教育督导机构——教育标准局，其督政工作主要体现在对地方教育局的评估上。督政的内容主要包括：推动地方教育局帮助学校提高教育经费的使用效益，监督地方教育局帮助学校提高教育质量等。

我国教育督导制度的特点重在“督政”。督政与督学相结合，是我国教育督导的显著特色。

教育督政的出现具有深厚的政策法律背景。在我国，全国人民代表大会以及地方各级人民代表大会是国家或地方各级最高权力机关，国务院或地方各级人民政府是国家或地方各级最高权力机关的执行机关和最高行政机关，承担着领导、管理国家或地方行政事务，包括发展教育事业、举办学校等责任。国务院或地方各级人民政府在履行教育领导、管理和发展教育事业、举办学校的职责方面表现得如何，依靠国家或各级权力机关的依法监督，从这个意义上讲，教育督政源于宪法。

1986 年，我国颁布实施《中华人民共和国义务教育法》，明确规定，义务教育的发展责任主要由地方各级政府承担，主要包括教育经费投入、办学条件的改善、师资配备以及教师待遇等。这就为督促和检查地方各级政府执行和落实国家有关教育的法律、行政法规和相关政策，提供了明确的法律依据，政府开始成为教育督导的重要对象。1986 年 9 月发布的《国务院办公厅转发国家教育委员会等部门关于实施义务教育法若干问题意见的通知》，在第三十四条中明确指出："国家和地方逐步建立基础教育督学（视导）机构，负责对全国或本地区范围内义务教育的实施进行全面的视察、督促和指导，并协同当地人民政府处理有关实施义务教育的各项问题。"这一规定明确了建立基础教育督学机构，虽然没有明确该机构对政府的督导职责，但是由于地方政府是义务教育的办学主体，因此对政府的督导是教育督导的应有之义。

为保障"两基"目标的实现，1993 年 2 月，中共中央、国务院颁布的《中国教育改革和发展纲要》指出，要建立义务教育的检查、监督和奖励制度。国家教委决定，从 1993 年起建立对普及九年义务教育和扫除青壮年文盲县（市、区）进行评估验收的制度。"两基"督导检查和评估验收工作成为 20 世纪 90 年代教育督导工作的首要任务。

2006 年 6 月，第十届全国人大常委会第 22 次会议修订了 1986 年我国颁布实施的《义务教育法》。新版《义务教育法》第 8 条明确规定："人民政府教育督导机构对义务教育工作执行法律法规情况、教育教学质量以及义务教育均衡发展状况等进行督导，督导报告向社会公布。"该法律针对义务教育，明确了督导机构是政府履行教育督导责任的专门职能机构，在全国统一和提升了教育督导机构的地位，为政府开展对下级教育的"督政"提供了组织保证。

2012 年，为贯彻落实《教育规划纲要》，进一步健全我国教育督导体制，国务院正式成立"国务院教育督导委员会"。其承担的职责主要有研究制定国家教育督导的重大方针、政策；审议国家教育督导总体规划和重大事项；统筹指导全国教育督导工作；聘任国家督学；发布国家教育督导报告。国务院教育督导委员会的成立，标志着我国政府教育督导工作进入了新的历史阶段。

2014年2月，国务院教育督导委员会办公室印发《深化教育督导改革转变教育管理方式的意见》，明确提出，教育督导工作目标包括“督政”、“督学”和“评估监测”，并把“做好义务教育均衡发展督导工作”作为“督政”的重要内容之一。同时，该意见要求各级政府高度重视教育督导改革工作，将其列入重要议事日程，“尽快组建各级人民政府教育督导委员会及办公室”。从此，督政迈上了具体实施的新台阶。

回顾上述历史不难看出，督政是我国教育发展，特别是义务教育发展的必然产物，对我国“普九”“两基”工作的顺利完成起到了重要作用。近年来，义务教育均衡发展和提高高等教育质量成为我国教育发展的重点工作，督政也必然随之发展并不断完善。

二、教育督政的主要内容

教育督政是上级政府对下级政府落实教育法律、法规、方针、政策等的督导，从这个意义上讲，教育督政的内容丰富多样。根据《教育督导条例》第三章“督导的实施”中提到的教育督导事项，我们将教育督政的主要内容分为三点：各级各类教育的规划布局、协调发展等情况；义务教育普及水平和均衡发展情况；法律、法规、规章和国家教育政策规定的其他事项。

（一）各级各类教育的规划布局、协调发展情况

教育规划布局是政府或教育行政部门站在全域战略发展的高度，为适应新的发展趋势而做出的科学调整。教育规划布局是一个持续的、动态的过程，对各级各类教育规划布局、协调发展情况的教育督导工作也就不能间断。国务院办公厅发布的《关于规范农村义务教育学校布局调整的意见》专门就开展农村义务教育学校布局调整专项督查进行了规定，要求省级人民政府教育督导机构要对农村义务教育学校布局是否制订专项规划、调整是否合理、保障措施是否到位、工作程序是否完善、村小学和教学点建设是否合格等进行专项督查，并向社会公布督查结果。

随着我国教育事业的不断发展，优质教育资源的短缺与广大人民群众日益增长的高质量教育需求之间的矛盾越来越突出，加之学校原有的布局不够合理，教育质量和办学效益低下，科学合理配置教育资源，对教育资源进行重新规划布局就成为必然趋势。当前，教育督导部门对各级各类教育规划布局、协调发展情况进行教育督导，有其鲜明的时代意义。教育督导部门对教育规划布局、协调发展情况进行督导，有利于统筹整合教育资源、缓解和消除教育资源不足的问题，有利于促进教育优质协调发展、办好人民满意的教育。

（二）义务教育普及水平和均衡发展情况

《义务教育法》规定，我国实行九年义务教育制度。自20世纪80年代至20世纪末，围绕普及九年义务教育工作，我国采取了各种措施，其中一条就是建立健全教育督导制度。各级政府建立健全了普及九年义务教育的督导评估制度和机制，通过建立教育督导机构，广泛开展“普九”评估验收工作，推动了“普九”目标的实现。为全面普及和巩固义务教育水平，推进西部地区“两基”目标实现，我国制订了《国家西部地区“两基”攻坚计划（2004—2007年）》。该计划提出“到2007年，西部地区整体上实现‘两基’”的宏伟目标。由此，西部地区“两基”攻坚计划的实施和“两基”攻坚县的督导验收成为国家教育督导部门督导工作的重点。伴随着义务教育由普及到全面普及，再到巩固提高，教育督导部门的督导作用越来越凸显。

对义务教育均衡发展情况进行教育督导，是依法治教的要求，是落实党和国家政策文件的客观需要，是推进义务教育均衡发展的制度保障。《义务教育法》第八条规定：“人民政府教育督导机构对义务教育工作执行法律法规情况、教育教学质量以及义务教育均衡发展状况等进行督导，督导报告向社会公布。”《国务院办公厅关于开展关于国家教育体制试点的通知》明确提出“建立健全义务教育均衡发展督导、考核和评估制度”；《国务院关于深入推进义务教育均衡发展的意见》提出“加强对义务教育均衡发展的督导评估工作”。按照教育部《县域义务教育均衡发展督导评估暂行办法》的要求，继续做好县域义务教育均衡发展督导认定，加快推进义务教育均衡发展，将是我国未来一段时间的重点工作内容。

（三）法律、法规、规章和国家教育政策规定的其他事项

除各级各类教育规划布局、协调发展情况，义务教育的普及水平、均衡发展情况外，我国法律、法规、规章和国家教育政策规定的其他事项也是教育督政的重点内容。在我国，政府是教育投入的主体，对政府教育投入的教育督导是督政的重要内容。如《义务教育法》规定："国务院和地方各级人民政府用于实施义务教育财政拨款的增长比例应当高于财政经常性收入的增长比例，保证按照在校学生人数平均的义务教育费用逐步增长，保证教职工工资和学生人均公用经费逐步增长。"为此，教育督导部门把县级政府教育经费的保障情况作为教育督政关注的重点内容。

三、教育督政的实施

"督政"的职能可以通过两种形式来实现。第一种形式是配合全国人大对有关的教育法律的执行情况进行监督、检查。第二种形式是教育督导单独进行。教育督导是受同级政府的委托，根据教育法律、教育政策以及教育事业的规划等对下级政府及其教育行政部门的执行情况进行检查、监督①。根据督导工作的目的和要求的不同，督政又可以细分为专项督导和综合督导。

（一）专项督导

1. 专项督导概述

专项督导是依据国家有关教育的方针政策、法律法规和教育目标，由县级以上人民政府委托教育督导机构组织，有计划地对下一级人民政府进行局部、单项的专题监督、检查、评估指导活动。《教育督导条例》第十四条规定，"县级以上人民政府对下一级人民政府应当每5年至少实施一次专项督导或者综合督导"。可见，专项督导的主体是县级以上人民政府，具体实施者是教育督导机构，督导的对象主要是下一级人民政府，督导的内容是教育行政行为。专项督导最大的特点是"专"。

专项督导在内容设计与安排上要服务于教育改革与发展的大局，服从政府

① 金一鸣."督政"与"督学"相结合——具有中国特色的我国教育督导制度［J］.徐州师范大学学报：哲学社会科学版，2004，30（2）：120—124.

的教育决策，加强对教育方针政策、法律法规执行的监督力度。专项督导的主要参考依据有：一是事业发展规划；二是年度教育工作的任务和目标；三是当地政府和教育行政部门提出的要求；四是上级督导部门提出的要求。

专项督导的主要内容一般包括三个方面。(1) 教育重点工作。专项督导不能面面俱到，在安排工作时要突出重点，以推进重点工作目标的实现，带动全局工作任务的完成。(2) 教育改革与发展中的难点问题。对困扰教育改革与发展中的热点、难点问题要区别对待，有的专项督导进行一次就可以，有的则需要经常开展。(3) 教育工作中的薄弱环节。

此外，在某些时候，专项督导督政的任务可由国家下达。国务院教育督导委员会办公室于2014年2月下发的《教育重大突发事件专项督导暂行办法》第四条规定："国务院教育督导委员会办公室负责对各地开展教育重大突发事件专项督导工作进行统筹协调指导，并组织实施特别重大教育突发事件专项督导。"这实际上明确规定了针对涉及教育的重大突发事件的专项督导由国家组织实施。

2. 专项督导的程序

根据《教育督导条例》的精神，在督导过程中应该遵循一系列基本程序。

(1) 制订督导方案

①事先确定督导事项，成立督导小组。督导小组由3名以上督学组成。教育督导机构可以根据需要联合有关部门实施专项督导，也可以聘请相关专业人员参加专项督导活动。

②发出书面督导通知。教育督导机构实施专项督导，应当事先向被督导单位发出书面督导通知。

(2) 组织自查自评

①被督导单位组织自评。被督导单位应当按照要求进行自评，并将自评报告报送教育督导机构。

②督导小组审核被督导单位的自评报告。

(3) 现场考察

督导小组对被督导单位进行现场考察，征求公众对被督导单位的意见，并采取召开座谈会或者其他形式专门听取学生及其家长和教师的意见。

(4) 反馈与整改

①形成初步督导意见。督导小组对被督导单位的自评报告、现场考察情况和公众的意见进行评议，形成初步督导意见；督导小组向被督导单位反馈初步督导意见，被督导单位可以进行申辩。

②发布督导意见书。教育督导机构应当根据督导小组的初步督导意见，综合分析被督导单位的申辩意见，向被督导单位发出督导意见书。督导意见书应当就督导事项对被督导单位做出客观公正的评价；对存在的问题，应当提出限期整改要求和建议。

③被督导单位整改。被督导单位应当根据督导意见书进行整改，并将整改情况报告教育督导机构。

④教育督导机构核查被督导单位的整改情况。

(5) 报告督导结果

①提交督导报告。专项督导结束，教育督导机构应当向本级人民政府提交督导报告；县级以上地方人民政府负责教育督导的机构还应当将督导报告报上一级人民政府教育督导机构备案。

②向社会公布督导报告。县级以上人民政府或者有关主管部门应当将督导报告作为对被督导单位及其主要负责人进行考核、奖惩的重要依据。

(二) 综合督导

1. 综合督导概述

《教育督导条例》第十四条规定："县级以上人民政府对下一级人民政府应当每5年至少实施一次专项督导或者综合督导；县级人民政府负责教育督导的机构对本行政区域内的学校，应当每3—5年实施一次综合督导。"可见，综合督导是依据国家有关教育的方针政策、法律法规和教育目标，由县级以上人民政府或教育督导机构组织，有计划地对下一级政府或者一所学校的教育工作进行全面系统的监督、检查、评估、指导活动，其内容广泛，涉及面宽，指标具体、完整，时间较长，空间较广。

国务院教育督导委员会将"建立地方政府履行教育职责督导制度，开展对地方政府统筹规划、政策引导、监督管理和提供公共教育服务等履行教育职责情况的综合督导"，"积极开展对各级各类学校教育教学质量、办学条件、规范办学行为和实施素质教育的督导评估”作为新时期深化教育督导改革，转变教育管理方式的重点工作。因此，做好对下级人民政府、各级各类学校或教育机构的综合督导是各级政府教育督导机构的重要任务。

综合督导是对一个地区教育工作、学校的全部工作进行督导。因此，综合督导包含的内容繁多，凡是国家法律、法规、行政规章规定的内容大多需要涉及，如在对学校开展的综合督导中，就要包含对学校管理、课堂教学、德育、体育卫生、劳动技术教育、后勤保障工作、校园建设、教育教学质量等方面进行督导的内容。

2. 综合督导的程序

综合督导和专项督导的基本程序一致，具体内容见专项督导的程序。

第三节 教育督学

督学的历史较为久远，发展较为成熟。从教育督导实施的角度来看，它是指对教育教学进行监督、检查、指导和评价等。科学、规范和准确的督学工作，有利于发现、诊断与改进教育教学问题，提升学校管理的科学化。督学的实施，需要在督导前、督导中和督导后进行统筹规划、全面推进。

一、教育督学概述

（一）教育督学的概念

教育督学简称“督学”。关于督学，目前至少有两种解释。一方面，督学作为名词，它是行使教育督导的职权、执行教育督导任务的人员的总和，或是政府中与教育的行政机关监督有关的一种职务①。概言之，督学是教育督导机构中从事教育督导工作、执行教育督导任务的有关人员。② 另一方面，督学作

① 国家教育督导团办公室. 现代教育督导原理［M］. 北京：中国青年出版社，2003：158.

② 朱琦，杨辛，蔡雯卿. 问题与探析：当代教育督导研究［M］. 天津：天津教育出版社，2006：58.

为动词，是指依据教育法律法规对下级教育教学工作进行监督、检查、指导、评价。本节的“督学”主要作为动词来理解和应用。

教育督学是以学校及其他教育机构为主要对象而开展的一种教育督导活动。《教育督导条例》规定：“教育督导包括县级以上地方人民政府对本行政区域内的学校和其他教育机构（以下统称学校）教育教学工作的督导。”这是开展教育督学活动的基本依据。教育督学关注的是具体的教育教学实践活动，是宏观理念指导和政策要求下的实践监督、检查、指导、评价活动。教育督学既要关注开展学校教育教学实践活动的基本前提条件，如学校的校舍、教学场地、教学设备设施、教学仪器等基本办学条件的配置和教师的数量、学历、学科结构等，又要关注具体的育人活动。从关注办学条件来看，其目的是通过督学检验督政的效果，通过督学为督政提供基本依据。从关注具体的育人活动来看，则要求参加督导活动的人员对学校管理和教育教学活动做出及时、科学的判断，并为学校管理人员和教师提供相应的专业指导。因此，教育督学要求参加督导的人员必须懂得教育教学规律，有丰富的教育教学经验，能够深入课堂对教师的教学进行评估和指导，对学生的学习进行指导，以教育专业人员的身份开展工作。

（二）督学是世界教育督导的普遍性做法

督学是教育督导的重要组成部分，对于促进教育质量提升具有重要意义。世界各国都对督学十分重视。在俄罗斯、荷兰、西班牙，教育督导的范围从小学一直到大学；在法国，教育行政总督学督导的范围涵盖了从学前教育到高等教育的所有学校，而教育总督学主要侧重对基础教育的督导；在英国，教育标准局督导的主要范围是中等及以下教育，高等教育由其他机构负责评估。我国教育督导的范围从小学一直到大学，现阶段尤以义务教育为重。

在国外，教育督导发展的历史较为久远，督学发展较为成熟。英国政府早在 1839 年，就根据当时的教育法案设立了皇家督学团，开始了对学校的督导。督导评估的内容主要涉及九个方面：学校领导与管理，教职员工，校舍与设备，学生的成绩与进步、学生的态度与表现，学生出勤情况，教学，学生在精神、道德和社会文化方面的发展，学校与家长、社区的合作，课程设置与评估。

我国的督学发展也有着长久的历史。我国督学发展的历史可追溯到西周时期。在古代，统治阶级为了加强对教育（包括学堂、私塾等）的治理，常常指派官员、知名人士到辖区巡视，了解实际，督查各地执行官府指令的情况，并使官员等代表官府或长官发出指示，责问相关人员，把巡视了解的重要情况直接向官府及长官报告。

真正意义上开始出现“督学”这个称谓，是在民国时期。民国政府为加强对国民教育的治理，监督各地办教育的情况，专门指派了督学，代表政府对辖区的教育进行巡视和督查。据有关资料介绍，民国时期对督学的资格要求是很高的，督学必须由当地德高望重、学术造诣很高的人士来担任，因此，督学被赋予的权利和责任都不小。这些督学可以代表一级政府问责下级政府办教育的情况，提出意见，对于违背上级指令的做法，督学可要求立即纠正，并视情况报请本级政府采取相应措施，等等。据说下属官员既怕上级官员前去巡视，更怕上级督学前来督查，这从一个侧面说明了督学在当时所起的重要作用。

新中国诞生以后，党和国家十分重视发展教育事业，重视对教育的管理和监督，采取了许多行之有效的措施强化对教育的监督力度，有效地促进了整个教育事业的不断发展。从 20 世纪 80 年代开始，各级政府部分恢复或者新设立了教育督导员或督导室，有专人负责从事教育督导工作；由当地政府任命的督导人员经常下去对教育进行督察督导，有效地推动了各地教育事业的健康发展，不断得到人们的认可和支持。

二、教育督学的主要内容

督学的根本任务是督导学校全面贯彻党的教育方针，依法依规办学，全面实施素质教育，切实提高教育质量。根据《教育督导条例》的规定，我国教育督学的主要内容包括以下两点。

第一，学校实施素质教育的情况，教育教学水平、教育教学管理等教育教学工作情况。素质教育是个系统工程，需要精心设计和科学规划，这是学校办学的方向。现阶段对中小学实施素质教育、教育教学水平、教育教学管理等教育教学工作情况的督导评估，有利于探索、建立并完善素质教育督导评估工作的程序、方法，摸清中小学实施素质教育的状况，发现教育、教学、管理工作方面的问题，从而能够进行科学诊断，提出改进教育教学、管理的针对性策略；同时，还可以发现典型经验，及时进行总结推广，促进中小学教育的正常健康发展。

第二，校长队伍建设情况，教师资格、职务、聘任等管理制度建设和执行情况，招生、学籍等管理情况和教育质量，学校的安全、卫生制度建设和执行情况，校舍的安全情况，教学和生活设施、设备的配备和使用等教育条件的保障情况，教育投入的管理和使用情况。

三、教育督学的实施

《教育督导条例》第十三条规定："县级人民政府负责教育督导的机构应当根据本行政区域内的学校布局设立教育督导责任区，指派督学对责任区内学校的教育教学工作实施经常性督导。"可见，经常性督导是一种不定期的、常规的督导，是教育督学开展工作的主要形式。与此同时，国务院教育督导委员会办公室印发的《中小学校责任督学挂牌督导办法》明确规定："为区域内每一所学校设置责任督学，对学校进行经常性督导。"由此可见，经常性督导主要是通过划分督学责任区，以责任督学挂牌督导的形式来开展工作。

（一）督学责任区

2012 年 5 月，为贯彻落实《教育规划纲要》，进一步健全教育督导制度，推进教育督导改革创新，督促和引导普通中小学校贯彻执行教育法律、法规、规章和国家教育方针政策，规范学校办学行为，提高教育教学质量，教育部出台了《关于加强督学责任区建设的意见》。

加强督学责任区建设，是落实教育规划纲要"坚持督政与督学并重"的要求，推动"督学"工作制度化、常态化，加强对中小学校工作监督与指导的重要措施，有利于及时了解和掌握中小学校的工作状况，发现存在的问题和不足，指导和督促中小学校规范办学行为，提高教育教学质量。

按照"因地制宜、分级负责、全面覆盖、推动工作"的原则，在省、市、县三级分别设立督学责任区。地方各级教育督导部门要根据本行政区域内中小学校的布局情况和在校生人数，从"督学"工作的实际出发，合理确定督学责任区数，一个责任区内的学校数一般应控制在 20 所以内，并应覆盖所有中小学校，确保督导工作质量。省级督学责任区由省级教育督导部门设立。市、县两级督学责任区分别由市、县级教育督导部门设立。

（二）挂牌督导

挂牌督导是指县（市、区）人民政府教育督导部门为区域内每一所学校设置责任督学，对学校进行经常性督导。挂牌督导是我国近两年颁布实施的一项重要制度。2013 年 9 月 17 日，在国务院教育督导委员会办公室印发的《中小学校责任督学挂牌督导办法》中，挂牌督导作为转变政府管理职能、加强对学校监督指导的重要举措，进入人们的视野。截至 2014 年底，全国各县（市、区）普遍建立了中小学校责任督学挂牌督导制度，96%以上的中小学校实现挂牌督导，推动了教育督导工作的经常化、制度化。开展挂牌督导，有利于延伸教育督导的触角，及时发现和解决学校改革发展中出现的问题，推动学校端正办学思想，规范办学行为，实施素质教育，提高教育质量，实现内涵发展。

第四节　教育评估监测

教育评估监测是通过各种形式收集有效信息，并依此做出相应调整，保证教育目标的最终达成的活动。科学的评估监测是有效开展督政、督学工作的前提和基础，是教育督导体系的有机组成部分。现阶段的教育评估监测主要包括教育事业发展监测以及学业质量监测等。委托社会组织开展教育评估监测，关键在于强化评估监测工作的每个环节。

一、教育评估监测概述

（一）教育评估监测的概念

教育评估的历史悠久，在中国其渊源可以追溯到从隋朝开始的科举考试制度。封建社会的科举考试制度是我国教育评估的先河①。从 20 世纪 80 年代中

① 刘尧，傅宝英. 中国高等教育评估的回顾与展望 [J]. 高等理科教育，2006，(5)：4—7.

后期开始，在系统引进和学习国外教育评估理论和经验的基础上，我国的教育评估理论和实践活动获得长足发展，先是在高等教育阶段开展了以教学评估为主的教育评估，近几年又在基础教育阶段开展了以教育质量为主的教育评估。可以说，从 1986 年“镜泊湖会议”开始，我国的教育评估经过近三十年的发展，已经初步形成多层次、多类型的中国特色教育评估体系，教育评估工作更加规范化、制度化和专业化。

近年来，教育评估监测工作日益得到各国政府和教育部门的重视。各国纷纷把教育评估监测纳入常规工作，并上升为政策要求。目前国内关于评估监测“是什么、为什么、怎么样”等基本问题的研究还很少，系统介绍评估监测的文献多是对高等教育领域的探讨①。对于评估监测的定义，需要从评估和监测两个基本单元来分析。就字面意思而言，评估监测是“评估”与“监测”两个概念的组合。在教育领域中，评估是对教育结果是否实现预期目标做出的一种估计性判断，而监测是对教育过程、结果等要素的收集和动态追踪。评估指向教育结果，而监测更多指向教育过程。评估与监测的内涵虽然不同，但现实中却相互联系：评估常常借助监测手段收集信息，监测过程也常常会伴随一些评估判断。

“评估监测”是一个整体概念，它不是“评估”和“监测”两者简单汇总，而是“评估”和“监测”意义的有机整合。教育评估监测是通过对教育活动、过程以及结果等各种要素的持续收集和动态追踪，获得教育活动开展的准确信息，并依此做出调整，从而保证教育目标最终达成的活动。教育评估监测的范畴有广义和狭义之分。广义的教育评估监测，涉及各级各类教育的方方面面，正如美国学者桑代克 1904 年在其著作《心理与社会测量导论》中所说的那样：“凡存在的东西都有数量，凡有数量的东西都可以测量。”广义的教育评估监测主要包括教育事业统计监测、教育质量监测、教育现代化监测、教育满意度监测、义务教育均衡发展监测等。狭义的教育评估监测专指对学生的知识、能力、体质、心理、品德等进行的监测，如学生学业发展水平监测、营养健康状况监测、体质健康监测等。

---

① 王战军，王永林. 监测评估：高等教育评估发展的新图景 [J]. 复旦教育论坛，2014，12 (2)：5—9.

（二）教育评估监测的特征

教育评估监测主要具有以下几个基本特征。

1. 科学性

科学性是指评估监测的过程和结果要有效准确。它是教育评估监测的基本准则之一。科学有效的教育评估监测，能够给教育管理和决策者提供及时准确的信息，有利于教育目标的高效完成。作为一种预估性的价值判断，教育评估监测在其发展过程中，饱受外界质疑①。人们对事实判断的科学性和科学化毫无疑义，却对价值判断的科学性与科学化一直心存疑惑②。怎样开展评估监测才是科学有效的，很多学者对此提出了自己的观点。有学者提出要通过开展元评估来实现对评估的质量鉴定③，有学者指出通过增强评估的影响力来激发对评估绩效的研究，进而提高评估的科学性④。

2. 专业性

教育评估监测的专业性包括评估监测机构、人员和活动开展的专业性。机构的专业性是指评估监测机构应专门从事评估监测工作；人员的专业性是对评估监测人员的特殊要求。专业人员熟悉评价理论和实践，明了评价所涉及的价值需求和问题导向⑤。监测评估强调要把外部评估专家、教育管理者、高校内部人员、用人单位等所有的利益相关者作为评估的主体参与其中，强调各评估主体之间的平等交流、共同建构、互动协商⑥。活动的专业性是指评估监测活动要依靠专业人员、专业理论或技术、专业工具、专业规程来开展。

3. 即时性

即时性是指教育评估监测具有及时发现、及时整改的特点。美国教育评价专家斯塔弗尔比姆认为："评价最重要的意图不是为了证明（prove），而是为

① 徐吉志. 拷问教育评估的有效性［J］. 教育测量与评价：理论版，2010，(3)：62—63.

② 刘尧. 论教育评价的科学性与科学化问题［J］. 教育研究，2001，(6)：22—26.

③ 田腾飞，刘任露. 元评估——教育评估专业化发展之必需［J］. 外国教育研究，2014，41 (6)：111—119.

④ 赵立莹. 有效性诉求：美国教育评估研究发展的内在动力［J］. 大学：研究与评价，2009，(1)：58—62.

⑤ 李雁冰. 论教育评价专业化［J］. 教育研究，2013，(10)：121—126.

⑥ 王战军，王永林. 监测评估：高等教育评估发展的新图景［J］. 复旦教育论坛，2014，12 (2)：5—9.

了改进（improve）。”[①] 我国在教育评估监测结果的使用上，非常重视评估结果，强调“四促”（以评促建、促改、促管、促发展）[②]。评估监测通过对要素信息的跟踪调查，能够及时掌控教育活动的开展情况，及时发现并修正教育活动与预期教育目标之间的偏差，分析教育活动成败的原因，提出改进措施建议，及时补救。

（三）教育评估监测是教育督导体系的有机组成部分

党的十八大以来，推进教育治理体系与治理能力现代化，成为全面深化教育改革、提高教育质量的战略目标。党的十八届三中全会做出了深化教育领域综合改革的决定，明确要求“强化国家教育督导，委托社会组织开展教育评估监测”。与之相对应，国务院教育督导委员会办公室印发的《深化教育督导改革转变教育管理方式的意见》指出要“建立督促地方政府依法履行教育职责的督政机制、指导各级各类学校规范办学提高教育质量的督学体制、科学评价教育教学质量的评估监测体系，形成督政、督学、评估监测三位一体的教育督导体系”。由此，教育评估监测作为教育督导的“一员”首次被政策文件定格在教育督导体系中，成为教育督导体系的有机组成部分。

评估监测作为管办评中的重要环节之一，旨在通过持续收集、动态跟踪要素信息，获得有效信息，为教育科学决策、教育目标的最终达成提供科学依据，对于改进政府教育管理和学校规范办学行为具有引导性和基础性作用，有利于增强教育决策的科学性、学校管理的针对性和有效性。建立健全各级各类教育质量监测指标体系，完善基础教育质量监测标准和工具，科学规范开展教育质量监测工作，将是今后一段时间内加强我国教育管理工作的重要内容。

（四）教育评估监测是督政、督学的重要手段和方法

教育评估监测是督政和督学的重要手段和方法，这是由督政、督学的任务目标所决定的。我国教育督政、督学的主要工作目标，就是充分保障教育法律、法规、规章和国家教育方针、政策的贯彻执行，实施素质教育，进而提高

---

① 瞿葆奎，陈玉琨，赵永年. 教育学文集：教育评价［M］. 北京：人民教育出版社，1989：298.

② 袁益民. 教育评估理论与实践：概念、构念和理念的中外比较（下）［J］. 高教发展与评估，2011，27（2）：28—30，79.

教育质量，促进教育公平，推进教育事业科学发展。作为发现问题的手段，科学的评估监测能够为督政、督学工作的开展提供重要的内容启示和方法论指导，为开展督政、督学提供重要抓手，从这个意义上讲，教育评估监测是有效开展督政、督学工作的前提和基础，与督政、督学相互支持，相得益彰。

我国教育评估监测工作近年来被提高到教育科学决策的高度，受到了党和国家的高度重视。《教育规划纲要》明确指出，要“建立教育质量监测、评估体系，定期发布测评结果等”。2013 年 11 月，党的十八届三中全会做出的《中共中央关于全面深化改革若干重大问题的决定》，指出要“委托社会组织开展教育评估监测”，评估监测工作被视为“推进教育管办评分离”的重要改革。2014 年，国务院教育督导委员会办公室印发《深化教育督导改革转变教育管理方式的意见》，指出“建立教育督导部门归口管理、专业机构提供服务、社会组织多方参与的专业化教育质量评估监测体系，对各级各类教育进行科学、系统、权威的评估监测，为改进教育教学、管理、决策提供依据和支撑”。由此看出，教育评估监测机构归教育督导部门管理，开展教育评估监测工作需要凝聚各方面的专家力量。至此，教育评估监测的性质要求被确立下来。

二、教育评估监测的主要内容

教育评估监测工作是一个系统工程。教育评估监测工作的开展，需要事先确定以下三个问题：谁来监测——“监测主体”、监测谁——“监测对象”、监测什么——“监测内容”。评估监测工作的专业性，决定了教育评估监测的主体须是专业的评估监测组织机构；评估监测的对象不确定，它可以是监测主体自身，也可以是任何监测对象；评估监测的内容涉及多个方面，教育领域的现象和问题纷繁复杂，教育评估监测的内容也就多种多样。现阶段开展的教育评估监测主要有两种，一种是教育事业发展评估监测，另一种是学业质量监测。

（一）教育事业发展评估监测

教育事业发展评估监测，顾名思义，其监测内容是关于教育事业发展情况的，监测内容相对大而全，如教育事业统计监测、教育经费统计监测、教育现代化监测、教育满意度监测、义务教育均衡发展监测等，均属于教育事业发展评估监测。这类评估监测的结果往往是一个量化的结果，以蓝皮书、年鉴等形式存在，如国家每年进行的教育事业统计监测和教育经费统计监测，其结果分别形成教育统计年鉴、教育经费统计年鉴。

教育事业发展评估监测工作的方法和程序一旦确定，就可以固定下来作为工作准则，所以教育事业发展评估监测工作一般被列为常规工作。

（二）学业质量监测

学业质量监测是对学生的学业发展状况进行监测的活动。学业质量监测不仅报告学业质量状况，还能够通过对学业质量影响因素进行分析，为教育行政部门和学校提出改进教育教学的针对性策略。近年来，随着教育事业发展和人民生活水平的不断提高，普通民众对提升学业质量的愿望和呼声越来越高。教育部从 2007 年开始，已连续 7 年对全国义务教育阶段学生的学业质量状况进行了监测，全国各地也相继开展了不同年级不同学科的学业质量监测。

当前，世界范围内的教育评估监测工作已成为许多国家评判国家或地区教育状况的主要抓手。在我国，教育评估监测工作起步较晚，现阶段评估监测工作的开展还处于探索阶段。2006 年 5 月 30 日，“教育部基础教育监测中心”在上海市教育科学研究院隆重揭牌，监测中心旨在对全国基础教育发展状况进行全面监测、及时分析、跟踪调研、政策咨询，监测内容比较全面，几乎涵盖教育领域的方方面面。2007 年 11 月 30 日，“教育部基础教育质量监测中心”在北京师范大学挂牌成立，与前者不同的是，该质量监测中心的监测内容主要为教育质量，主要任务是对基础教育阶段学生的学习质量和身心健康状况以及影响学生发展的相关因素进行全面、系统、深入的监测，准确地向国家报告基础教育质量的现状，为教育决策提供信息、依据和建议。这两个中心的成立标志着我国基础教育质量监测体系的初步建立①。党和国家对教育质量监测工作的高度重视，得到了各级地方政府的关注和响应，各地纷纷成立相应部门来具体开展评估监测工作，形成了现阶段教育评估监测的内容以教育质量为主、其他教育内容为辅的局面。据不完全统计，目前全国共成立了 19 个教育监测机构，这些机构在推动国家和各地教育评估监测工作的同时，培养锻炼了一大批专业人才，较好地开展了教育评估监测的研究与实施，为教育决策提供了全

① 陈瑞生，田腾飞. 基础教育质量监测对我国教育政策的启示 [J]. 教育导刊，2013，(9)：24—26.

面、客观的科学依据，极大地推动了基础教育的发展。未来一段时期内，我国教育评估监测工作还需继续借鉴国外先进经验和技术，积极开展与海外基础教育及相关机构的合作与交流，为提升我国教育评估监测的水平奠定宽厚坚实的国际比较基础。

三、教育评估监测的实施

教育评估监测的实施是一项系统工程。以近几年国家和各地区的学业质量监测工作为例，教育评估监测的实施主要涉及工具研发、抽样、数据分析、报告撰写和成果转化等环节。

（一）工具研发

监测工具的科学性、精确性、适用性直接影响搜集到的监测数据的真实性和准确性，进而影响监测结论的科学性。国内外许多知名的评估监测机构均将监测工具的研发列为重要工作。工具的研发首先要做好监测指标体系的建设工作，确定监测标准的含义与框架，制定监测标准与指标体系，向专家征询意见并对监测标准与指标体系进行修改。工具的研发还要进行预测，预测后进行修订完善。

（二）科学抽样

抽样的科学性与否，直接决定了抽取的样本对总体的代表程度。教育评估监测多采用分层抽样，有时也采取整群抽样。抽样先要设计方案，再邀请相关专家论证抽样方案，再到样本区县进行实际抽取。面向学校、校长、教师、学生的抽样一般遵循以下顺序：省（市）抽样—区（县）抽样—学校抽样—学生抽样。值得注意的是，在抽样过程中，要兼顾不同的类别，比如地域、区县、学校类型、性别等变量。

（三）数据分析

数据分析的准确与否，直接影响分析结论的真实性。比如，分析方法的选取不得当，能直接导致用于提炼和概括总体结论的信息不同，进而得出的结论也不一致。数据分析主要涉及数据的整理、清理、变量合成、统计、结果核检等方面。对于大量数据的统计分析，需要统计分析人员深度挖掘数据背后所隐藏的信息，进而选取适当的分析方法。

（四）撰写评估监测报告

评估监测报告一般的撰写顺序是“构建报告框架—分析监测数据—专家对报告框架的研讨与修正—专业团队撰写—专家意见征询—修改完善—报告完成”。监测报告种类多样，有监测工具论证报告、技术报告、基础数据报告、学科报告、政策咨询报告、样本省或县监测结果报告等。监测报告的呈送对象多种多样，既有政府部门，又有教育行政部门，还有样本学校；同时，有些监测报告还可以向社会发布。不同受众报告的撰写要求各有不同，但必须各有侧重。

（五）评估监测成果的转化

评估监测工作的最终目的，是要通过监测报告来指导教育教学实践。做好评估监测成果的转化工作，需要研究者与教育教学实践之间有效互动，既要求研究者关注教育教学的实践，又要用其成果指导教育教学实践。实施评估监测成果的转化要做到在工具研发上严格基于教育标准，比如，教育质量监测工具的研发就要以课程标准作为标杆。这样，教育评估监测就找到了与教育教学的切合点。

评价是多样化的，需要多元主体参与。教育评估监测的实施也应该包括必要的政府评价、社会评价和学校的自我评价。十八届三中全会的决定提出，强化国家教育督导，委托社会组织开展教育评估监测。由此可以看出，教育评估监测的主体是社会组织。教育评估监测工作要求高，专业性强，从这个意义上讲，教育评估监测的实施主体应该是专业的教育评估监测组织。在教育改革进入深水区的今天，委托社会机构开展教育评估监测，不仅是贯彻落实党的十八届三中全会精神、《教育规划纲要》和《教育督导条例》的总体安排与部署，也是推进教育管理方式转变，实施教育管办评分离的重要举措。

教育评估监测是一个系统工程。我国的教育评估监测工作刚刚起步，但发展较为迅速。近几年，我国实施了大规模的基础教育质量监测，取得了丰硕成果；在指导教育教学实践的同时，积累了宝贵的经验。但由于起步较晚，教育评估监测的人才紧缺的局面依然存在。未来一段时间内，我国教育评估监测工作应着手加强监测人才队伍的培养，提升教育评估监测的专业能力。

【拓展性阅读】

世界三大教育评估简介

一、美国国家教育进展评估

美国国家教育进展评估（NAEP）是1996年由美国国会批准授权的一个全国性教育进展评价项目，也是美国目前唯一定期在各个学科领域持续评价学生学业的全国性评价体系。体系涵盖的内容有数学、阅读、科学、写作、艺术、公民教育、经济、地理和美国历史。调查的对象是美国4、8和12年级的学生，该年龄段在教育界普遍被认为是个人成长的关键时期。

NAEP的基本框架可以概括为支持系统、评价系统和报告系统三个部分。NAEP只搜集与学生学术成就有关的信息，至少每隔两年进行一次，其提供的是国家、州或者区域水平的整体报告，不是针对个人的诊断性评价。NAEP评价的类型可以按照不同的维度进行分类，如按评价层级可以分为全国评价、州评价和区域评价，按时间可以分为短期评价和长期趋势评价。评价对象通过随机抽样而来，评价科目也是根据不同年份进行抽样。NAEP所有的评价都是基于一定的学术标准进行，学科评价内容围绕课程标准制定，不仅限于学生在不同学科上的学业成就。

NAEP评价的结果公开透明，以“国家教育报告卡”（The Nation’s Report Card）的形式向公众公布，确保社会、学校、家长的知情权，让公众能真实地了解国家教育质量的总体状况。此外，评价结果不是针对学生个体，可以保护好学生的个人学业信息，体现出评价的低利害性，评价结果不会被用来作为奖惩的依据。

二、经济合作与发展组织的国际学生评估项目

国际学生评估项目（PISA）是一项由经济合作与发展组织（简称“经合组织”，Organization for Economic Cooperation and Development,

OECD）于1997年制订的统筹学生能力的国际评估计划。该计划由其教育司教育统计处负责主持，各成员国教育部派代表组成“PISA项目理事会”，主要对接近完成基础教育的15岁学生进行评估，测试学生们能否掌握参与社会所需要的知识与技能。

为了设计一个可资国际比较、为各国的教育政策制定、学校课程教学的改善和学生的学习提供导向建议的跨国教育测试，经合组织深入研究了TIMSS测试、美国的NEAP测试和澳大利亚等国的著名教育测试。经过三年紧张准备，经合组织于2000年正式举行了第一次PISA测试，此后每三年举行一次。评估主要分为三个领域：阅读素养、数学素养及科学素养。由这三项组成一个评估循环核心，在每一个评估循环核心周期里，有三分之二的时间会对其中一项领域进行深入评估，其他两项领域则进行综合评测。

PISA旨在透过学生测试成绩和问卷调查，为各国政府和教育政策制定者提供多侧面教育信息，帮助其了解本国教育发展状况，认识造成当下教育状况的各种原因，从而为各国制定正确有效的教育决策及推进教育改革发展提供国际参照数据和成功经验。PISA项目服务教育政策调整和教育改革的指向也凸显在PISA的设计思想、设计框架和研究实施中。因此，经合组织在公布2009年测试成绩的新闻公报中再次明确指出：经合组织之PISA的宗旨是，帮助各国了解它们的学校系统在质量、公平和效率方面与全球水平的平衡状况。

三、国际教育成就评价协会的第三次国际数学与科学成就趋势评估

第三次国际数学与科学成就趋势评估（Third International Mathematics and Science Study，TIMSS）是由国际教育成就评价协会（International Association for the Evaluation of Educational Achievement，IEA）负责运行的国际性教育评估项目。TIMSS每四年开展一次调查，目的是比较不同国家的学生在数学和科学学科的学业成就。最近的一次评估是在2007年开展的，参与的国家和地区将近60个，评估的对象是4年级和8年级的学生。为确保评估的科学性和可信性，NAEP和TIMSS的运作过程都有科学家、教育专家和评估专家全程参与。

IEA是个独立的公益性国际组织，不隶属于任何政府。参与TIMSS项目和NAEP项目的人员一样，都是来自于教育、科研和政府的专家，只是参与TIMSS项目的人员不仅来自于美国。IEA的研究中心有三个，分别设在美国的波士顿、荷兰的阿姆斯特丹和德国的汉堡，这些研究中心为TIMSS项目提供了全方位的支持。

（本材料根据以下四篇文献改编：

洪志忠．美国学生学业成就质量监测：NAEP的经验［J］．全球教育展望，2008，37（6）：69—73，39．

陈晨．美国NAEP报告制度的内涵、特征及其问题［J］．当代教育科学，2010，（9）：54—56．

张民选，陆璟，占胜利，朱小虎，王婷婷．专业视野中的PISA［J］．教育研究，2011，（6）：3—10．

申梓刚．NAEP和TIMSS教育评估体系的比较研究和启示［J］．教学月刊：中学版，2012，（2）：24—28．）

第六章

教育督导的基本方法

教育督导的基本方法是从理论上和实践上为解决某个具体的教育督导问题而采用的一切手段和操作的总和，主要包括文献查阅法、实地考察法、问卷调查法、访谈法和评估监测方法。教育督导的基本方法是一个发展的科学体系，伴随着教育督导实践的不断深入而不断优化和完善。

第一节　文献查阅法

在教育督导过程中，为全面了解政府落实教育法律、法规、规章和国家教育方针、政策，以及学校依法办学、管理教育教学等工作的情况，必须首先查阅各种类型的相关文献，充分掌握大量真实的第一手资料。这就要用到文献查阅法。

一、文献查阅法的内涵

文献查阅法是教育督导中最常用的方法。它是督导人员根据督导的目的和内容，有选择性地查阅被督导单位各项工作所能提供的有关资料，如工作计划、总结、汇报、有关会议记录、教育教学档案、各项统计表、各项规章制度等，以达到某种教育督导目的的调查方法①。在教育督导中涉及的文献主要有国家、地方各级政府或教育行政部门颁布的各种政策性文件，学校的各类档案

① 黄崴. 教育督导学［M］. 北京：中国人民大学出版社，2011：175.

性文件（包括师生档案、统计报表等官方文献和教学反思、学生成长记录等个人文献）等资料。另外，根据《教育督导条例》，教育督导机构实施教育督导时，可以行使查阅、复制财务账目和与督导事项有关的其他文件、资料的职权，因此，地方政府和学校的财务账目也应纳入文献的范畴。

文献查阅法具有如下特点。

（一）客观性

教育督导中的文献大多是对事实的真实记录，信息的真实度很高，一般不会受到督导对象或督导工作人员主观因素的影响，从而避免了其他无关因素的干扰，能够真实客观地反映政府或学校工作的现状。

（二）经济性

与其他研究方法相比，文献查阅法只需要对已有的信息进行再次加工，不需要特定的研究工具和严格的流程控制，也不受督导场所、督导对象、或督导工作人员的限制，具有省时省力、方便快捷、成本低等特点。

（三）灵活性

从操作的角度看，文献查阅法在空间上不用亲临现场，可要求被督导单位报送相关资料；在时间上不用限定具体时段，既可以在工作期间查阅，也可以在业余时间分析，督导工作人员可根据情况自行安排。

（四）创造性

文献查阅法不仅是对相关资料的收集，还包括对原有文献加以重新组合、升华，进而找出事物间的新联系、新规律，形成新观点。利用文献，可以进行归因分析、趋势分析、差异分析等，从而更好地发现问题，总结经验。

二、文献查阅法的基本步骤

教育督导中的文献查阅法是基于实际工作的需要，是问题导向的。因此，文献查阅法的基本步骤也应围绕督导评估的问题展开。一般来说，文献查阅法包括四个基本步骤（如图 6-1 所示）。

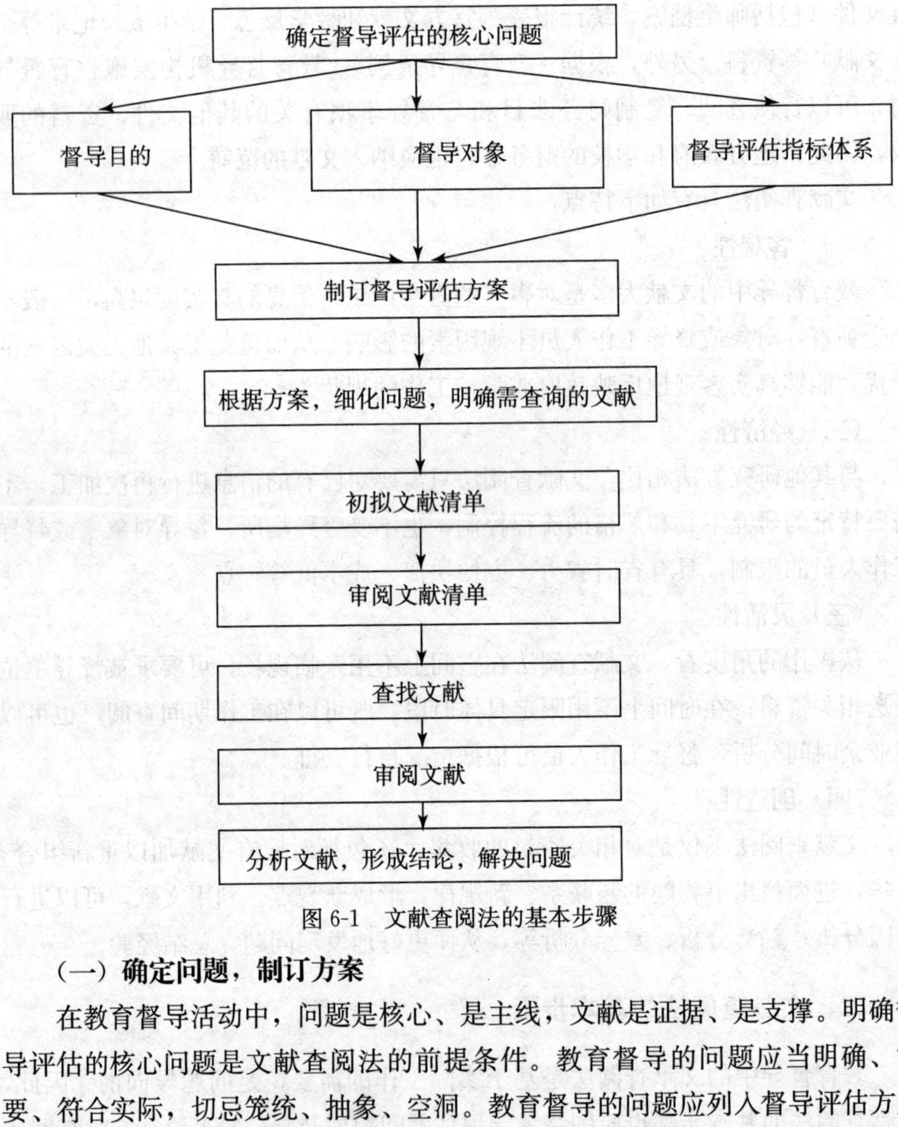

图 6-1　文献查阅法的基本步骤

（一）确定问题，制订方案

在教育督导活动中，问题是核心、是主线，文献是证据、是支撑。明确督导评估的核心问题是文献查阅法的前提条件。教育督导的问题应当明确、简要、符合实际，切忌笼统、抽象、空洞。教育督导的问题应列入督导评估方案中，督导目的、督导对象、督导评估指标体系、督导方法等应逐一明确需要查证的材料要目。根据这些要目，进一步明确文献查阅的目的、对象、要求以及基本内容范围。

（二）细化问题，筛选清单

查阅文献时，要根据督导评估指标体系中的评价项目、标准、要求等内容对教育督导的核心问题进行进一步细化，确定需查询文献的具体类型和内容，筛选出合适的文献，再拟定与审阅文献清单。例如，对于学校教育教学管理方面的指标，可以查询学校规章制度汇编、学校教学安排表、学校发布的教育教学管理相关文件、学校的工作计划和教研组工作记录等。查询的文献清单中不仅包括传统的纸质文献，还应包括电子与声像文献等鲜活的动态资料。

（三）探究问题，查阅文献

文献查阅一般包括查找和审阅两个方面。在查找环节，对同一方面的不同类型文献应当设定一定的先后顺序。首先，着重查找与核心问题紧密相关的，以被督导单位的管理部门为主体的第一手资料。其次，查找间接反映核心问题的，以被督导单位中的其他群体为主体的文献。最后，还可以收集一些以与被督导单位密切相关的其他群体为主体的文献，作为补充。在审阅环节，发现文献有不清楚的地方，可请被督导单位的有关负责人做进一步的解释，或提供补充材料；如果不同的文献出现矛盾或存在疑问时，要仔细核对，并通过其他调查手段予以核实。

（四）解决问题，分析文献

文献的分析是对已掌握的文献进行深入、细致的阅读，通过创造性思维过程加以分析、综合、比较、抽象、概括，以正确理解文献的内容和精神实质，形成对事实的科学认识①。对文献的分析应当紧扣核心问题，思路清晰，有理有据。在实际的教育督导工作中，往往都将文献查阅法与其他教育督导方法得到的结论相结合，在此基础上完成对核心问题的解答。

三、不同类型文献的查阅方法

文献查阅方法主要有一般纸质文献的查阅方法、账目文献的查阅方法和电子文献的查阅方法。

---

① 苏君阳，杨颖秀，李帅军. 教育督导学. [M]. 北京：北京师范大学出版社，2012：204.

（一）一般纸质文献的查阅方法

纸质文献是教育督导中最常见的文献类型，它是以纸为载体的、人们用肉眼能直接看到的“有形”文献①，如图书、期刊、会议文献、报纸、政府出版物、规章制度、教案、统计年鉴、成绩表、内部资料等。

根据不同的检索顺序，适用于纸质文献的查阅方法主要有以下五种。

1. 顺查法

顺查法指根据教育督导方案中设计的督导目的、任务、内容，按照文献的时间顺序，从远到近、从旧到新地依次查阅被督导单位所有相关的文献。该方法一般应用于对重大教育督导问题，或某种教育现象发展史等的全面检索。这种方法的优点是简单易行，收集的资料较为全面、系统，不足是较为耗时耗力，不便于了解事物之间的关联。

2. 倒查法

与顺查法相反，倒查法是从近到远、从新到旧，逆时间顺序地回溯检索文献的方法。该方法一般应用于由果溯因的督导研究。它的优点是便于督导人员快速地获得最新的资料，缺点是漏检率高。

3. 直查法

直查法是指从与督导主题有关的文献中直接查找文献及其线索的方法②。该方法一般适用于督导主题单一、文献资料集中、督导人员对所要查阅的文献非常熟悉的情况。优点是省时省力、效率高，缺点是容易遗漏。

4. 抽查法

抽查法指针对教育督导主题相关项目的特点，选择有关该项目的文献信息最可能出现或最多出现的时间段，利用检索工具进行重点检索的方法③。该方法一般适用于检索专项督导的信息。其优点是效率高，缺点是使用此法必须熟悉与督导主题相关的所有项目。

5. 综合法

综合法是将以上四种方法结合起来，根据教育督导的需要灵活、交替使用，以取长补短，相互配合，获得更好的检索结果。该方法一般适用于重大而

---

①②③ 苏君阳，杨颖秀，李帅军. 教育督导学.［M］. 北京：北京师范大学出版社，2012：202.

复杂的督导项目，通过多方法、多角度地检索，查阅到所需要的全部文献资料。

（二）账目文献的查阅方法

《教育督导条例》将账目也纳入了教育督导查阅的文献范围。常用的账目文献查阅方法有以下四种。

1. 顺查法

顺查法是按经济活动或经济案件发生的时间顺序、空间顺序进行审计调查的一种技术方法。如对会计核算进行审查时，是先从审查原始凭证着手，然后对日记账、明细分类账、总分类账直至对会计报表的内容、数字进行审查、核对。顺查法应用面广，能比较全面、系统地开展审计活动。其缺点是工作量大、消耗时间长，有时会造成重点不突出①。

2. 倒查法

倒查法又称逆查法，指审计取证的顺序与反映经济业务的会计资料形成过程相反的方法。首先分析检查会计报表，将报表中发现的反常现象和薄弱环节作为审计的重点，然后追根溯源，检查分析其相关的总分类账、明细分类账，最后核对记账凭证直至原始凭证，以最终查明问题的原因和过程。倒查法的优点是可在对比中发现主要问题，针对性强，能较快地弄清问题症结所在，节省人力和时间，提高工作效率。缺点是容易出现遗漏，不易掌握②。

3. 详查法

详查法是对被督导单位一定时期所有的凭证、账单、报表等会计资料进行全面、细致、彻底检查的一种方法。该方法一般适用于检查规模小，会计资料较少的被督导单位。但是，详查也不是漫无边际的检查，而应在开始检查时首先确定要检查的会计资料范围，然后才能开展检查工作。详查法的优点是能最大限度地查清楚账目，保证查账的质量。缺点是工作量太大，几乎相当于重复一次全面的会计核算工作，费时、费力、费成本③。

---

①② 武志刚．浅谈审计取证的顺查法和逆查法［J］．山西财经大学学报，2008，30（S1）：171.

③ 袁晓勇．查账的基本方法［J］．中国集体工业，1996（9）：49—50.

4. 抽查法

抽查法指以被督导单位的会计资料作为被抽查对象，从中抽样部分账项进行审查，以验证、判断其有无错误和舞弊行为。抽查法运用结果如何，关键取决于运用的抽查标准和抽查方法。确定抽查标准时应重点注意，最好根据被督导单位内部控制制度和会计制度是否严密健全，根据账户的性质、内容，根据经济业务发生数量的多少以及数额的大小，根据会计人员的能力，决定抽查的内容。与详查法相比，抽查法具有高效率、低费用的优点，但选样应有代表性，否则抽查结果不能代表总体特征，就会做出错误结论①。

另外，查账的方法还包括核对法、审阅法、验总法、验证法、比较分析法、三查三找法、三对照三看法等②。在实际工作中要根据教育督导的目的和内容灵活选用。

（三）电子文献的查阅方法

电子文献包括电子书刊、数据库、电子公告、唱片、录音带、幻灯片、电影片、录像带等。随着信息技术的发展，电子文献的数量迅速增长，成为教育督导的重要资料。

电子文献的查阅方法与一般纸质文献的查阅方法基本类似，都可以使用顺查法、倒查法、直查法、抽查法和综合法。此外，电子文献一般都有较为完备的目录、索引或信息化的搜索系统，因此，可以使用一些方便快捷的检索方法。例如，按照电子文献的分类、主题、编码、关键词等搜索信息可以查阅教育督导所需要的具体内容。

四、教育督导文献的科学运用

科学地运用教育督导文献，能够为教育督导工作提供重要的证据，通过问题分析、归因分析、差异分析、趋势分析等，得出督导结论。

（一）问题分析

问题分析是围绕教育督导的主题，基于文献的内容，对教育活动中可能存在的问题进行初步诊断，并为问题的确诊提供真实、客观的依据。问题分析是

①② 黄沛沛. 浅析会计查账方法 [J]. 河南机电高等专科学校学报，2005，13（6）：77—78.

科学运用教育督导文献的基本形式。例如，在对X省建立县级政府教育工作督导评估制度情况的督导评估中，督导人员搜集并查阅了X省人民政府教育督导室对县督导的相关政策文件，发现自2004年开展教育综合督导以来，有的县（市、区）已被抽查了4次，而有34个县（市、区）一直未被抽查过，也没有相关的教育督导工作文件；根据2003年出台的《X省县市区“两基”巩固提高工作督导评估标准》，把全省分为“巩固提高”“双高普九”“教育工作示范县（市、区）”三类地区，其中，约有40个县（市、区）被列入“双高普九”范围，但尚没有查阅到对这些地区开展相关教育督导的文件。综合分析，可以得出如下结论：X省对县级政府教育工作的督导评估存在明显的不平衡性，还没有全面形成系统性、规范性的县级政府教育工作督导评估制度①。

（二）归因分析

归因分析是从政府、学校的现状入手，对其具体的管理行为尤其是稳定的管理行为进行想法、观念、思想追溯，从而确定它们与结果之间的关系，总结经验与原因，提高理性认识②。归因分析是能很好地体现文献价值的一种方式，也是差异分析和趋势分析的基础。比如，通过查阅K学校的档案发现，该校2010年教师荣获国家级别教育荣誉奖11人次、竞赛类奖6人次、课题成就奖11人次，9篇教研论文获奖，学生、家长和社会对该校教师的认可度高。通过对学校教师队伍建设方面的相关文献的查阅，发现获得成绩有两个方面的原因：一是开展多种形式培训，促进教师专业化发展，如广泛开展学习型小组读书活动和“人人学课标，上好每节课”培训考试活动；二是探索多元化评价，在评价方式上采用自评、年级组长评、教代会代表评等多种形式，评价结果公开透明并及时反馈，起到了以评促建的作用③。

（三）差异分析

差异分析是通过对政府、学校进行横向对比，明确其与众不同的、明显的

---

① 山东省人民政府教育督导室，山东省教育督导学会．教育督导发展与创新［M］．济南：山东人民出版社，2012.

② 殷伯明，朱一军，周东红等．教育督导方法论［M］．上海：上海三联书店，2013：118.

③ 教育部基础教育质量监测中心．如何开展中小学校督导评估［M］．北京：教育科学出版社，2013：94.

优势或不足，从而分析原因，促进改进。例如，某地区各学校面临着大量外来民工子女生源的涌入以及如何教育流动儿童的问题。督导工作人员通过查阅资料发现，与其他学校教育质量下降相比，M 中学的学生课业成绩合格率不断提升，近三年毕业生合格率从 87%提高到 96%，行为偏差生转化效果好，连续三年案发率为零。进一步查阅 M 中学有关文献发现，学校根据生源的实际情况，在 2004—2007 年发展规划中确立了“关爱每个学生”的思路，并进行“关注差异”研究，引导教师关注学生差异，通过分层教学和个别辅导等举措，促进学生学业成绩的提高。因此，这所学校的经验可以提炼为“关注个体差异，保障学生基础学业质量”。这种经验总结对同类学校会有一定的启示作用①。

（四）趋势分析

趋势分析是通过比较一段时期以内政府、学校状态的纵向变化，从而分析原因，确定其发展趋势。例如，通过查阅 J 学校的学生成绩记录发现，2010 年春季学期初，语文、数学、外语以学业水平测试 60 分为合格标准，合格率分别是 97.56%、97.19%、93%，分别比 2009 年秋季学期初提高了 1.6、2.0、3.0 个百分点，说明 J 学校学生学业成绩有一定的提升②。

第二节　实地考察法

“耳听为虚，眼见为实”，客观、公正的教育督导离不开深入的实地考察。实地考察法是教育督导中最基本、最普遍、最直观的一种方法，是收集被督导单位教育活动资料、数据的重要途径，也是查验相关文献真实性的有效手段。

---

① 殷伯明，朱一军，周东红等. 教育督导方法论［M］. 上海：上海三联书店，2013：118—119.

② 教育部基础教育质量监测中心. 如何开展中小学校督导评估［M］. 北京：教育科学出版社，2013：83.

一、实地考察法的内涵

实地考察法是一种直接观察法，它是指督导人员直接深入到督导对象的个人活动空间、工作环境等现场，依据观察设计或评价指标体系，直接利用自己的感觉器官或其他辅助工具，有目的、有计划地进行观察，以此来获取基本信息和原始资料，并通过记录、分析和总结，得出相关结论的方法。在教育督导的过程中，可以通过参观、观察课堂教学、列席会议、参加活动等方式来进行实地考察，获得第一手资料。

实地考察法具有如下特点。

（一）自然性

实地考察法应当在自然常态下使用，督导人员不得对考察对象施加人为的干预和控制，其目的是获得考察对象在日常现实的活动中，最真实、典型和一般的行为表现，提高教育督导的客观性和科学性。因此，在实地考察的过程中，一定要采取实事求是的态度，不要向考察对象发出不恰当的暗示，也不要因主观成见有选择性地收集信息，以偏概全。

（二）目的性

教育督导中的实地考察是围绕特定的教育督导问题，结合考察对象的实际情况、需求，以督导评估方案为依据，开展的资料收集活动。在实地考察中，督导人员应当根据督导目的，把注意力集中和保持在相应的考察对象上，排除其他无关刺激的影响。同时，实地考察的目的在于促进教育行政服务质量的提高、保障教育法律法规的有效贯彻执行以及改进与提高学校发展水平等①。

（三）直接性

实地考察法是一种直接观察法，所考察的内容也是当下发生的事实。这时，督导人员和考察对象处在同一个研究体系中，督导人员能够亲眼所见、亲耳所闻、亲身所感考察对象的真实状况，从而获得准确和翔实的资料。

（四）工具性

实地考察法需要借助一定的工具。考察工具分为两类：一类是人的感觉器

① 苏君阳，杨颖秀，李帅军. 教育督导学.［M］. 北京：北京师范大学出版社，2012：182.

官，包括眼、耳、鼻、舌等，其中最主要的是眼和耳，例如，用自己的眼睛观察校园环境和学生行为等；另一类是现代化信息技术的仪器与装置，如录音笔、摄像机等辅助工具，这些仪器与装置能克服人体感官的生理局限，提高考察结果的全面性、精确性，因而在教育督导中起着越来越重要的作用。

二、实地考察法的基本类型

按照观察对象、督导人员是否参与、结构状态、公开程度、接触程度、运动形态、观察目的以及时间安排等不同标准，可以将实地考察法分为不同类型①。这里主要介绍最为重要和常用的几种方法。

（一）校园观察法与课堂观察法

根据实地考察的范围，可分为校园观察法与课堂观察法。校园观察法与课堂观察法是实地考察法中最常用的两种方法。

校园观察法是指教育督导评估人员依照督导评估方案和目的，在一定时间内，对校园环境、校风建设、校园设施设备进行观察、分析，获得第一手的事实材料，做出基本的价值判断的信息搜集方法②。校园观察应包括如下基本内容：校园环境，如从学校宣传栏可以观察到学校校训、校风、学风、办学理念、办学目标等；学生行为，如学习行为、礼貌行为、纪律行为、品德行为等；教师行为，如教学行为、教育行为、敬业行为、团队行为等；管理秩序，如行为决策、教学安排、后勤安排等③。

课堂观察法是教育督导评估人员带着明确的目的，凭借自身感官及有关辅助工具（观察表、录音录像设备），直接或间接从课堂上收集资料，并依据资料完成相应研究的信息搜集方法④。课堂观察应包括如下主要内容：教室内外的环境，如地面、桌面是否清洁，教室灯光是否适合学生学习与视力保护等；

---

① 陈向明. 质的研究方法与社会科学研究［M］. 北京：教育科学出版社，2000：230.

② 贾志，马晓麟，张秀琴. 督导默会知识之三：校园观察［J］. 教育测量与评价，2010（5）：11—12.

③ 殷伯明，朱一军，周东红等. 教育督导方法论［M］. 上海：上海三联书店，2013：211—214.

④ 亢江瑶，唐日芳. 用课堂观察法对综合英语课堂进行分析研究［J］. 当代经理人，2006，(12)：20—21.

教师的教学活动，如教学设计是否符合课程目标与学生实际，教学方法与形式是否适应教学内容，教学过程是否关注学生的个性差异，课堂气氛是否融洽等；学生的学习习惯，主要指学生的学习活动和非学习性行为①。

（二）参与考察与非参与考察

根据督导人员是否参与到考察对象的活动之中，可将实地考察法分为参与考察与非参与考察。参与考察是指督导人员亲自参与到考察对象的实际环境之中，通过与考察对象共同活动，从内部进行考察。参与考察法有两个方面的优势。一是较为全面、深入，不仅能考察到对象的行动方式、行动的背景等，而且还能通过“参与”了解甚至分享观察对象采取行动的原因、态度、努力程度、行动决策依据等；不仅可以观察到其外在的行为表现，还能感知到他们的内心世界②。二是较为自然、真实，由于督导人员是活动的局内人，所以比较容易与考察对象之间建立良好的合作关系，考察对象也不会因为督导人员在场而改变其常态的行为特征。教育督导中，督导人员参与学校的教学活动、集体活动等都属于参与考察法。

非参与考察是指督导人员不参加到考察对象的群体中，不参与他们的任何活动，而是完全以局外人或旁观者的身份进行考察，因此又被称为局外考察。它的优势是考察结果较为客观、公正，不存在考察对象由于督导人员在场而出现反应性行为改变的问题。它的不足是无法深入了解考察对象或事件的深层原因。这是由于督导人员并未参与到考察对象的活动中，可能只是看到考察对象一些表面的、甚至只是偶然的活动和行为表现，缺乏对考察对象的深刻理解，难以解释行为、动机及事件背后的意义。教育督导中，在室外流动观课就属于非参与考察。

（三）有结构考察与无结构考察

根据考察内容是否有统一设计的、有一定结构的考察项目和要求，可将实地考察法分为有结构考察与无结构考察。有结构考察是指督导人员事先设计好考察的内容和项目，制订出有关的考察方案，编制好考察表格，并在实际考察

① 殷伯明，朱一军，周东红等. 教育督导方法论［M］. 上海：上海三联书店，2013：187—189.

② 苏君阳，杨颖秀，李帅军. 教育督导学.［M］. 北京：北京师范大学出版社，2012：183.

活动中严格按照其进行考察记录。有结构考察既可以依据事先确定的项目进行二分判断或打分，直接获得定量资料，也可以进行文字或影像记录，获得定性资料。它的优势是能获得大量确定和翔实的考察资料，并进行定量分析和对比研究。缺点是较为费时费力，缺乏灵活性①。教育督导中的实地考察一般都需要制订目的、方案和记录表，因此大部分都属于有结构考察。

无结构考察是指督导人员只有一个总的考察目的和要求，或一个大致的考察内容和范围，但没有详细的考察项目和内容，也没有具体的记录表格，因此在实际的考察中，常常是根据当时的具体情况和督导人员的经验，有选择性地进行考察。这种方法的优势在于简便易行、比较灵活、适应性强。缺点在于通过考察得到的资料比较零散，难以进行定量分析和较为严格的对比研究。教育督导中进校后初步的校园观察就属于无结构考察。

三、实地考察法的基本过程

一般来说，实地考察法包括以下三个步骤（如图 6-2 所示）。

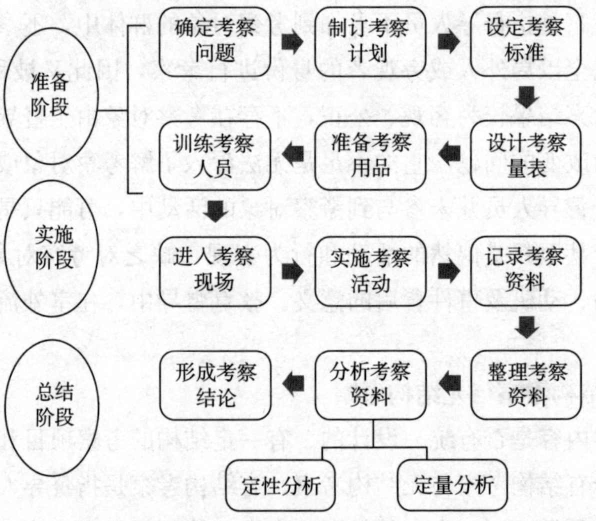

图 6-2　实地考察法基本流程图

① 董奇. 心理与教育研究方法［M］. 北京：北京师范大学出版社，2004：141—142.

（一）**准备阶段**

1. 确定考察问题

督导人员首先根据督导目的、督导对象、督导任务等，确定督导的核心问题。然后，结合实地考察法的特点，进一步细化该方法需要解决的具体问题。督导人员在进行实地考察的过程中，应当始终以解决该问题为最终目的。

2. 制订考察计划

为了能够有针对性地、高效地实施实地考察法，督导人员在进入考察现场之前，要对实地考察的主要负责人、考察内容、考察方式、任务分工、时间节点等做出整体的计划和安排，并通过会议或文字材料，落实对相关人员的要求。

3. 设定考察标准

在考察之前需要预计考察时可能出现的各种情况，并对每一项考察内容制定出相应的标准，在实施考察的过程中根据统一的标准进行资料收集。

4. 设计考察量表

实地考察法的关键问题之一就是如何高效地获取相关资料，设计考察记录表是解决这一问题不可缺少的工具和技术手段。考察记录表可以同时包括定性和定量的内容，应尽可能做到简明易行，可靠有效。

5. 准备考察用品

实地考察的工具可分为人体感官、仪器与装置两类。因此，应当根据教育督导的实际情况，准备必要的考察用品，例如，文具纸张、录音设备、录像设备、笔记本电脑和生活用品等。

6. 训练考察人员

随着实地考察手段的发展和要求的提高，对督导人员的素质和能力的要求也越来越高。为提高实地考察法的效率，应当在督导前对考察人员进行培训，如进行记录方法训练等。

（二）**实施阶段**

1. 进入考察现场

督导人员进入考察现场后，应当再次回顾实地考察要关注的核心问题，时刻注意以问题为导向，带着问题进入观察现场，了解考察现场的情况，熟悉考察的环境。督导人员要注意自然、简明地向考察对象介绍实地考察的目的，建立良好的信任关系，避免影响被考察人员的正常状态。另外，根据实地考察的目的，有的情况下督导人员还需要选择最适宜的考察位置。例如，在实施课堂教学观察时，督导人员应选择既能全面观察到教师的教学活动和学生的学习情况，又不影响正常教学的位置。

2. 实施考察活动

在实地考察的过程中，可以综合运用肉眼观察、借助机器观察的考察方式。考察过程中一定要保持注意力高度集中，不要忽略与督导问题相关的现象。另外，在考察过程中，还应对督导人员进行合理的分工，使得每个督导人员都能全面、真实地记录自己所观察到的实际情况，确保考察任务的顺利完成。例如，在进行校园观察法的过程中，可分别安排督导人员进行校园环境观察、学生行为观察、教师行为观察、管理秩序观察等。

3. 记录考察资料

记录考察资料是实地考察中必不可少的重要环节。督导人员除了可以使用笔录的手段外，还可以采用摄像机、录音笔、照相机等机器进行辅助记录。督导人员要尽量把观察到的所有细节都记录下来，特别要密切注意观察教育过程中各种活动的相应反应和表现。另外，记录应注意一定的技巧，例如，可以使用编码或标记等记录方式，提高记录的效率。常用的观察代码系统包括数字型代码系统和符号型代码系统。

（三）总结阶段

1. 整理考察资料

整理考察资料是全面分析考察资料的基础。首先，督导人员要对实地考察收集的所有资料进行初步的梳理，查漏补缺，以确保资料的完整性。然后，督导人员要对原始资料进行分类和编码，以便资料的保存和查找。

2. 分析考察资料

在整体把握实地考察情况的基础上，督导人员需要确定分析的框架与工具。分析方法包括定量分析方法、定性分析方法以及两者相结合的方法。在教育督导中，收集的资料往往较为繁杂，因此在资料分析时要努力体现各种资料之间的内在联系，从而揭示其内在的意义。

3. 形成考察结论

根据分析结果，督导人员要进一步得出实地考察的结论，并撰写相应的考察报告。在得出结论时，如果涉及因果推论，则一定要慎重。因为实地考察收集的资料虽然较为丰富，但是难免存在主观性、片面性，不能根据一次实地考察的情况就对督导对象做出定论。

第三节 访谈法

访谈法是建立在解释学、建构主义的理论基础上，通过对言语事件进行分析、归纳和研究，诠释和建构其意义的一种方法。由于访谈法简便易行，对学校职工、家长等不善文字表达的对象同样适用，因此在教育督导评估中，应用非常广泛。

一、访谈法的内涵

访谈法是教育督导人员通过“寻访”“访问”访谈对象，并且与其进行“交谈”和“询问”的一种活动，是督导人员通过口头交谈的方式从访谈对象处收集第一手资料的一种探究性活动和手段①。

访谈法有三个方面的优点。一是能灵活地、有针对性地开展资料收集工作。督导人员可以根据不同的督导目的，向不同的对象了解不同的问题，也可以灵活地设计访谈方式。访谈中，督导人员也可以根据被访谈者的反应，对预先设计的问题进行调整或深入展开，有较大的弹性。另外，由于访谈法是口头进行的，因此它适用范围较广，能够用于一切具有口头表达能力的不同文化程度的访谈对象②。二是能收集到较为准确、可靠的信息。由于督导人员与访谈对象能够进行面对面的交流，消除访谈对象的顾虑，同时，督导人员可以控制

---

① 苏君阳，杨颖秀，李帅军．教育督导学［M］．北京：北京师范大学出版社，2012：189.

② 张伟．质的研究——访谈法探析［J］．南昌教育学院学报，2013，28（5）：123，132.

访谈环境和节奏，避免其他无关因素的干扰，因此，得到的回答较真实、可靠。三是能得到较深层次的信息。督导人员在访谈过程中能够根据实际情况，进行适当的追问，与访谈对象探讨较为复杂的问题。另外，督导人员还可以观察访谈对象的动作、表情等非言语行为，以此推测访谈对象内在的情感、动机和态度。

访谈法具有以下特点。一是目的性。教育督导中的访谈有一定的主题、目的和任务，访谈人员更加关注访谈对象的感受、想法、非言语行为以及意见和建议，并努力寻找与主题之间的关系。二是计划性。在教育督导的访谈中，访谈人员通常需要制订访谈计划、设计访谈问题、编制访谈提纲、绘制访谈记录表等；并遵循一定的原则，完成访谈实施、访谈记录以及访谈结果的整理分析等工作。三是灵活性。督导人员可以根据工作需要，采用面对面访谈、电话访谈、网上访谈等不同的方式向不同的访谈对象了解不同类型的问题。同时，访谈问题的提出有较大弹性。在访谈中，督导人员可以根据访谈对象的反应，对预先设定的访谈提纲做出适当调整，如对某些问题进行追问或解释。四是情境性。教育督导中的访谈是督导人员与访谈对象人际交往的过程，是一种近似于自然的研究情境。这要求督导人员能够体验、理解，从而解释某些现象和督导情景中他人所持有的观念和构建的意义，并能够解释所收集资料的当下情境①。

二、访谈法的基本类型

教育督导中的访谈法可以根据不同的标准划分为不同类型。根据访谈对象的数量，可以分为个别访谈与集体访谈；根据督导人员对访谈的控制程度，可以分为结构性访谈和非结构性访谈；根据访谈时是否借助一定的中介物，可以分为直接访谈与间接访谈；根据访谈的次数，可以分为横向访谈与纵向访谈②。

---

① 朱志勇. 教育研究者在质化研究中的“关系”——一种反思社会学的思考 [J]. 教育理论与实践，2001，21 (6)：1—6.

② 董奇. 心理与教育研究方法 [M]. 北京：北京师范大学出版社，2004：163.

（一）个别访谈与集体访谈

个别访谈是指教育督导人员对访谈对象进行逐一单独访谈。个别访谈的形式使得督导人员和访谈对象之间易于沟通，访谈对象容易建立安全感，督导人员从而能够得到真实可靠的信息。访谈过程中，督导人员也可以根据实际情况灵活地处理各种问题，随时追问，使得访谈更加深入。因此，个别访谈一般适用于敏感性问题和深度问题的访谈。

集体访谈又称为座谈，是督导人员召集多名访谈对象就需要调查的内容了解情况、征求意见的方法。在集体访谈中，访谈对象可以互相启发与探讨，形成较为一致的观点。另外，集体访谈的效率较高，能够在较短时间内收集到较广泛和全面的信息。因此，集体访谈一般适用于一些带有普遍性及需要集思广益的热点问题。

个别访谈与集体访谈各有优缺点，在开展具体的教育督导时，要根据访谈的问题特征和访谈对象的实际情况加以选择，有些情况下，还需要两种方法综合使用。

（二）结构性访谈与非结构性访谈

结构性访谈又称为标准化访谈，是指督导人员按事先设计的访谈提纲，向访谈对象提问，让访谈对象依次回答的较为正式的访谈。这种访谈对访谈中的问题，提问的方式及顺序、访谈的记录方式等都有详细的要求。

非结构性访谈又称为自由式访谈，是指督导人员事先不制订具体的调查问卷或详细的访谈提纲，也没有统一的访谈程序，而是按照一个粗线条式的访谈提纲或某一主题，与访谈者进行非正式的交谈。这种方式有较大的弹性，给督导人员和访谈对象一定的发挥空间。同时，这种方法需要督导人员根据需要灵活地转换话题，进行追问，因此，对督导人员的访谈技巧要求比较高。

（三）直接访谈与间接访谈

直接访谈又称为面对面访谈，是指督导人员通过和访谈对象面对面的交谈来获取信息资料的访谈方式。这种方法的最大优势在于，不仅能广泛、深入地探讨相关问题，还能在沟通过程中亲自收集到访谈对象的表情、神态、动作等非言语信息，从而加深对谈话内容的理解，判断访谈结果的可靠性。但是它相对较为费时、费力①。

间接访谈是指督导人员在无法亲临现场的情况下，通过一定的中介物与访谈对象进行非面对面交流的方法。间接访谈的主要方式有电话访谈和网络访谈。间接访谈收集资料的时间较短，较为省时省力，适用于访谈问题少而简单的情况。但是，间接访谈的方法具有较大的局限性，如无法深入探讨有关问题，无法直接观察访谈对象的有关特征和各种非言语信息等②。

（四）横向访谈与纵向访谈

横向访谈又称为一次性访谈，是指同一时段中，督导人员对某个主题一次性进行资料收集的访谈方式。这种方法需要抽取一定的样本，并且需要样本具有较好的代表性。访谈的内容以收集事实性材料为主。

纵向访谈又称为重复性访谈，是指督导人员围绕同一主题，多次对固定对象进行访谈，收集有关资料的方法。它是一种深度访谈，通过追踪研究，了解问题发展变化的过程，以探讨深层次的问题。对督导效果的追踪调查就属于纵向访谈。

三、访谈法的实施过程

教育督导中访谈法的实施过程通常包括访谈前的准备阶段，访谈的正式实施阶段和访谈后的归纳总结三个阶段。

（一）准备阶段

访谈前的准备工作是否充分，决定着访谈是否能顺利进行，以及访谈结果的真实可靠程度，因此具有非常重要的意义。准备工作一般包括确定访谈的主题、内容、对象，拟定访谈提纲和培训访谈人员几个部分。

1. 明确访谈主题

在进行访谈的准备工作之前，教育督导人员首先要通过文献查阅法对本次督导的目的、问题，以及督导对象的现状有基本的了解。在此基础上，根据督导任务的具体安排，明确本次访谈在整个督导工作中的作用，并确定访谈的主题。

---

①② 董奇. 心理与教育研究方法［M］. 北京：北京师范大学出版社，2004：164.

2. 确定访谈内容

围绕访谈主题，督导人员可通过各种渠道开展信息资料的收集工作，进一步聚焦，确定访谈内容。例如，在开展学校督导评估工作前，督导小组一般会去学校，与师生进行沟通交流，查阅学校的自评表等资料。在此基础上，初步厘清学校发展状况，并进行问题预设，其中适用于进行访谈的部分，就可以确定为访谈的主要内容。

3. 确定访谈对象

访谈对象是访谈对象群体中的代表，应当掌握督导对象相关的关键信息，具有基本的语言表达能力，同时，也愿意提供信息，与督导人员合作。访谈对象的选择可以直接决定访谈的成功与否。例如，在学校的督导评估中，访谈主要涉及校内和校外两方面人员①。校内包括三类对象：一是决策层，一般为学校领导；二是执行层，一般为学校中层干部；三是基础层，即学生、一般的教职工等。校外人员包括党委政府领导、教育行政人员、家长和社区代表等。

访谈是一种调查形式，选择访谈对象其实是一种抽样的过程。因此，要保证访谈结果能够代表总体情况，应当注意访谈对象选择的代表性。例如，在对学校的教育督导中，督导人员要考虑访谈对象在性别、教龄、年龄、民族、职称、学科等方面对整个学校的代表性，同时，特别要关注来自弱势群体的声音。

4. 拟定访谈提纲

访谈提纲是督导人员根据访谈主题确定的准备与访谈对象进行交流的问题及其具体内容。在拟定访谈提纲时，应注意三个问题：一是要根据不同的内容选择不同的问题类型和提问方式，最终确定具体的问题；二是问题要言简意赅，便于访谈对象回答；三是要根据一定的逻辑，安排好问题出现的顺序。

5. 培训访谈人员

教育督导中的访谈是督导人员与访谈对象沟通、交流的过程，由于人际沟通的复杂性，不同督导人员对访谈结果有不同程度的影响。为了降低督导人员自身对访谈结果带来的影响，应当在正式访谈之前对实施访谈的人员开展

① 殷伯明，朱一军，周东红等. 教育督导方法论［M］. 上海：上海三联书店，2013：167.

培训。

访谈人员的培训主要包括三个方面的内容①：一是介绍访谈的目的、意义、时间安排，调动访谈人员的工作积极性，并对做好访谈提出一些具体要求；二是让访谈人员熟悉此次督导相关的理论知识，进行必要的知识准备；三是对访谈人员进行具体的方法训练，使他们掌握各种访谈技巧，学会灵活地处理各种特殊情况和意外事件。

（二）实施阶段

在实施阶段，做好访谈中的引导和控制是访谈成功与否的关键。实施阶段的主要工作包括以下三个方面。

1. 接近访谈对象

接近访谈对象是访谈实施的第一个步骤。此时，督导人员与访谈对象进行第一次接触，应当通过恰当的自我介绍、访谈说明，取得访谈对象的信任，使访谈对象有合作的意愿。督导人员的自我介绍应当不卑不亢，简单明了，目的在于让访谈对象了解自己。访谈说明的目的是消除访谈对象的戒备心理，激发访谈对象接受访谈的兴趣。督导人员应当向访谈对象说明本次督导的目的、内容和保密的基本原则。

2. 访谈与倾听

访谈过程中要注意指导和控制。根据问题与访谈目的的关系，可以将访谈中的问题分为两类：一类是研究问题，即与督导评估相关的核心问题；另一类是非研究问题，即不是督导评估所关注的问题，如“近来学习很忙吧”“你来这个学校工作多久了”等。使用非研究问题的目的在于营造轻松、温馨、自然的访谈环境，保证访谈的顺利进行。因此，在访谈的初期，一般应提一些非研究问题，从关心对方的工作、学习等方面入手，逐步建立起合作、友好的谈话氛围。当建立起融洽的访谈关系后，督导人员就可以提出想要了解的一些核心问题、敏感问题。在整个访谈过程中，督导人员要具有问题意识，并结合督导过程的所见所闻所感，揭示出政府、学校发展过程中存在的问题或具有的优势。另外，在访谈过程中，督导人员还可以通过自己的行为影响访谈对象，实

① 董奇. 心理与教育研究方法［M］. 北京：北京师范大学出版社，2004：173—175.

现对访谈过程的控制。一方面，督导人员要始终做到礼貌、谦虚、热情、诚恳、耐心；另一方面，督导人员还要善于运用表情和动作控制访谈进程，要根据访谈对象所谈情境及其表情而灵活变化，以此对其谈话内容进行呼应。

为了鼓励访谈对象大胆地发表自己的意见，营造平等、开放的访谈环境，督导人员要做到正确“倾听”。“倾听”能够使督导人员设身处地地感受访谈对象，在行为、认知和情感等层面积极主动地与对方共情。只有这样，访谈双方才能就共同关心的问题进行深入的建构性探讨①。正确倾听有行为、情感、认知三个层面的表现。在行为层面上，督导人员应“积极关注地听”，而非“表面或消极地听”；在情感层面上，督导人员应“有感情地听”，而非“漠不关心地听”；在认知层面上，督导人员应“建构性地听”，而非“接受性地听”。

3. 做好访谈记录

在尊重访谈对象的前提下，督导人员应当场记录访谈内容，留下具体详细的第一手资料。对于对访谈记录有顾虑的访谈对象，督导人员应耐心解释，讲明访谈结果的保密性，解释结果对个人不会产生任何影响，以消除访谈对象的顾虑。

访谈记录一般以文字记录为主要方式，以录音、摄像等媒体作为文字记录的辅助方式。在记录时，督导人员应尽量忠实记录访谈对象的原话。对访谈对象列举的实例，特别是时间、地点、人物、事件等应当做到完整的记录，对访谈对象关于某问题所表现出的主要态度、见解等，要准确记录。另外，访谈记录还可以记录督导人员对事实的看法，但是这种主观想法应当与客观事实严格区分开来。

（三）总结阶段

为充分发挥访谈所收集的信息资料的作用，督导人员必须在访谈结束后做好归纳总结工作。

在总结阶段有两个主要任务。一是整理访谈记录。及时整理访谈记录可以帮助督导人员检查记录是否完整、准确，对于不清楚或遗漏的问题，可以进一步核实，做好更正或补充调查。二是分析访谈记录。对访谈记录的分析可以帮

① 殷伯明，朱一军，周东红等. 教育督导方法论［M］. 上海：上海三联书店，2013：175.

助督导人员系统地把握已收集的资料，并为下一步的资料收集提供方向。

四、访谈提纲的编制

访谈提纲是整个访谈的蓝图。无论哪种形式的访谈，督导人员都需要事先拟好访谈提纲，才能确保对访谈过程的把握和控制。

（一）访谈问题的设定

督导访谈中的问题有很多不同的类型，在实际的访谈中，督导人员应当根据不同类型问题的目的，选择适当的提问方式[①]。根据督导访谈中问题的内容，可以分为经验或行为问题、意见或价值问题、感受问题、知识问题、感官问题、背景或人口统计学问题；根据回答的方式，可以分为描述性问题、结构性问题、对比式问题；根据问题的开放性程度，可以分为开放式问题和封闭式问题。例如，经验或行为问题，是对已经发生的事实的回忆，可以获得访谈对象关于经验、行为、活动等的描述。使用这种类型的问题，可以了解政府、学校等教育督导对象已经做了或正准备做的事情。对比式问题能够让访谈对象从自身出发，对情境、事件或感受进行比较，让督导人员了解其内心的真实想法和主要观点。开放式问题不提供具体答案的范围，允许访谈对象自由回答，具有很强的灵活性，适用于一些需要深度了解的问题。封闭式问题往往有选项判断，只需用一两个词作答。这类问题能够方便地进行后期的统计分析，并且，对于一些敏感性问题，封闭式的提问方法能得到相对真实的回答。

（二）安排问题次序

设定好问题后，为了使整个访谈具有逻辑性、系统性，督导人员还应当根据访谈的目的和内容，安排好问题的呈现次序。

教育督导问题安排的次序，可以分为漏斗式和倒漏斗式两种[②]（如图6-3所示）。漏斗式访谈以开放式问题开始，以获取足够有价值的信息，在获得访谈对象充分信任的情况下，再采用封闭式问题，直接了解具体的信息或细节。倒漏斗式访谈以封闭式问题开始，直接高效地收集需要的信息，再采用开放式

① 殷伯明，朱一军，周东红等. 教育督导方法论［M］. 上海：上海三联书店，2013：169—172.

② 殷伯明，朱一军，周东红等. 教育督导方法论［M］. 上海：上海三联书店，2013：173.

问题，对具体的信息或细节进行验证。一般来说，在访谈时间有限的情况下，如果设计的问题都很简明易懂，并且答案的可能性较少，多采用倒漏斗式安排问题的顺序。

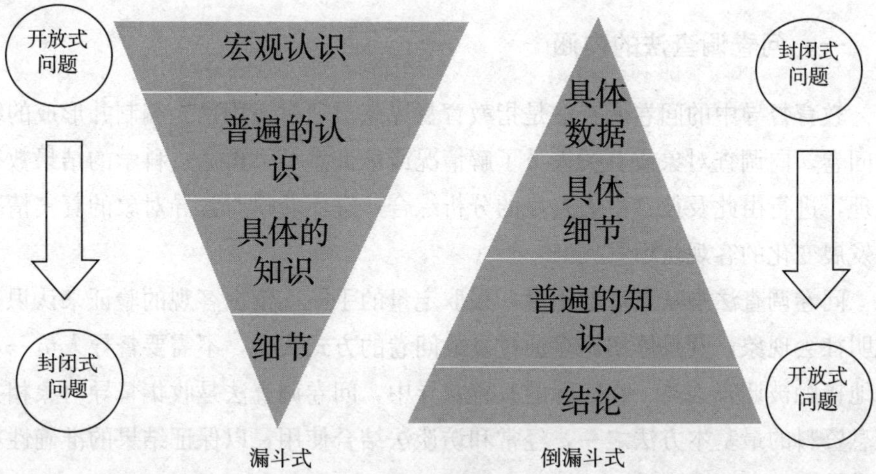

图 6-3 漏斗式访谈方式和倒漏斗式访谈方式示意图

在选择漏斗式或倒漏斗式的提问顺序之后，督导人员需要仔细分析问题内部的关联性，进一步调整提问的顺序。督导人员可以将整个督导访谈的内容分成若干个下一级研究主题，然后确定下一级研究主题之间的关系，并根据这种关系安排问题。督导人员只有对访谈内容本身有清晰的分析与认知，才能安排好问题呈现的次序。因此，安排问题顺序的过程也能够帮助督导人员理清思路，进一步明确访谈内容。

经过以上两个步骤，可以通过实际的试谈来检验访谈提纲的科学性、合理性、可行性，并对提纲初稿进行修订，形成正式的访谈提纲。

第四节 问卷调查法

英国社会学家莫泽指出：“十项社会调查中，有九项是采用问卷调查的。”

美国社会学家艾尔·巴比更称“问卷是社会调查的支柱”①。在教育督导中，问卷调查法也是经常使用的方法。问卷调查法是否能严格地遵循科学的程序和方法进行，决定着教育督导的结果是否真实可信。

一、问卷调查法的内涵

教育督导中的问卷调查法是指教育督导人员通过运用预先编制并形成的统一问卷，向调查对象或有关人员了解情况或征询意见，再通过科学的结果数据处理，进行由此及彼、由表及里的分析综合，进而获得对督导对象的真实情况和发展变化的客观认识②。

问卷调查法是从宏观的角度，采取定量的手段，依据客观的验证来认识和说明社会现象，其具体实施多通过发放问卷的方式实现，不需要督导人员一对一地接触被调查人员。在实际的教育督导中，问卷调查法是收集督导对象相关信息资料的最基本方法之一，经常和访谈法结合使用，以保证结果的准确性和科学性。

问卷调查法具有以下特点。一是标准化。标准化程度高是问卷调查法的最大特点。需要通过标准化流程的定性要求和测量学指标的定量要求，共同保证问卷调查法的科学性、准确性和有效性，从而避免督导过程的盲目性和主观性。二是效率高。问卷调查法消耗相对较少的人力、物力，在短时间内收集大量的资料，具有较高的效率。三是真实性。问卷调查法多采用不记名的方式，调查对象不会产生较多的顾虑，从而可以在回答时自由发挥，反映自己真实的观点和态度。尤其对于那些在访谈法中不宜进行当面询问的敏感性问题，使用问卷调查法往往能得到较为真实可靠的信息③。

二、问卷的基本类型

教育督导中使用的问卷有很多不同的类型。从要求回答的形式来看，可以

---

① 苏君阳，杨颖秀，李帅军．教育督导学［M］．北京：北京师范大学出版社，2012：195.

② 殷伯明，朱一军，周东红等．教育督导方法论［M］．上海：上海三联书店，2013：132.

③ 苏君阳，杨颖秀，李帅军．教育督导学［M］．北京：北京师范大学出版社，2012：196.

分为开放型问卷、封闭型问卷和综合型问卷；根据问卷的传递方式，可以分为纸质问卷、访问问卷和网络问卷。

（一）开放型问卷、封闭型问卷和综合型问卷

开放型问卷又称为无结构问卷。这类问卷在问题的设置和安排上，没有严格的结构形式，也没有事先列出任何选择答案，调查对象可以根据自己的意愿用自己的语言陈述和自由作答。开放型问卷允许调查对象自由发挥，因此会比封闭型问卷反映出更多的信息。一般来说，在督导初期，督导人员对学校情况还不很了解的情况下，可以采用开放型问卷在小范围内进行调查，以帮助设计封闭型问卷，进行较大规模的调查和定量分析①。另外，在督导人员面临较复杂、涉及调查对象较深层次心理活动的研究问题时，采用开放型问卷能更全面了解调查对象的认知、情感、态度和心理，搜集到丰富的素材。但是，开放型问卷由于没有统一的回答格式，因此难以进行进一步的定量分析，有时还会收集到大量与督导问题无关的信息，降低问卷调查法的效率。

封闭型问卷又称为结构化问卷，是指在问卷中对每个问题都事先列出可供选择的答案，调查对象可以根据自己的实际情况，在所限定的范围内挑选最合适的答案。首先，封闭型问卷提供了设计好的各种选项以备选择，调查对象不需要花费过多的时间、精力来完成问卷，提高了问卷收集信息的效率。其次，结构化问题题干具体，答案简单，有利于调查对象正确理解题意和回答问题，增强了调查对象回答问题的一致性和准确性。最后，封闭型问卷的回答格式是统一的，这种一致性便于督导人员进行后面的统计处理和分析。但是，由于这种问卷事先限制了被调查者的答案，使得调查对象有时不能真实、完整和深入地作答，难于表达自己独特的观点和看法②。另外，由于结构化问题要科学、合理地设置选项，并且充分吸收和借鉴实际经验，因此开发封闭型问卷往往需要花费更多的精力。

综合型问卷又称为半开放半封闭型问卷，是指在一张调查问卷中，既有封闭型问题，又有开放型问题。综合型问卷一般是以封闭型问题为主，根据需要

① 苏君阳，杨颖秀，李帅军. 教育督导学 [M]. 北京：北京师范大学出版社，2012：196—197.

② 董奇. 心理与教育研究方法 [M]. 北京：北京师范大学出版社，2004：192.

适当补充一些开放型问题①。这样，可以根据不同的调查内容选择不同类型的问题，从而充分发挥两类问题的优点，又弥补它们的不足。

（二）纸质问卷、访问问卷和网络问卷

纸质问卷是以纸张的形式印制问卷，然后将问卷送到调查对象手中，调查对象采用纸笔作答的方式完成问卷调查。纸质问卷是一种传统的问卷类型。机读卡填答问卷是纸质问卷的一种变形。

访问问卷是督导人员按照统一设计的问卷，向调查对象当面提出问题，然后将其口头回答填写在问卷中，访问问卷一般由开放型题目组成②。督导人员通过访问，可以有效地控制整个调查过程，也可以观察和了解调查对象的态度等其他信息，有利于对结果进行补充。

随着互联网的发展，网络问卷成为一种新兴的问卷形式。督导人员可以将编辑好的电子版问卷，通过特定的平台发布到网络上，调查对象打开相应的网址就能浏览完整问卷，然后按照要求完成问卷调查并提交。督导人员在后台能够直接查看采集的数据，完成各种分类统计与交叉分析。

三、问卷的一般结构

一份科学完整的问卷不仅包括问卷题目，还应当包括其他的部分以辅助调查对象更好地填答问卷。问卷的结构一般包括问卷名和指导语、问题和答案、结束语三个部分。

（一）问卷名和指导语

问卷名是问卷的标题，是对问卷目的和内容的高度概括，目的在于让调查对象对调查内容有大致的了解。

指导语是用以指导调查对象填写问卷的一组说明性文字，其作用是对填答的方法、要求、注意事项等做总体说明，有时还会附上一两个范例，从而帮助调查对象更好地理解问卷，有效作答。指导语的写法要求简明易懂，需让调查

---

① 苏君阳，杨颖秀，李帅军．教育督导学［M］．北京：北京师范大学出版社，2012：197．

② 董奇．心理与教育研究方法［M］．北京：北京师范大学出版社，2004：187．

对象一看就能明了问卷设计者的要求①。

（二）问题和答案

问题和答案是问卷的主要组成部分。问卷中的问题，根据其所涉及的内容一般可分为四种类型：背景性问题、客观性问题、主观性问题和检验性问题②。通常问卷都先呈现背景性问题，帮助督导人员更好地了解调查对象。然后呈现与调查内容紧密相关的其他问题。对于结构化问题（封闭型问题），还需要呈现问题的备选答案。答案的形式包括是否式、多项选择式、排列式、量表式等③。

（三）结束语

结束语是问卷的最后一部分。通常，结束语会有三种形式。一是设计几个开放性问题，让调查对象补充说明有关情况，对个别问题做出更深入的回答④；二是问卷设计者用短语对调查对象的合作再次表示感谢；三是有时为了寻找接受后继访谈的样本，督导人员会在结束语处询问调查对象是否愿意接受访谈，如果愿意，请他留下姓名及联络方式等⑤。

四、问卷调查的流程

（一）制订问卷调查方案

问卷调查方案是整个问卷调查方法的纲要，决定着问卷调查的有序性和高效性。问卷调查方案一般应包括以下内容：确定教育督导问卷调查的目标，选择问卷对象，准备问卷表、统计表、计算机、录音机等调查工具，组织问卷调查人员，安排调查时间和经费，安排其他相关工作。问卷调查方案的制订应遵循可行性、完整性、经济性、有余地的原则⑥。

---

① 殷伯明，朱一军，周东红等. 教育督导方法论［M］. 上海：上海三联书店，2013：133.

②⑤ 朱雁. 调查研究法之问卷调查法（3）——问卷的基本结构［J］. 中学数学月刊，2013（9）：1—4.

③ 董奇. 心理与教育研究方法［M］. 北京：北京师范大学出版社，2004：192.

④ 董奇. 心理与教育研究方法［M］. 北京：北京师范大学出版社，2004：189.

⑥ 殷伯明，朱一军，周东红等. 教育督导方法论［M］. 上海：上海三联书店，2013：147.

（二）设计问卷

问卷设计应遵循目的性、全面性、计划性的原则①。问卷设计一般有两种方式。一种是直接沿用现有量表。这些量表一般具有较高的权威性，得到了学术界的普遍认可，在实践中也经常被使用。如果现有问卷不能满足督导评估的需要，则需要自行设计量表。在自行设计问卷之前，督导人员必须考虑到问卷中将要出现哪些需要调查的变量，问卷中各变量之间的关系以及问卷中各变量之间的结构如何安排②。然后，督导人员再围绕督导的目的、任务、内容及假设，设计具体的问题和答案。问题设计完成后，要按照一定的顺序进行编排：简单易懂的问题放在前面，生疏、较难回答的问题放在后面；把调查对象可能感兴趣的问题放在前面，把调查对象可能会紧张和有顾虑的问题放在后面；把有关个人背景资料的问题放在前面，行为方面的问题放在中间，态度方面的问题放在后面；把封闭型问题放在前面，把开放型问题放在后面③。

（三）试用和修改

问卷设计完成后，不宜直接使用，必须经过试用和修订的步骤。试用一般是根据问卷质量分析需要，选取一定量的调查对象样本，再让这些调查对象填答初步设计的问卷。督导人员通过收集来的数据计算出信度、效度等测量学指标，对问卷质量进行分析；然后结合该领域的专家和研究人员的意见，对问卷进行必要的修改，形成最后的正式问卷④。

（四）选择调查对象

问卷调查的调查对象一般通过抽样的方式产生。在教育督导的问卷调查中，一般使用概率抽样的方法，根据调查目的和要求，按照随机性原则进行抽样。常用的抽样方法有简单随机抽样、系统抽样、分层抽样、整群抽样和多阶段抽样。

（五）培训调查人员

培训内容主要包括：问卷调查的目的与要求，问卷设计的原理，调查人员

---

① 董奇. 心理与教育研究方法［M］. 北京：北京师范大学出版社，2004：189—190.

② 陶永明. 问卷调查法应用中的注意事项［J］. 中国城市经济，2011，(20)：305—306.

③ 苏君阳，杨颖秀，李帅军. 教育督导学［M］. 北京：北京师范大学出版社，2012：198.

④ 董奇. 心理与教育研究方法［M］. 北京：北京师范大学出版社，2004：190.

的任务分工，相关的教育政策、法规和教育理论，教育督导的技能，客观公正的态度等。

（六）问卷的发放与回收

教育督导调查问卷的发放应首先征得有关单位的同意。对于纸质问卷，最好利用调查对象集中的机会，由督导人员在对问卷调查做出解释说明之后，亲自发放，这样有利于提高问卷的回收率和问卷填答质量。有的情况下，也可以委托组织或他人发放，但需制定严格的操作规范。对于网络问卷，可以采用公布网址的方式发放①。

问卷的回收率会影响教育督导问卷调查的质量。据有关专家研究测定，回收率50%是问卷调查的最低要求，成功的问卷调查回收率应在70%以上②。

（七）结果处理与分析

问卷结果的处理与分析一般包括两大步骤。一是处理数据，即剔除无效问卷、删除在某些问题上无效作答的数据、定义缺失值、定义选项类别、处理反向计分的题目等。二是分析数据，包括对数据进行定性分析和定量分析。定性分析主要针对开放型问题，定量分析主要针对封闭型问题。其中，定量分析是问卷调查结果分析的主要方法。通过描述统计可以了解调查结果的主要特征；通过回归分析、方差分析、聚类分析等方法，可以建立数学模型，挖掘研究对象的规律，得出更多丰富的结论。督导人员完成结果处理与分析之后，要形成基本的结论和建议，并撰写问卷调查报告。

第五节　评估监测方法

随着教育督导工作的不断发展，形成督政、督学、评估监测三位一体的教育督导体系，成为我国深化教育督导改革，转变教育管理方式的主要思路。通

① 苏君阳，杨颖秀，李帅军. 教育督导学［M］. 北京：北京师范大学出版社，2012：198—199.

② 殷伯明，朱一军，周东红等. 教育督导方法论［M］. 上海：上海三联书店，2013：148.

过建立专业化教育质量评估监测体系，对各级各类教育进行科学、系统、权威的评估监测，为改进教育教学、管理、决策提供依据和支撑成为改革的主要目标①。因此，在现代的教育督导中，评估监测方法作为一种重要的教育督导方法，正发挥着越来越大的作用。

一、评估监测方法的概念

评估监测方法是指通过运用科学的评估监测工具，全面、深入地对教育质量进行多层面、多角度、跨区域的对比，帮助学校、教育行政部门了解教育质量的现状，并通过探求影响学生发展的因素，引导整个教育体系向着提高教育质量的方向迈进。由于评估监测的对象多针对区域，因此，运用评估监测方法的主体一般为县级及以上的教育督导部门。

评估监测方法强调过程导向，重在诊断、指导和提高；目的在于用科学的方法技术获取信息，对教育教学现状做出诊断，提供改进策略和决策依据；涉及的考察内容不仅包括综合素质，还包括社会、家庭、学校环境等影响学生发展的相关因素。通过对教育质量进行评估监测，能够为教育行政部门准确把握基础教育质量状况，制定相关决策提供参考；为学校科学诊断基础教育存在的问题和原因，强化管理提供依据；为教师改进教育教学，不断提高教育质量提供建议，从而进一步促进学生全面而个性地发展，健康而快乐地成长。运用评估监测方法开展各级各类教育质量监测评价已经逐渐成为提高教育质量的有力举措，同时，也对深化教育督导改革、充分发挥教育督导作用，提出了新的要求。

二、评估监测工具的研发

评估监测工具一般包括学业能力发展水平试卷和背景因素问卷。其研发过程主要包括以下一些步骤。

（一）学业能力发展水平试卷的研发流程

1. 组建工具研发专家团队

依据具体的监测任务，遴选相关领域的专家，组建负责学业能力发展水平

① 宗河. 转变教育管理方式推进管办评估分离［N］. 中国教育报，2014-02-19（1）.

试卷研发的专家团队。对专家进行培训，讲解监测的目的、意义以及内容；同时组织专家对课程标准、监测科目的教材再次进行细致深入的解读和研讨。通过对监测工作全面细致的介绍，引导专家在后续的工作中，以对学生的能力考查为宗旨，采用科学的方式进行工具研制和修订。

2. 确定学业能力发展水平试卷框架及双向细目表

经过专家组的讨论，明确工具框架和双向细目表。框架及双向细目表是学业能力发展水平试卷研发的重要依据之一。框架确定了要从哪些方面考察学生在该学科上的能力。双向细目表详细规定了试卷考察的内容和能力，有的还进一步标明每个方面所包含的题目数及题目类型。确定学业能力发展水平试卷框架及双向细目表，能够为题目的征集和编写提供蓝图。

学业能力发展水平试卷框架及双向细目表的确定要充分考虑和反映监测的目标，同时，要注意题目类型的搭配，尽可能选用客观题，以减小主观评分带来的误差。

3. 试题初编

专家组根据框架及双向细目表，征集题目并研磨题目。编制题目时应统一考虑题目难度分布是否适宜。

4. 学生访谈

选择学生对题目的作答过程进行出声思考，并对访谈过程进行详细记录。访谈不仅可以反映试题质量，也可以反映不同层次学生做题的不同策略及思维过程。访谈应选取在该学科上优秀、中等、困难的学生各 2—3 名，从而保证考察题目的作答思路具有代表性。

5. 题目修改

整理访谈结果，对题目进行第一次修改。通过访谈，能够了解题目的语言表述是否清晰、准确，学生是否熟悉题目的背景，学生的作答类型是否与命题预设一致等。根据以上信息修改题目，是对题目质量进行的第一次把关。

6. 试卷预试

选取学生群体，进行试卷的预试。预试通过一定的样本量，能够从测量学角度反映题目的质量问题，从而再次对工具质量进行严格控制。根据选用的项目反应模型不同，对预试样本量有不同的要求。一般来说，采用 Rasch 模型估计题目参数，预试样本量应当为五百人左右，样本应当包含城市、乡镇、农村地区的学生。预试的时间控制应与正式测验保持一致。

7. 评分说明研发

先由专家商讨制订评分说明手册初稿。然后根据预试结果，对评分说明手册进行修改。最后根据评分说明进行预试的阅卷。评分说明的制订为预试和正式施测的阅卷及结果分析奠定了基础。对评分说明的制订和修改应当参考学生实际作答的特点及多年教学经验。

8. 分析预试结果，撰写工具质量分析报告

对预试结果进行统计学分析，得到试卷相应的测量学指标。这些指标能够从选项分布、难度、区分度、信度等角度，检验工具质量，为试题修改提供科学依据。工具的质量分析应同时给出题目的经典测量学指标和基于项目反应理论的指标。

9. 题目修改

根据工具质量分析报告结果，再次修改题目，直至最后确定作为测试试卷的学业质量监测工具。

需要注意的是：最后的题目修改应当广泛征求专家团队的意见，在符合测量目标并且达成共识的基础上，形成最终稿。

10. 通过专家论证审核工具

组织学科专家、教育测量专家以及教育行政部门领导就监测工具的开发流程和各测量学指标结果进行审核。审核工具一般包括内部审定和外部审定两个环节。通过论证，能够保证工具同时具有理论上的科学性和实践上的可操作性。

（二）背景因素问卷的研发流程

1. 组建问卷编制专家团队

组建负责背景问卷研发的专家团队，对专家进行相关培训。

2. 确定问卷编制的目标、依据和测试框架

根据监测目的，确定问卷编制的目标、依据和测试框架。问卷编制的依据主要为国外三大教育评价项目（PISA、TIMSS、NAEP）开发的学生问卷内容、国内外已有研究成果、我国相关政策要求以及社会关心的热点问题。测试

框架应当与学科紧密相关，同时包括学生背景信息、学业压力、学习动机等内容。

3. 问卷初编

根据确定的编制目标和测试框架，由专家团队进行问卷编制。按照国内外大型教育测评项目的惯例，该阶段应编制 2—3 倍于正式问答题的题目，以便之后的修改。

4. 问卷预试

根据问卷对象，选取一定的样本量，进行问卷预试。预试的样本应当来自于教育教学质量中等发展水平的地区，在该地区分别选取办学水平好、中、薄弱的学校入样。预试样本量一般为学生问卷 100 份左右、教师问卷 50 份左右、校长问卷 20 份左右。

5. 修改问卷

通过预试，能够获取被试完成问卷测试工具的时间，以此判断问卷工具的长度及作答时间是否合适；并且，能够收集被试对问卷的作答反应，获取问卷测试工具的题目质量信息。根据以上信息，对问卷进行修改。

三、评估监测实施过程

评估监测方法的实施过程不仅应当注重实施环节的完整性，做好质量控制，同时，也应注重实施过程中的可操作性，做到科学性与效率的统一。

（一）工具的设计和开发

评估监测工具的设计和开发应当严格有序地遵循相关的标准化流程，同时，最后形成的工具也应当符合测量学上的相关要求。一般来说，工具的设计和开发包括指标体系的确立、题目的编制、组卷、题目的评估、预试和修订等过程。工具质量分析的测量学指标主要包括信度、效度、难度、区分度、选项百分比、项目功能差异指标等。

（二）抽样设计

评估监测中的抽样设计通常根据不等概率抽样的原理①，采用多阶段抽样

① Cochran，W. G. （1977）. *Sampling Techniques*. New York：Wiley and Sons，98，259—261.

的方式，并考虑经济效率以及便于实际操作的可行性。

整个抽样设计中，应当根据调查目的、调查对象制订抽样方案。抽样方案的设计原则如下①：(1) 抽样设计要求对调查总体有较好的代表性；(2) 抽样方案要有较高的效率，即在相同样本量的条件下，方案设计应使估计的抽样误差尽可能小，设计效率尽可能高；(3) 方案要有较强的可操作性，不仅便于具体抽样的实施，也要便于后期的调查和数据收集。

（三）评估监测的施测

评估监测的施测是指组织样本调查对象参加试卷测试和问卷作答。

1. 组建数据收集网络

为了数据收集工作的顺利实施，结合我国特点，需要在评估监测实施之前构建结构合理、功能齐备、运转灵活、层级分明的数据收集网络体系。以国家教育质量监测为例，其数据收集网络体系就包括国家—省（自治区、直辖市）—县（市、区）—校四级。它们分别发挥不同的功能，共同保证国家教育质量监测数据收集的真实性和有效性②。

2. 工作人员的培训

评估监测实施中的工作人员包括各级负责人，以及具体的监考人员。编写好评估监测实施手册、遴选考务人员、进行扎实的监考人员培训是评估监测施测环节的重要内容③。

评估监测实施手册是开展调查的指导纲领。它要说明调查的目的、调查程序、调查过程中出现问题的应对措施，包括试题和问卷的指导语怎样宣读、测试学生的考勤怎样记录等。

遴选监考人员是一项严肃的工作。所选出的监考人员必须有强烈的责任心，熟悉教育教学。另外，参与测试学生的教师不能或不能独立作为监考人员，以免出现不公平的现象。

对监考人员的培训要充分说明调查的目的，按照考务手册，说明施测过程

---

① 易丹辉，肖宏伟．关于环境保护投资数据采集方法体系的探讨 [J]. 统计与决策，2011，(23)：4—8.

② 田慧生，孙智昌．学业成就调查的原理与方法 [M]. 北京：教育科学出版社，2012：310—311.

③ 田慧生，孙智昌．学业成就调查的原理与方法 [M]. 北京：教育科学出版社，2012：318.

的各种注意事项，务必使监考人员真正明白施测要求，负起责任来。

3. 落实准备工作

评估监测实施前，各级相关机构，特别是样本校，应当按照统一的要求，做好准备工作。其中，县级准备工作主要是评估监测工具接收、保管和运输的安排，特别要注意加强保密措施。校级准备工作主要包括检查学生名单、测试当天教学秩序的调整、学生测试教室安排、教师填答问卷场所设置等。

4. 准备测试工具

在评估监测方法中，由于调查的目的和主题较为广泛，调查的对象多元化，因此调查工具也呈现多样化的特点。在施测之前，保证工具印刷质量、实现对每个被试填答题本的有效管理是施测准备工作的重要内容。为了保护被试隐私，确保被试在安全放松的心态下完成调查，有的工具是匿名完成的。为了保证不同被试在不同时间接受的不同工具都能与该被试一一对应，教师能与所在学校的学生一一对应，必须给每位被试，每个学校、县（市、区）分配固定的编号，并采用一定的方式实现工具与被试相对应①。

5. 开展正式测试

评估监测方法的正式测试一般包括试题测试和问卷调查两个部分。在测试过程中，进行工具的标准化管理和严格保密是非常重要的。其中，标准化的测试过程是指：测试时间必须统一，测试环境要求一致，监考人员宣读测试指导语要求一致，考场纪律一致，测试完立即回收所有工具，并送到指定地点。另外，对工具的严格保密是保证评估监测质量的重要措施。必须保证工具在测试前、测试过程中以及测试后的安全和保密，不允许任何人以任何方式复制和留存工具②。

（四）评估监测的阅卷和数据录入

施测完成后，需要将收集到的信息进行转换，包括阅卷和数据录入等过程。具体而言，它包括制作编码手册，阅卷人员的遴选、培训，正式阅卷，数

① 董奇，林崇德．中国儿童青少年心理发育特征调查项目技术报告［M］. 北京：科学出版社，2011：50.

② 田慧生，孙智昌．学业成就调查的原理与方法［M］. 北京：教育科学出版社，2012：319.

据录入等过程。

编码是把被试在题目上的反应转换成变量取值的过程，主要体现在编码手册的制作上。编码手册是链接评估监测工具与数据库之间的纽带，它把题目信息与变量对应起来，变量的取值即被试在题目上的反应经编码转换后的代码值①。

阅卷人员必须选择责任心强、有丰富的教学经验、有大型测试阅卷工作经验的教师担任。

对阅卷人员的培训是提高评分者信度的重要措施，这主要涉及主观题的评分。重点在于让阅卷人员理解和熟悉评分规则，掌握评分规则对学生思维的考查要点。另外，如果采用网络阅卷的方式，还要对阅卷人员进行如何使用相关程序的技术培训。

正式阅卷时，客观题信息可以完全由机器进行读取。对于主观题，必须统计评分者信度，如果低于一定的标准，需要重新阅卷。这样才能保证阅卷的质量。

对于数据录入过程，如果是直接采用网络阅卷，可以自动实现数据信息的录入；如果是纸质工具，则需要采用专业录入软件，由经过培训的专业人员进行数据录入，并应当对录入的准确性进行检验。

（五）评估监测的数据分析

评估监测的数据分析是评估监测过程中专业性最强、技术要求最高的一个环节。它通常包括数据清理、计算抽样权重和误差、工具质量分析、测验计分和分数标定、调查数据结果分析等步骤。下面，着重介绍调查数据结果分析中几种典型的数据分析模式②。

1. 均值比较

当关注两个及以上群体在某个测量指标上是否存在显著差异时，需要采用均值比较的方法。均值比较一般涉及两个过程：一是显著性检验，二是效应值分析。

---

①② 董奇，林崇德．中国儿童青少年心理发育特征调查项目技术报告［M］. 北京：科学出版社，2011：54、159—184.

2. 百分比检验或卡方检验

当需要检验某一分类变量（如学习动机的类型）中每个类别的人数百分比是否存在显著差异时，需要采用百分比检验或卡方检验的方法。

3. 相关分析

当需要检验某两个变量之间是否具有相随变动的关系时，需要使用相关分析的方法。需要注意的是，从相关分析的结果不能直接得到因果关系的结论。例如，学习兴趣与学业水平高相关，但并不能说学习兴趣高是得到较好成绩的原因。

4. 回归分析

当需要探索两个或多个变量间是否相关、相关方向与强度，并建立数学模型以便观察特定变量来预测研究者感兴趣的变量时，需要使用回归分析的方法。例如，可以以学生的基本认知水平、学习习惯、学习自我效能感为自变量，以学生学业水平为因变量建立回归模型，探索背景变量对学业质量的影响程度。另外，在评估监测中，数据多具有嵌套结构（即学生嵌套于学校，学校嵌套于区县），因此在建立回归模型时，多采用多层线性模型的方法。

（六）评估监测的报告撰写

评估监测结束后，督导部门要发布相应的结果报告。这些报告包括评估监测的技术报告、工具质量报告、各级结果报告、学科报告等。其中，各级的结果总报告在评估监测中，对改进教育教学，为制定政策提供依据起着最重要的作用。

一般来说，结果总报告要涵盖以下内容：总论（评估监测的目的、设计等），学生在各学科上的总体表现、得分分布，学生在各学科、各内容领域和能力维度上的表现、优势和不足，学生在典型题目上的表现，背景因素与学业质量的关联，背景因素变量各选项的分布情况，不同地区、不同群体学生在上述各方面的表现，针对数据分析结果提出有针对性的政策建议和教育教学指导①。

① 田慧生，孙智昌. 学业成就调查的原理与方法［M］. 北京：教育科学出版社，2012：324.

【拓展性阅读】

《国家义务教育质量监测方案》内容简介

《方案》共十三条，对国家义务教育质量监测的目的、原则、学科、对象、周期、内容等做出了明确规定。主要内容包括以下八个方面。

（一）监测的目的与原则。监测的目的是客观反映学生学习质量和身心健康的状况，深入探究影响学生发展的相关因素，为政府转变教育管理方式、学校改进教育教学提供依据和参考。实施监测必须遵循客观性、规范性、引导性的原则，以确保监测结果客观准确。

（二）监测的学科领域与对象。依据我国义务教育课程设置的基本要求，考虑相关学科对学生发展的影响程度，确定语文、数学、科学、体育、艺术、德育为监测的学科领域。

考虑不同学段学生认知和学习能力发展的阶段性特征，根据义务教育课程标准对各学段各学科的划分情况，以义务教育阶段四、八年级学生为监测对象。

（三）监测的周期与时间。每三年为一个监测周期，每年监测两个学科领域。具体安排是：第一年度监测数学和体育，第二年度监测语文和艺术，第三年度监测科学和德育。

每年测试时间在6月中旬，具体时间在当年测试方案中确定。

（四）监测的内容。参照义务教育阶段各学科领域课程标准的相关要求，监测内容着重测查学生综合运用知识能力和解决问题能力。语文重点测查语文基础、文本阅读、书面表达，识别与推论、整合与解释、评价与鉴赏，学习兴趣、学习信心和学习习惯等。数学重点测查数与代数、图形与几何、统计与概率，知识的了解、理解和运用，学习兴趣、学习信心和学习习惯等。科学重点测查生命科学、物质科学、地球与宇宙，知识的了解、理解和运用，科学问题的探究、解释、解决，学习兴趣、学习信心和学习习惯等。体育重点测查身高、体重，视力、肺活量，力量、速度、耐力，兴趣与态度，健康、睡眠和锻炼习惯等状况。艺术重点测查对艺术作品表现形式、民族艺术作品特点、中外艺术作品表达主题和情感的了解、理解，对民族艺术的兴趣、喜爱，以及艺术活动的参与等。德育重点测查学生对社会主义核心价值观以及中华优秀传统文化的理解，日常生活中道德行为规范的掌握，基本国情、地理常识、历史常识、安全常识和法律常识等的了解，对与他人、与社会、与自然关系的认识。在监测语文、数学、科学、体育、艺术、德育等六个学科领域表现水平的同时，还对相关影响因素进行调查。

（五）监测的工具。监测工具包括纸笔测试工具和现场测试工具。纸笔测试工具分为学科测试卷和调查问卷。测试卷主要测试学生学业水平；问卷主要调查影响学生学业水平的相关因素，分为学生问卷、教师问卷、校长问卷三种。现场测试工具主要考查学生的运动能力、动手能力和操作能力。

（六）监测的样本与测试。从我国义务教育阶段学校和学生量大面广的实际出发，采用分层抽样方法抽取样本：一是主要根据人口总量、经济和教育发展水平抽取样本县（市、区）；二是根据地理位置、城乡分布、学校类型等因素抽取样本学校；三是随机抽取样本学生。

全国所有样本校均按统一要求，于规定时间，在本校进行统一测试。

（七）水平划定与监测报告。根据课程标准和学生答题的实际表现，按照一定的程序对学生学业水平进行等级划分和具体描述，以反映学生达到课程标准及相关要求的程度。具体是将学生在相关学科领域上的表现分别划分为水平Ⅰ、水平Ⅱ、水平Ⅲ、水平Ⅳ四个水平段。

在划定表现水平和客观分析数据的基础上，形成基础数据报告、分省监测报告和国家监测报告三类报告。基础数据报告主要呈现以县为单位的原始数据汇总。分省监测报告主要呈现各省（区、市）学生有关学科领域的表现状况及相关影响因素。国家监测报告主要呈现全国学生相关学科领域的总体表现状况及相关影响因素。

（八）监测的组织实施。国务院教育督导委员会办公室主要负责统筹规划、政策指导，委托相关专业机构承担业务培训、工具研发、数据采集、撰写报告等工作。

各级政府教育督导部门按照国务院教育督导委员会办公室的相关要求具体组织实施。省级教育督导部门负责本地区的测试组织和过程监督，县级教育督导部门负责组织现场测试。

（摘自教育部新闻发布会散发材料：《建立国家监测制度促进义务教育质量提高》）

第七章
教育督导结果与运用

建立健全教育督导结果运用制度是加强政府和教育主管部门对教育工作全方位领导、督促的需要，也是教育部门对自身工作总结、调整、改革、提高的需要，有助于推广好的经验做法，提升办学水平，提高教育教学工作的整体质量，对整个教育督导工作的效率和质量具有重要意义。

第一节　教育督导报告

近年来，我们不断加强和改进教育督导工作，特别是针对教育热点难点问题、教育重大突发事件开展了一系列教育督导，并在督导结束后及时向社会公开教育督导报告，有力地推动了地方和学校针对督导意见加强整改、解决问题，大大提高了教育督导的权威性。教育督导报告主要是指督导组或督导人员在对被督导对象进行督导活动之后，形成的书面报告，一般包括督导过程、督导意见、整改情况三部分内容。教育督导报告与教育督导意见书，既有联系也有区别。两者的联系在于它们都是基于现场督导后由督导组形成的统一意见。不同之处主要表现在两个方面：一是内容上的区别，教育督导报告除了包括教育督导意见书中的内容之外，还包括对督导过程与整改情况的报告等；二是时间上的区别，教育督导意见书要求在现场督导活动结束后就要形成并反馈给被督导单位，而教育督导报告则根据种类不同，其时间要求也不尽相同。

一、教育督导报告的种类与概念

教育督导报告分为专项督导报告、综合督导报告和年度督导报告。

（一）专项督导报告

专项督导报告是教育督导机构就《教育督导条例》规定的一项或者几项督导事项，对被督导单位实施专项督导后形成的督导报告。专项督导报告的主题比较明确，内容比较聚焦，专题性的特点十分明显，主要反映教育中的一些热点、难点问题，如《全国教育信息化工作专项督导报告》《北方地区中小学校冬季取暖专项督导报告》等。

（二）综合督导报告

综合督导报告是教育督导机构就《教育督导条例》规定的所有督导事项，对被督导单位实施综合督导后形成的督导报告。相对于专项督导而言，综合督导的主题更大，内容更多，涉及面更宽，指标更具体、完整，花费的时间更长，督导的空间更广。如《国家教育督导报告：关注中等职业教育》，就属于综合督导报告。

（三）年度督导报告

年度督导报告是教育督导机构根据一个年度内实施专项督导和综合督导的情况，总结形成的督导报告。教育部发布的《2014 年教育督导报告》就报告了截至 2014 年年底全国教育督导发展的整体现状。《四川省县域义务教育均衡发展监测年度报告（2014）》就报告了截至 2013 年年底四川省全省县域义务教育的总体情况及 181 个县（市、区）义务教育均衡发展的基本状况。

二、教育督导报告的撰写

《国务院教育督导委员会办公室关于印发〈中小学校责任督学挂牌督导规程〉和〈中小学校责任督学工作守则〉的通知》第十六条明确要求：“责任督学应独立完成月度、季度、年度督导报告。督导报告应包括督导任务、督导过程、典型经验、突出问题、督导结论以及督导建议等。报告应实事求是、观点鲜明、文字简练、言之有据。”教育督导报告应充分肯定成绩，鼓励进步，并实事求是地指出存在的问题，提出意见和建议。督导部门在督导报告中提出的意见和建议，被督导对象如无正当理由就应当接受，并采取相应的改进措施。通过督导报告提出意见和建议，可以帮助被督导对象不断发扬成绩、改进工作，纠正缺点、弥补不足，从而推动其教育工作得到更好的发展。

（一）教育督导报告的结构

2015年3月，国务院教育督导委员会办公室颁布了《教育督导报告发布暂行办法》，对教育督导报告的主要内容做了明确的规定，指出教育督导报告一般分为督导过程、督导意见、整改情况三部分，主要包括教育督导机构开展督导工作情况、被督导单位和有关部门工作情况、督导中发现的问题以及整改要求、被督导单位整改情况等内容。

1. 督导过程

本部分是正文的开头，根据行文的实际情况，在撰写时可与前言合成一个部分。

本部分主要交代督导活动的一些基本情况，主要是教育督导机构开展督导工作的情况，包括实施督导的机构、时间、对象、事项、内容、方式及督导人员等。如果督导的是学校，更要详细写明被督导学校的基本情况，如学校的规模、学生数、教职工数、占地面积、教学设施设备、校舍状况等。

本部分相当于文章的引言，通过交代督导的事由，引导读者阅读和更好地理解全文，同时能够方便领导同志在百忙中便捷地了解督查到的基本情况，用更多的时间考虑决策问题，提高效率，最终也能使督导工作的实际效益得到最大程度的发挥。

2. 督导意见

本部分主要是被督导单位针对督导事项采取的措施、工作进展及成效，督导中发现的问题，以及相应的整改建议。

本部分第一项内容主要围绕被督导单位针对督导事项所采取的措施以及工作的进展与成效进行撰写。以教育督导报告的形式对成绩与经验进行总结，能让各级政府、教育行政机关以及督导机构及时掌握基层教育的新情况、新问题、新经验；能充分发挥督导的激励改进作用，督促被督导对象及时了解教育教学过程的成功与失败之处，及时调节和改进工作，发扬成绩，纠正缺点，促进教育教学工作不断前进。将被督导单位工作所取得的成绩和进步，通过教育督导报告给予表扬、推广，对其今后工作以及其他教育部门也能产生激励作用，能够引发教育内部的良性竞争。由此可见，这部分内容是督导报告极为重要的部分，是保证督导报告充分发挥评价、激励、导向、推广功能的重要组成。

揭示督导中发现的问题是本部分的另一重要内容。主要揭示的问题包括因为主观原因造成的工作失误、存在的缺点和不足。困难主要反映的是因为客观原因造成的环境条件的限制，这些限制阻碍了前进的步伐，影响了工作成效。根据被督导对象在教育履职、教育管理、教育教学工作中存在的问题，提出可操作的改进建议，对学校获得可持续发展具有决定性的意义。写好本部分内容对解决被督导单位工作中存在的问题，促进被督导单位改进工作有重要意义。同时，本部分还充分体现了教育督导报告的监督功能。通过提出问题与不足，督促被督导对象整改，可以保证国家和上一级政府制定的教育政策、规定得以贯彻执行，发扬成绩，纠正失误，提高工作效率，把教育工作做得更好。

提出相应的整改建议是本部分又一重要的内容。通过向被督导对象有针对性地提出意见和建议，引导其自觉地改进不足之处，提高工作和学习质量，促进其不断发展。意见是针对存在的问题提出的，指明问题的严重性，指出应该怎么做，不应该怎么做。建议是为被督导对象指点迷津，打开思路，指明发展方向，给予方法路径方面的指导，具有前瞻性。针对存在的问题提建议时，首先要对问题进行分析，找出其原因，再提出相关的建议。如原因出在被督导单位，就要提出整改意见，责令限期改正；对原因不在被督导单位的问题，则要写出请求协助解决的建议和意见。督导报告通过科学的分析，根据实际情况，提出解决问题的意见和建议，为有关部门恰当处理提供参考，对督促被督导单位全面贯彻国家和地方的教育目标、法规、政策以及指导教育工作具有重大的推动作用。因此，本部分是教育督导报告发挥管理、指导、调控功能的重要部分。

3. 整改情况

本部分主要是被督导单位根据督导意见进行整改、落实、问责的情况。这部分内容主要包括被督导单位在收到督导意见后，是否对自身存在的问题进行了深刻的反思和分析，是否对问题采取了积极的措施予以解决，以及是否对造成问题的主要人员进行问责。同时，本部分也可作为正文的结语部分。

教育督导限期整改是指教育督导机构根据教育法律法规组织的督政、督学活动过程中，被督导单位及相关单位按照教育督导机构督导意见书中所提的整改建议要求，在规定时限内纠正错误或解决问题的行为。限期整改是教育督导运行机制的关键环节，是教育督导取得成效的重要步骤。《教育督导条例》第二十一条、第二十二条明确提出“督导意见书应当就督导事项对被督导单位做出客观公正的评价；对存在的问题，应当提出限期整改要求和建议”，“被督导单位应当根据督导意见书进行整改，并将整改情况报告教育督导机构”。建立和完善教育督导的限期整改制度，有利于被督导单位及相关单位改进工作，更好地履行所承担的教育职责；有利于加强教育工作的行政监督，规范教育督导工作；有利于发挥教育督导监督、检查、评估和指导的职能，提高督导的实效，保障教育目标的实现。

（二）教育督导报告的撰写要求

《教育督导报告发布暂行办法》对教育督导报告的撰写提出了明确要求：“描述督导过程要简明扼要；总结被督导单位的工作情况要客观公正；反映督导中发现的问题，要准确、客观、具体，不回避、不掩饰、不夸大；提出督导意见，要观点鲜明、针对性强，具有专业性、指导性和可操作性；被督导单位的整改情况，要措施具体、期限明确、效果明显。”

1. 格式规范

在教育督导报告的具体行文格式上，部分地方实际工作中并未完全采用“四段式”的结构。由于反映情况类报告一般行文篇幅较长，在写法上具有相对的灵活性，结构安排不拘一格，怎样分层分段要视具体内容和行文目的而定，因文而异。在不影响公文基本功能的基础上，一些地方适当调整了报告的整体结构，采取了“三段式”的结构，如有的将“基本情况说明”部分作为全文的引言来使用，有的将“存在的问题与不足”和“改进意见与建议”合在一起作为一个部分书写。有时督导报告的篇幅比较长，为了便于阅读，也可在文章之前写上“内容提要”。有时也可在正文后面添加附件，附件是督导报告的必要补充，使正文不至于冗长，内容包括问卷汇总统计表、听课评课汇总表、学校基本情况表等。

2. 内容简洁

教育督导报告除了在行文格式上有一定要求外，在具体内容上，也要力求简洁。此外，还应注意以下几个方面。一是要符合党的路线、方针、政策，符合国家法规及有关规定，完整、准确地体现上级意图，全面客观地反映实际情况，实事求是地提出和解决问题。二是要重点突出，观点鲜明，结构严谨，层次清楚，文字精炼、通畅，用词准确、规范，篇幅力求简短，人名、地名、时间、数字、引文准确。引用公文应写明发文机关、标题、发文字号，公文中必须使用国家法定计量单位。三是要坚持实事求是的原则。报告中的数据事例要准确、真实、客观。督导结论要公正、客观。在充分肯定成绩的基础上，切实指出被督导对象存在的不足和问题，提出的改进建议应具有可操作性，切忌空洞。四是在原则问题上要保持严肃性、权威性，注重针对性，突出重点问题，不泛议，不求全，层次清楚，简明扼要，表述准确。总的来说，教育督导报告要使被督导对象能够清楚自己的成绩，明白需要改进的方面及今后的发展方向。

三、教育督导报告的公开发布

为合理运用督导结果、进一步推动和促进教育改革发展、体现教育公平公正、接受公众监督，教育督导结果面向社会公开发布已然成为大势所趋①，是世界上大多数国家的普遍做法。比如，作为世界上建立教育督导制度最早的国家之一，英国教育标准局会定期向议会提交并向社会公布教育督导年度报告。2002年9月1日，荷兰正式颁布实施了《教育督导法》。督导法规定：督导工作框架和督导的方式方法由总督学负责制订，教育科学部予以批准。督导报告要予以公开出版②。总之，向社会公开发布教育督导结果是大势所趋，也是我

① Hendricks, M. Making a splash: Reporting evaluation results effectively. In J. S. Wholey, H. P. Hatry, K. E. Newcomer (eds.), *Handbook of Practical Program Evaluation*. SanFrancisco, CA: Jossey Bass, 1994.

② 教育督导制度与教育质量监测考察团赴西班牙、德国、荷兰考察报告［EB/OL］．［2015-04-07］．http://www.moe.edu.cn/publicfiles/business/htmlfiles/moe/moe_626/201012/113449.html.

国教育督导的一项基本制度，这有利于保障社会、学校、家长的知情权，让公众能真实地了解国家教育发展的总体状况，监督学校工作的改进。

（一）教育督导报告发布的时间与程序

《教育督导报告发布暂行办法》指出："专项督导报告应当在督导结束后7日内向社会发布；综合督导报告应当在督导结束后15日内向社会发布；年度督导报告应当在次年一月底前向社会发布。"国务院教育督导委员会办公室在《深化教育督导改革转变教育管理方式的意见》中提到，要提高教育督导的权威性和实效性，必须完善教育督导和评估监测结果使用机制。其中一个非常重要的使用机制就是完善教育督导和评估监测报告发布制度，规范流程，丰富载体，提高实效。

除了在时间上的要求之外，教育督导报告的发布还应遵守一定的程序。在德国，为了加强对教育质量的监控和评价，各州都相应地建立了教育质量评估研究所，配合教育督导机构负责对各类教育的评价和研究工作。研究所要掌握每年每一所学校自评的情况，并规划和落实每年评估的学校计划，提出督导报告。德国高校的教学评估报告起草后，将召开由评审专家、教学评估机构代表、学校领导和院系代表参加的联合会议，征求校方对评估结果的意见，在达成共识的前提下表决通过评估报告。此报告将向社会公开发布。

（二）教育督导报告发布的途径

教育督导报告可以采取政府网站、新闻发布会、报刊、广播、电视等方式对外发布。充分利用网络等现代信息技术，可以确保教育督导报告发布的时效性；发布方式多样，有利于加大教育督导报告的公开力度，扩大教育督导报告的影响力。在日本，教育督导结束之后，督导部门以多元化的方式发布其督导结果，如编写教学参考书和工作指南之类的资料，以及每年定期举办讲习班和研讨会等积极方法促进学校工作①。

2006年2月，国家教育督导团首次向媒体发布了《国家教育督导报告2005》。此次发布的国家教育督导报告以"公共教育资源配置均衡状况"为主题，指出我国正处在经济社会发展的重要转型时期，义务教育状况在城乡间、

① 顾明远．外国教育督导［M］．北京：人民教育出版社，2002：158.

地区间和校际间的差距，已引起社会的普遍关注。一方面，政府投入不足，另一方面，更多的优质教育资源却集中在少数学校，从而导致择校行为普遍发生。公共教育资源的合理配置，是义务教育均衡发展的首要条件，是各级政府的基本职责。以国家督导报告的形式，发布全国和各省公共教育资源配置状况，其目的是引起各级政府的高度重视，推进各级政府切实履行教育职责，增加并合理配置公共教育资源，努力缩小义务教育差距，促进义务教育均衡发展。这次国家教育督导报告的发布，揭开了经常围绕教育工作的重点和群众普遍关注的热点问题进行评价分析并发布国家教育督导报告的序幕。此外，国家先后围绕“关注义务教育教师”“中等职业教育”“义务教育均衡发展督导评估”等主题发布了专题督导报告，有力地推动了教育事业的改革与发展。

第二节　教育督导结果的运用

教育督导工作能否取得实效，取决于督导结果能否得到有效运用。在督导实践中，督导结果的运用，在整个督导过程中起着举足轻重的作用。督导结果得到充分运用，才能真正发挥督导的“督促、检查、评估、指导”作用，调动被督导对象自我调节、自我完善、自我发展的积极性，督导工作才能起到实实在在的作用。

督导结果运用得如何，直接关系到督导效益的高低。英国教育督导结果反馈的做法给了我们很好的启示。英国国家教育标准局（Ofsted），是 1992 年通过国会立法并从国家教育就业部独立出来后，成为中央政府赖以对全国教育管理与教育质量监控的政府部门，直接对教育大臣及国会负责，每年提交给教育大臣的年度督导报告，成为政府制定教育政策的重要依据，具有很强的权威性。英国政府十分重视教育成本效益，对督导认为不合格的学校，必须限期两年内改进，否则就会被中央政府接收或勒令关闭。教育行政部门十分注意在督导评估学校时，运用激励机制，对办学质量高的学校和校长给予奖励，对办学质量存在较大问题的学校，将校长调离岗位，对新任校长提出限期整改目标，以增强校长办好学校的责任感。督导评估结果不仅向学校校长反馈，还分别向学校管理人员、教师及家长反馈，并向社会公布，一方面使学校各方面的人员清楚今后需要改进什么、如何改进，另一方面促进社会、家长对学校办学情况和发展情况的了解，监督学校工作的改进。

我国近年来也高度重视督导结果的运用。通过合理运用教育督导结果，强化教育督导的激励作用，在这方面，国家以及山东、湖南等省都做了很好的探索和示范。目前，我国教育督导结果的运用应重点加强以下四个方面的工作。

一、实施考核奖惩

《教育督导条例》第二十四条规定："县级以上人民政府或者有关主管部门应当将督导报告作为对被督导单位及其主要负责人进行考核、奖惩的重要依据。"《国务院关于加快发展现代职业教育的决定》第二十七条也明确提出："要落实督导报告公布制度，将督导报告作为对被督导单位及其主要负责人考核奖惩的重要依据。"这些规定强化了监督问责，进一步提升了教育督导的权威性、强制性和有效性。

山东省在对县级政府教育工作督导评估活动中，合理运用评估结果，建立相应的制约机制，充分发挥督导评估的激励作用：一是将对县（市、区）政府教育工作督导评估的结果通过一定形式在全省范围内公布，接受社会各界监督；二是省对县（市、区）政府教育工作督导评估结果作为对县（市、区）政府教育工作评价的内容；三是对县级政府教育工作督导评估结果抄报其上级有关部门，列入县（市、区）政府及其主要领导政绩考核的重要内容，作为有关项目立项、专项拨款、表彰奖励和责任追究等方面的重要依据。

《天津市教育督导条例》自 2014 年 3 月 1 日起施行，明确了教育督导意见的产生程序和结果运用，规定市、区县人民政府及有关部门应当将督导报告作为教育决策和对被督导单位及其主要负责人考核、奖惩的重要依据。

《湖南省人民政府关于建立对县级人民政府教育工作进行督导评估制度的通知》规定："督导评估结果列入县级人民政府及其主要领导政绩考核的重要内容，作为有关项目立项、专项拨款、表彰奖励和责任追究等方面的重要依据。省人民政府设立县级人民政府教育工作奖，对成绩突出的先进县（市、区）及其主要领导进行表彰和奖励。对不依法安排教育经费、拖欠教师工资、挪用截留教育专项经费、农村教育严重滑坡、教育发展环境不好、发生重大教育安全责任事故的，要依法追究政府领导人和有关责任人员的责任。”在2013年新制定的《湖南省县级人民政府教育工作督导评估方案（2014年—2020年）》中明确规定：“根据省委、省政府有关规定，县级人民政府教育工作督导评估结果作为县级党政主要领导干部教育实绩督导考核的重要依据。对被评为优秀的县（市、区）人民政府及其党政主要领导干部给予表彰奖励；对被评为不合格的县（市、区）人民政府及其党政主要领导干部给予通报批评，限期整改，取消当年各类教育工作评优评先资格。实行县级政府教育工作约谈制度。对督导评估和年度监测过程中发现存在问题较多、出现重大责任事故、教育发展水平严重滑坡的县（市、区），将约谈其党政主要领导干部。”

各级政府、教育行政部门都应重视督导结果的运用，强化奖励制度，要把对地方政府和学校的督导结果作为考核政绩、评选先进、任免干部的重要依据。对于存在突出问题的地区和学校，要予以通报批评，甚至向社会发布公告；对于问题长期得不到解决的个别地区、单位及当事人要进行必要的处罚。对于那些态度积极，进步较快，成绩显著的地区、单位和个人，应给予表彰和奖励。在奖和惩两个方面，既要有精神上的又要有物质上的，既有对学校集体的又有对校长及班子成员个人的。这样的督导结果运用后，每一轮督导前，学校就会认真自查自纠，督导过程中，主动跟督导人员讲问题、分析原因。督导后，被督导对象就会根据督导报告，拿出整改措施，积极主动地改进发展。

二、限期整改问题

做好教育督导的限期整改工作，一是要规范教育督导结果的反馈工作。在现场督导活动结束后，教育督导机构应按照依法督导、客观公正的原则，根据督导的结果形成督导报告。督导报告是教育督导机构的行政性文件，具有行政效力。督导报告对被督导单位及相关单位写出整改报告或方案的时限必须明确规定，对被督导单位及相关单位整改的具体项目和内容必须明确要求，对应限期解决的重大问题必须明确时限。督导报告要及时送交被督导单位，并按教育督导评估结果公示制度的要求，向社会公布。

二是要规范被督导单位的整改工作。被督导单位在收到督导报告后，要对督导报告进行认真研究。对督导报告有异议的，可以在收到之日起十五日内，向做出督导报告的教育督导机构申请复查。教育督导机构应当在收到复查申请之日起三十日内做出复查结论。被督导单位对教育督导机构复查结论仍有异议的，可以向本级人民政府或者上一级教育督导机构申诉。如无正当理由，应针对督导报告所提出的整改项目和要求，制订整改措施和明确整改期限，形成整改报告或方案，并在督导报告规定时限内，交教育督导机构。被督导单位及相关单位，应根据督导报告的要求，按照整改报告或方案所订措施和期限，纠正存在的错误或解决存在的问题，做好各项整改工作。

三是要规范整改情况的跟踪督导工作。教育督导机构在收到被督导单位的整改报告或方案后，可根据整改报告或方案所订整改措施和期限，视实际情况，对被督导单位及相关单位的整改情况进行跟踪督导。跟踪督导的目的是以查促改，促进被督导单位对整改工作的重视和对整改问题认真妥善的解决或处理。参加跟踪督导的督学不少于两人，督导程序可以简化，主要对整改情况进行督查，并形成整改情况的督导意见书。

四是要规范对整改情况的处理工作。教育督导机构的督导报告和整改情况的督导意见书要报送或发送给被督导单位的主管部门或主办单位。主管部门或主办单位在对督导报告或整改情况的督导意见书认真研究后，应将教育督导结果作为对被督导单位及其主要负责人考核的重要依据，对有重大问题的责任人和无正当理由、拒不执行教育督导机构提出的整改意见的有关责任人依法进行问责处理。

三、完善问责机制

问责制作为一项制度创新，在提高广大领导干部工作积极性、主动性，减少渎职失职问题上发挥着至关重要的作用，有力推动了责任型、法制型、服务型政府的建设。要充分发挥教育督导的督促作用，确保督导成果落到实处，就应进一步完善教育督导的问责机制。

教育督导部门在督导中发现问题后，一是向本级政府反映，二是提出建议，三是向上级教育督导部门汇报。由于必须要向上级教育督导部门报送教育督导报告，也就避免了平级政府可能存在的地方保护行为。例如，在2011年中等职业教育的督导评估中发现，有8个省的教育投入没有达标，国家教育督导部门就进行部长约谈，通过部长约谈，把数据清清楚楚地摆在他们面前，很快这个问题就解决了。同时国家教育督导部门的督导报告也向社会公布，哪些省份、单位有违规行为一目了然，利用社会对它们进行监督。如果被督导单位拒不整改，情节严重的，国家教育督导部门会向有关人民政府和主管部门提出处分的建议。2012年9月初，国务院教育督导委员会办公室组织督导组对甘肃7·22定西地震受灾学校秋季开学复课情况进行专项督导，形成专项督导报告并公开发布，引起甘肃省人民政府的高度重视。省人民政府根据督导意见积极进行整改，及时公布整改报告，确保了受灾学校按时开学复课。

建立完善督导结果的问责机制，使其规范化和制度化，通过责任机制的约束和具体责任的追究，唤起教育管理者和教育工作者对自身职责来源、职责行使的宗旨和如何履行好自身职责的深刻认识和反省，并内化于自己的日常工作中，转化为对人民负责的自觉行动，这样才能真正实现服务型政府的政体改革，维护人民群众的利益，办好人民满意的教育。

四、跟踪指导服务

在督导评价的基础上对被督导对象进行指导是教育督导的重要职能之一。指导，顾名思义，就是根据督导的结果，帮助被督导对象找出问题的原因和解决问题的方法。督导工作，“督”是手段，“导”是关键，通过对被督导对象的工作进行指导，能有效帮助他们改进和提高工作。教育指导的范围十分广泛，从教育管理、教育课程、教育内容到教育方法，从地方政府、教育行政部门到学校、课堂，都需要教育指导。教育督导过程就像看病就医一样，是对教育教学现状进行严谨的科学诊断，以“对症下药”，为教育教学的决策或改进指明方向。而教育督导报告就如同看病诊断的药方一样，具有对教育的成效、矛盾和问题做出客观判断的功效和能力。

加强教育督导结果的运用，确保具体工作落到实处，就要建立健全跟踪指导服务制度。督导活动结束后，责任督学应帮助被督导对象全面、正确地解读督导报告内容，指导学校在深入分析学校现状的基础上，将教育工作的主要成绩以及好的做法继续发扬光大，强化正确的教育行为，同时指出督导中发现的影响学校进一步发展的问题以及不良教育行为，并提出改进意见及整改措施，帮助他们研究解决问题的办法。责任督学要对被督导对象工作的落实情况进行跟踪指导和检查，督促整改，并将跟踪整改情况及时向政府教育督导部门报告，确保尽量减少不必要的负面影响和危害，促进学校教育教学的健康发展。

【拓展性阅读】

教育督导报告发布暂行办法

第一条　为规范教育督导报告发布工作，根据《教育督导条例》有关规定，制定本办法。

第二条　本办法适用于国务院教育督导机构和县级以上地方人民政府教育督导机构（以下统称教育督导机构）向社会发布教育督导报告。

第三条　发布教育督导报告，遵循“分级负责、客观公正、及时准确”的原则。

第四条　各级人民政府教育督导机构负责本级教育督导报告发布工作。

第五条　教育督导报告分为专项督导报告、综合督导报告和年度督导报告。

专项督导报告是教育督导机构就《教育督导条例》规定的一项或者几项督导事项，对被督导单位实施专项督导后形成的督导报告。

综合督导报告是教育督导机构就《教育督导条例》规定的所有督导事项，对被督导单位实施综合督导后形成的督导报告。

年度督导报告是教育督导机构根据一个年度内实施专项督导和综合督导的情况，总结形成的督导报告。

第六条　教育督导报告主要包括以下内容。

（一）督导过程。主要是教育督导机构开展督导工作情况，包括实施督导的机构、时间、对象、事项、内容、方式及督导人员等。

（二）督导意见。主要是被督导单位针对督导事项采取的措施、工作进展及成效，督导中发现的问题，以及相应的整改建议。

（三）整改情况。主要是被督导单位根据督导意见进行整改、落实、问责的情况。

第七条　教育督导报告的撰写要求：描述督导过程要简明扼要；总结被督导单位的工作情况要客观公正；反映督导中发现的问题，要准确、客观、具体，不回避、不掩饰、不夸大；提出督导意见，要观点鲜明、针对性强，具有专业性、指导性和可操作性；被督导单位的整改情况，要措施具体、期限明确、效果明显。

第八条　教育督导机构应当统一教育督导报告发布格式，力求规范、简洁。

第九条　专项督导报告应当在督导结束后 7 日内向社会发布；综合督导报告应当在督导结束后 15 日内向社会发布；年度督导报告应当在次年一月底前向社会发布。

第十条　教育督导报告一般通过政府网站、报刊、广播、电视等便于公众知晓的方式发布，必要时可召开新闻发布会对外发布。

第十一条　县级以上人民政府或者有关主管部门应当将教育督导报告作为对被督导单位及其主要负责人进行考核、奖惩、问责的重要依据。

第十二条　本办法自发布之日起施行。

第八章
回顾与展望

“改革开放以来，在各级人民政府和教育行政部门的领导下，我国教育督导制度逐步恢复重建并不断完善。教育督导实践与探索取得显著成绩，积累了丰富经验。”① 随着我国教育改革发展逐步深入，尤其是教育领域综合改革的不断推进，教育督导改革也迫在眉睫。

第一节　改革开放以来我国的教育督导实践回顾

教育督导是《教育法》规定的教育基本制度之一。“改革开放以来，教育督导在保障‘两基’历史任务完成、推进义务教育均衡发展、推动重大教育政策项目落实、促进学校教育教学水平提高、督促教育热点难点问题解决、开展教育质量评估监测、科学服务教育决策等方面，发挥了不可替代的作用，做出了重要贡献。”②

① 教育部关于印发《关于加强教育督导与评估工作的意见》的通知（教督〔1999〕6号）[EB/OL]. [2015-04-27]. http://www.gov.cn/gongbao/content/2000/content_60567.htm.

② 国务院教育督导委员会办公室关于印发深化教育督导改革转变教育管理方式意见的通知（国教督办〔2014〕3号）[EB/OL].（2014-02-18）[2015-04-27]. http://www.gov.cn/gzdt/2014-02/18/content_2612480.htm.

一、配合全国人大检查《义务教育法》实施情况

（一）配合全国人大检查《义务教育法》实施情况的背景

法律实施是实现法的目的与作用的条件。所谓法律实施，是指“法律在社会生活中的贯彻和实现。包括两种形式：（1）国家行政、司法机关及其公职人员严格执法、司法，保证法的实现；（2）一切国家机关、社会组织和公民都自觉守法，实现法的要求”①。《义务教育法》是我国实行九年义务教育制度的根本大法，对《义务教育法》实施情况进行检查，有利于及时总结各地经验，发现存在的问题并及时纠正，以达到促进义务教育事业发展，保障适龄儿童权益的目的。

（二）《义务教育法》实施情况检查的基本情况

为推进《义务教育法》全面实施，全国人大先后八次检查了《义务教育法》的实施情况。每次检查的重点和范围各有不同。比如，2004 年检查的主要内容是：“贯彻《义务教育法》取得的成绩和经验；贯彻落实《义务教育法》存在的问题和解决问题的建议，重点了解农村义务教育‘以县为主’的管理体制落实的情况和税费改革后，农村义务教育的教师工资、公用经费和基建经费的保障机制问题；已经普及九年义务教育的地区，对义务教育的进一步巩固提高采取的措施，尚未普及的贫困地区的主要困难和拟采取的措施；各地对维护残疾儿童、少年，贫困家庭子女，进城务工人员子女及女童接受义务教育的权利采取的措施。”② 检查的范围主要是江苏、贵州、湖北、四川和甘肃等省。最近的一次检查是在 2013 年，检查的重点是：“义务教育经费保障、管理及使用情况；农村教师队伍建设情况；促进义务教育均衡发展情况；贯彻教育方

---

① 中国百科大辞典编委会．中国百科大辞典［M］．北京：华夏出版社，1990：194.

② 齐彬．全国人大常委会将检查《义务教育法》实施情况［EB/OL］．（2004-04-19）［2015-04-28］．http://www.chinanews.com/n/2004-04-19/26/427387.html.

针，实施素质教育，提高教育质量情况。”① 检查的范围是山西、吉林、河南、广东、重庆、云南、青海、新疆等 27 个省、自治区、直辖市。部分《义务教育法》实施情况检查的时间、重点和范围如表 8-1 所示。

表 8-1 全国人大检查《义务教育法》实施情况统计表

检查时间	检查重点	范围
1996 年	制定和落实配套法规的情况以及实施义务教育的实际进展情况；保障义务教育经费及改善办学条件的情况；加强师资队伍建设的情况。	河南、重庆、湖北、新疆、广西五个省、自治区、直辖市
2004 年	贯彻《义务教育法》取得的成绩和经验；贯彻落实《义务教育法》存在的问题和解决问题的建议，重点了解农村义务教育“以县为主”的管理体制落实的情况和税费改革后，农村义务教育的教师工资、公用经费和基建经费的保障机制问题；已经普及九年义务教育的地区，对义务教育的进一步巩固提高采取的措施，尚未普及的贫困地区的主要困难和拟采取的措施；各地对维护残疾儿童、少年，贫困家庭子女，进城务工人员子女及女童接受义务教育的权利采取的措施。	江苏、贵州、湖北、四川和甘肃等省

① 全国人民代表大会常务委员会执法检查组关于检查《中华人民共和国义务教育法》实施情况的报告［EB/OL］.（2013-12-24）［2015-04-28］. http://www.npc.gov.cn/npc/xinwen/2013-12/24/content_1819968.htm.

续表

检查时间	检查重点	范围
2007年	一是学习、宣传义务教育法，制定配套法规、规章情况。二是农村义务教育经费新机制的落实情况，全国城乡义务教育免收学费杂费的实施情况，农村免缴杂费的落实情况和城市免缴杂费的实施步骤，治理教育乱收费以及解决适龄儿童“上学难、上学贵”等方面的情况。三是政府在促进城乡之间、地区之间、学校之间义务教育均衡发展方面的目标、任务、实施步骤和政策措施。	检查组赴安徽、江西、广西、河南、陕西、北京等六个省、自治区、直辖市检查，委托内蒙古等十一个省、自治区、直辖市的人大常委会在本行政区域内进行检查
2008年	农村义务教育经费保障情况；义务教育教师队伍建设情况；提高义务教育质量、促进义务教育均衡发展情况；政府为义务教育学校提供安全保障，学校建立健全安全制度和应急机制情况。	检查组赴湖北、黑龙江、云南、甘肃四省进行检查，同时委托河北等十个省、自治区、直辖市的人大常委会对本行政区域内《义务教育法》实施情况进行检查
2013年	义务教育经费保障、管理及使用情况；农村教师队伍建设情况；促进义务教育均衡发展情况；贯彻教育方针，实施素质教育，提高教育质量情况。	山西、吉林、河南、广东、重庆、云南、青海、新疆八个省、自治区、直辖市，同时委托十九个省、自治区、直辖市的人大常委会对本行政区域内《义务教育法》的实施情况进行检查

（三）《义务教育法》实施情况检查的意义

《义务教育法》实施情况检查及时发现并报告了《义务教育法》实施过程中的突出问题，提出了整改建议，促进了义务教育事业的长足发展。尤其是2004年的检查，总结了《义务教育法》实施18年来取得的成绩和经验，为《义务教育法》的修订提供了重要支撑。修订后的《义务教育法》自2006年9月1日起施行，它解决了义务教育经费短缺这一核心问题，改变“管事的没有钱，有钱的不管事”的局面；实现了依靠人民办教育向主要依靠政府财政投入，收费义务教育逐步向免费义务教育的转变；义务教育迈上了“个个入学、户户受益，人民满意、政府放心，合理、健康、完善的发展方向”①。

二、“两基”督导检查

（一）“两基”督导检查的背景

“两基”即基本普及九年义务教育、基本扫除青壮年文盲。“两基”是从20世纪末到21世纪初的二十多年中，我国教育事业发展的一项全民运动和世纪工程。

1949年刚解放时，我国80%以上的人口是文盲，适龄儿童小学入学率不到20%，初中入学率仅为6%。② 党和国家高度重视教育，在历次重大战略发展规划中，始终把教育摆在优先发展的战略地位，把“两基”放在重中之重的位置。随着1986年《义务教育法》和1988年《扫除文盲工作条例》的颁布，我国进入了依法普及义务教育和扫除文盲阶段。1992年，党的十四大把“到本世纪末，基本普及九年义务教育，基本扫除青壮年文盲”作为20世纪90年代我国教育事业发展的重要战略目标。“1993年，国家教委为了贯彻落实党的这一战略目标，决定开展‘两基’督导检查工作，建立对普及九年义务教育县（市、区）和扫除青壮年文盲县（市、区）进行评估验收制度。各省（自治区、直辖市）根据当地实际制订了实施‘两基’工作规划，开始在经济条件、教育

① 施芳．义务教育将进入新阶段：政府预算来保障［N］．人民日报，2006-01-18（8）．

② 中华人民共和国教育部．新中国60年教育改革发展成就［EB/OL］．（2009-09-11）［2015-04-30］．http://www.moe.gov.cn/publicfiles/business/htmlfiles/moe/moe_2951/200909/40116.html.

基础较好的地区进行评估验收工作。1994 年，教育部（国家教委）正式开始对全国各省‘两基’评估验收的工作进行抽查。”①

（二）“两基”督导检查的主要内容和程序

1. “两基”督导检查的主要内容

不同时期“两基”评估验收的内容各有侧重。教育部曾在 1994 年发文对“两基”评估的内容进行规定，在 1996 年和 1997 年又先后印发了《普及初等义务教育扫除青壮年文盲评估验收情况登记表》《普及九年义务教育扫除青壮年文盲评估验收情况登记表》，对之前的内容做了相应调整。2007 年，教育部根据全国各省“两基”工作推进情况，印发了《关于进一步加强和改进对省级实现“两基”进行全面督导检查的意见》，对评估有关项目指标和说明再次修订，要求针对薄弱环节，突出“两基”督导检查的重点。重点具体包括以下几方面。

（1）普及程度。重点是贫困地区、民族地区小学、初中的入学率、辍学率、完成率，以及进城务工农民子女、留守儿童、残疾儿童、女童接受义务教育的情况。

（2）教师队伍。重点是农村中小学教师缺编、有编不补的问题，县域内教师均衡配置的情况。

（3）办学条件。重点是中小学校布局不合理、大班额、教学仪器设备配备不足的问题，以及农村寄宿制学校建设设施配套情况，现代远程教育设备的应用情况。

（4）教育经费。重点是农村税费改革后上级转移支付资金用于教育的情况，城市教育费附加足额征收并全部用于教育的情况，落实“两免一补”的情况，以及侵占、挪用义务教育经费，向学校非法收取或者摊派费用的问题。

（5）教育质量。重点是实施素质教育，按教学内容和课程设置开足开齐课程，落实学生体质健康和体育锻炼标准，减轻学生课业负担的情况；在义务教

① 中国教育督导制度简况 [EB/OL]. [2015-04-30]. http://www.moe.edu.cn/publicfiles/business/htmlfiles/moe/moe_163/200409/3084.html.

育阶段设立重点校和非重点校、重点班和非重点班，给学校下达升学指标等问题。

(6) 学校安全管理。重点是学校（特别是寄宿制学校）校舍与设施的安全，学校周边环境的治理，以及加强对师生的安全教育，建立安全管理责任制和应急机制的情况。

(7) 扫盲工作。重点是扫盲未验收地区的青壮年文盲情况，已验收地区的脱盲人员复盲情况。

2.“两基”督导检查的程序

为保证公正性和严肃性，教育部制定了严格的“两基”评估验收程序，并在后来的“两基”评估验收中进一步完善。根据《教育部关于进一步加强和改进对省级实现“两基”进行全面督导检查的意见》，“两基”评估验收的主要程序包括以下六个环节。

(1) 全面自查。凡所辖县（市、区）全部实现“两基”，拟接受教育部“两基”督导检查的省，应事前进行自查。要在全省范围内进行动员部署，对照《义务教育法》全面检查“两基”工作，不仅核查“两基”各项指标完成情况，更要检查薄弱环节，对存在的问题要采取有效措施及时加以解决。

(2) 提出申报。根据自查情况，由省级人民政府向教育部提出接受“两基”督导检查的要求。申报时要详细说明省自查基本情况、对薄弱环节的整改情况、目前仍存在的主要问题，并附“两基”主要指标完成情况。教育部视该省“两基”工作的进展情况、自查情况和对问题的整改情况，决定是否进行督导检查。

(3) 检前公告。对将要进行“两基”督导检查的省，于检查前二十天左右，由国家教育督导团在《中国教育报》和该省主要报刊等新闻媒体上发布公告，接受群众提出的意见。

(4) 组织检查。对决定进行“两基”督导检查的省，由国家教育督导团组成检查组，进行督导检查。检查组听取全省“两基”工作的汇报，采取随机的方式，对不同经济、教育发展水平的县进行抽查，一般每省抽查六个县左右，每县抽查若干乡镇和学校。

(5) 做出结论。根据督导检查情况，国家教育督导团对接受检查的省提出

“两基”督导检查的意见，对发现的问题提出整改要求。各省根据整改要求进行整改。教育部根据检查和整改情况，认定该省是否全面实现“两基”。

(6) 发布公报。对通过“两基”督导检查的省，由教育部发布公报，并授予全省实现“两基”纪念牌。

(三)“两基”督导检查的重要意义

在“两基”督导检查和评估验收活动的推动下，地方各级政府把“两基”工作提上了更加重要的日程，有力地推动了“两基”目标的实现。2000年，“两基”目标基本实现；2004年，国家西部地区“两基”攻坚计划启动；2006年，国家对西部农村地区义务教育阶段学生免除学杂费，还补助学校公用经费，免费提供教科书，补助寄宿生生活费；2007年年底，“两基”攻坚计划如期完成；截至2008年年底，全国实现“两基”的县（市、区）累计达到2 831个，占全国总县数的99.1%，全国“两基”人口覆盖率达到99.3%①；截至2010年年底，全国2 856个县（市、区）全部实现“两基”，全国“两基”人口覆盖率达到100%②。

在中国实现“两基”，功在当代，利在千秋，这不仅是对中华民族文明进步的重大贡献，也是对世界全民教育发展的巨大贡献。“两基”成就成为我国教育事业发展最伟大的成就之一，也是我国教育发展史上的里程碑。而“两基”评估验收制度正是这一成就最得力的推手。

三、义务教育均衡发展基本均衡县督导评估认定

(一) 义务教育均衡发展基本均衡县督导评估认定的背景

均衡发展是义务教育的战略性任务。随着基本普及九年义务教育的宏伟目标的实现，广大儿童少年接受义务教育的权益得到了根本保障，为此，党中央、国务院站在促进教育公平，构建和谐社会的高度逐步把义务教育的重心转移到了均衡发展上，以解决“区域之间、城乡之间、学校之间办学水平和教育

① 靳晓燕．公平教育孕育中国希望——十六大以来教育发展述评［N］．光明日报，2012-08-07（9）．

② 中华人民共和国教育部．2010年全国教育事业发展统计公报［EB/OL］．（2012-03-21）［2015-04-30］．http://www.moe.edu.cn/publicfiles/business/htmlfiles/moe/moe_633/201203/132634.html.

质量存在明显差距，人民群众不断增长的高质量教育需求与供给不足的矛盾”①。对此，《教育规划纲要》提出：“到 2020 年，全面提高普及水平，全面提高教育质量，基本实现区域内均衡发展，确保适龄儿童少年接受良好义务教育。”为贯彻落实纲要精神，国务院在《关于深入推进义务教育均衡发展的意见》中进一步将推进义务教育均衡发展的基本目标定位为：“每一所学校符合国家办学标准，办学经费得到保障。教育资源满足学校教育教学需要，开齐国家规定课程。教师配置更加合理，提高教师整体素质。学校班额符合国家规定标准，消除“大班额”现象。率先在县域内实现义务教育基本均衡发展，县域内学校之间差距明显缩小。到 2015 年，全国义务教育巩固率达到 93%，实现基本均衡的县（市、区）比例达到 65%；到 2020 年，全国义务教育巩固率达到 95%，实现基本均衡的县（市、区）比例达到 95%。”②为保障这一目标的实现，教育部决定建立县域义务教育均衡发展督导评估制度，开展义务教育发展基本均衡县（市、区）的评估认定工作。

（二）义务教育均衡发展基本均衡县督导评估认定的内容

根据教育部《县域义务教育均衡发展督导评估暂行办法》，义务教育均衡发展基本均衡县督导评估认定的内容包括以下四个方面。

1. 义务教育学校达到本省、自治区、直辖市义务教育学校办学基本条件标准

在义务教育均衡发展基本均衡县督导评估认定中，办学条件达标是前提和基础。只有在办学条件达标的前提下，才能申请对义务教育发展基本均衡县的督导评估认定。在办学条件达标的认定上，没有“国标”，允许各省、自治区、直辖市制定符合各自实际的义务教育学校办学基本条件评估标准和细则。因而，全国各地各有侧重。比如，四川省在对县域义务教育学校办学条件进行评估时，重点评估的是生均教学及辅助用房面积、生均体育运动场馆面积、小学数学科学（初中理科实验）仪器配备、音体美器材配备、每百名学生拥有计算机台数、生均图书册数、教师编制配备、教师岗位设置、教师学历、校长任职

①② 国务院关于深入推进义务教育均衡发展的意见（国发〔2012〕48 号）[EB/OL]. (2012-09-07) [2014-04-30]. http://www.gov.cn/zwgk/2012-09/07/content_2218783.htm.

资格等10项指标。评估采取100分制，每所学校的评估得分必须达到85分以上才算合格。

2. 义务教育校际间均衡状况

义务教育校际间均衡状况评估的重点是县级政府均衡配置教育资源情况。以生均教学及辅助用房面积、生均体育运动场馆面积、生均教学仪器设备值、每百名学生拥有计算机台数、生均图书册数、师生比、生均高于规定学历教师数、生均中级及以上专业技术职务教师数8项指标，分别计算小学、初中差异系数。县域内小学、初中校际间均衡差异系数必须分别小于或等于0.65和0.55，方可通过义务教育发展基本均衡县的评估认定。

3. 县级人民政府推进义务教育均衡发展工作评估

评估的主要内容包括入学机会、保障机制、教师队伍、质量与管理四个方面。

（1）入学机会：将进城务工人员随迁子女就学纳入当地教育发展规划，纳入财政保障体系；建立以政府为主导、社会各方面广泛参与的留守儿童关爱体系；三类残疾儿童少年入学率不低于80%；优质普通高中招生名额分配到县域内初中的比例逐步提高。

（2）保障机制：建立义务教育均衡发展责任、监督和问责机制；义务教育经费在财政预算中单列，近三年教育经费做到“三个增长”；推进学校标准化建设，制订并有效实施了薄弱学校改造计划，财政性教育经费向薄弱学校倾斜；农村税费改革转移支付资金用于义务教育的比例达到省级规定要求。

（3）教师队伍：全面实施义务教育绩效工资制度；义务教育学校学科教师配备合理，师生比达到省定编制标准；建立并有效实施了县域内义务教育学校校长和教师定期交流制度；落实教师培训经费，加强教师培训。

（4）质量与管理：按照国家规定的义务教育课程方案开齐开足课程；小学、初中巩固率达到省级规定标准；小学、初中学生体质健康及格率达到省级规定标准；义务教育阶段不存在重点学校和重点班，公办义务教育择校现象得到基本遏制；中小学生过重的课业负担得到有效减轻。

4. 公众对本县义务教育均衡发展满意度调查

调查的主要内容包括：适龄儿童少年就近入学情况，县域内学校校际间办学条件差距，县域内校际间教师队伍的差距，县域内义务教育择校情况以及政府在推进义务教育均衡发展方面的努力程度等。

调查的对象应包括：当地人大代表、政协委员、义务教育学校校长、教师、学生家长以及其他群众。以上参与调查的主体中，应以学生家长为主，各类调查主体的比例以及选取方式，由省、自治区、直辖市确定。

（三）义务教育均衡发展基本均衡县督导评估认定的程序及推进情况

义务教育均衡发展基本均衡县督导评估认定的程序是：先由本县对义务教育均衡发展状况进行自评，自评达到要求的，报地市级复核后，向省级提出评估申请，同时报送自评报告和复核报告。

2013年5月15日至17日，国家教育督导检查组对申报“义务教育发展基本均衡县”的江苏省张家港、常熟、太仓三个县级市（以下简称“三市”）的义务教育均衡发展情况进行了督导检查，从此，揭开了义务教育发展基本均衡县（市、区）评估认定的序幕。截至2014年9月12日，国家督导检查组已经对26个省份申报的450个区县进行了材料审核，发现有3个区县存在重大安全责任事故或重大违纪违规行为等一票否决的情况，有35个区县存在校际间资源配置差距较大等主要指标不达标的情况。国家督导检查组分31次对412个通过材料审核的申报县（市、区）进行了实地检查，共随机检查学校3 064所，召开人大代表、政协委员、校长、教师、家长座谈会1 642场，发放问卷206 276份，回收有效问卷205 688份，回收率为99.71%（如表8-2）①。

根据检查结果，国家督导检查组撰写了31份对受检省政府的反馈意见，并在教育部网站公布，要求对检查中发现的问题及时整改，在一个月内将整改方案、三个月内将整改情况报国务院教育督导委员会办公室。通过督导反馈机制，有效地引导了地方政府更加合理均衡地配置义务教育资源，促进了教育公平。

---

① 高丙成．我国义务教育均衡总体状况良好——我国义务教育均衡发展工作情况和公众满意度调查情况分析报告［N］．中国教育报，2014-10-18（3）．

表 8-2 我国义务教育均衡发展督导评估认定工作基本情况（截至 2014 年 9 月 12 日）

地区	申请认定区县数	一票否决区县数	未达要求区县数	通过认定区县数	抽查小学学校数	抽查初中学校数	抽查其他学校数	召开座谈会个数	发放调查问卷份数	回收有效问卷份数
全国	450	3	35	412	1 580	1 124	360	1 642	206 276	205 688
东部	266	2	19	245	961	719	232	992	131 249	130 823
中部	99	1	13	75	304	218	40	292	34 904	34 851
西部	95	0	1	94	315	187	96	358	40 123	40 014

四、基础教育学业质量监测

（一）开展基础教育学业质量监测的背景

提升质量是当前教育发展改革的核心。21 世纪以来，世界教育进入了以提高质量为中心目标的时代。世界各国都在致力于通过调整宏观教育结构、改革现有教育制度、加大教育资金投入、建立教育质量监测体系等方式，大力提高教育质量。联合国教科文组织曾在 2005 年将“全民教育提高质量势在必行”作为全民教育全球监测报告的主题①。为顺应时代发展趋势，《教育规划纲要》把提高质量作为教育改革发展的核心任务。教育步入了着力提高质量、促进内涵发展的新阶段。

开展学业质量监测是促进教育质量提高的重要举措。教育质量监测也称教育质量监控，它“是指监控组织通过对本国关键年龄段学生学习的若干主要课程在一定时间间隔内进行的抽样测试，及时发现可能存在的质量问题，以便教

① 陈如平．走向有质量的教育公平［N］．中国教育报，2007-08-18（3）．

育决策部门调节教育政策、控制教育行为，从而稳定与提高国家教育质量的过程”①。20世纪70年代以来，基于标准推动广泛开展质量监测已经成为国际教育发展的一个重要趋势，对学生学业成就实施质量标准监测，越来越受到一些国家和国际组织的重视。如国际教育成就评价协会（IEA）发起的第三次国际数学与科学成就趋势评估（简称TIMSS），至今已成为最成功的国际比较研究项目之一。该项目采用包括准备课程、实施课程及掌握课程在内的课程三维评价模型评价数学与科学学业发展趋势，以改善课程质量，促进学生的发展。经济合作与发展组织的国际学生评估项目（PISA），主要测量义务教育即将结束时（15岁）的年轻人为走向社会而准备的知识和能力情况②。PISA评估的主要领域为阅读素养、数学素养、科学素养，3年为一个评估周期，每个评估周期对一项领域进行深入评估，对其他两项则进行综合测评，并从质量和公平两个视角分析整个教育体系、学校和家庭等不同层面因素对学生成绩的影响，评估结果报告用于对教育政策的改进提出建议。很多国家根据PISA的监测结果，制定了相应的教育政策和改革方案，已经收到了很好的成效。

（二）我国开展基础教育学业质量监测的探索与实践

我国正在积极探索通过教育质量监测促进教育质量提高。教育部基础教育课程教材发展中心于2003年启动了“建立中小学生学业质量分析、反馈与指导系统”项目，形成了学生学业质量分析框架和内容结构，建立了一套省、市、区（县）三级报告反馈系统，对中小学生学业质量进行全面、系统的监测③。中小学生学业质量动态信息采集、分析系统和中小学生学业质量数据库，最终为教育系统诊断和改进教学过程、提高教育质量提供依据，为教育的绩效分析和质量目标预测提供依据，促进教育行政部门、教研部门、学校和教师及时对日常教学、教研工作、课程设置、教育政策等进行调整和改进，为学生个性化学习提供帮助。2007年，由中央编办批准，教育部依托北京师范大

---

①② 苏红．国际基础教育质量标准：趋势、类型及对我们的启示［J］．中小学管理，2011，（12）：20—23.

③ 项目组．“建立中小学生学业质量分析、反馈与指导系统”项目介绍［J］．基础教育课程，2009，（7）：49—52.

学成立了基础教育质量监测中心，负责我国的基础教育质量监测工作。

据统计，自2007年以来，围绕学生数学、语文、科学学习质量和德育与体育状况，教育部基础教育质量监测中心连续8年开展了国家义务教育质量试点监测。监测样本包括全国31个省、自治区、直辖市和新疆生产建设兵团700多样本县（市、区）的50万余名学生、12万余名教师和校长①。义务教育质量监测的具体情况如表8-3。

表8-3　2007—2014年国家义务教育质量监测内容及范围一览表

监测年度		2007年	2008年	2009年	2010年	2011年	2012年	2013年	2014年
监测内容		数学、德育、相关因素	数学、德育、相关因素	语文、科学、相关因素	语文、科学、相关因素	体育、相关因素	数学、科学、德育、相关因素	语文、德育、相关因素	数学、体育、相关因素
样本省		浙江等3省、直辖市	上海等8省、直辖市	辽宁等3省	天津等8省、直辖市	北京等11省、直辖市	全国31省、自治区、直辖市和新疆生产建设兵团		
监测样本量	县区	15	50	30	79	97	254	104	106
	学校	295	900	450	1 398	1 675	4 913	1 939	1 911
	校长	295	900	450	1 398	1 675	4 868	1 939	1 911
	教师	295	5 961	3 711	8 575	5 899	48 642	20 348	18 500
	学生	14 009	34 910	18 900	56 760	64 265	190 104	82 304	62 574

在省级层面，截至2013年，全国已有15个省成立或明确了省级教育质量监测评估机构。其中，专门成立省级监测中心的省份有3个，分别是江西、贵

① 我国义务教育质量监测进展情况［EB/OL］.［2015-04-30］. http://www.moe.gov.cn/publicfiles/business/htmlfiles/moe/s8677/201504/185889.html.

州、甘肃；在现有机构上加挂牌子省份的有 9 个，分别是重庆、辽宁、北京、上海、浙江、湖南、江苏、四川、新疆；未挂牌但是增加相应职责的省份有 3 个，分别是福建、山西、广东。成立机构之后，全国各省、自治区、直辖市先后以多种方式在全省范围内开展教育质量监测实践。比如，江苏省通过与教育部基础教育课程教材发展中心合作，双方签署了合作备忘录，联合开展江苏省义务教育学业质量综合指标评价项目。该项目在教育部基础教育课程教材发展中心现有研究成果的基础上，结合江苏省的实际情况，共同研发江苏省义务教育学业质量综合指标评价体系，并实施学业质量监测。四川和湖南等省还尝试自主研发学业质量监测工具，并于 2014 年在全省范围内进行了学业质量监测数据采集和分析工作，及时报告了本省相关学科的学业质量现状，为全面提升义务教育质量提供了重要参考。

开展学业质量监测意义重大。一方面，促进了教育质量的提高；另一方面，为建立“督政—督学—评估监测”三位一体的督导体系和委托社会机构开展教育评估监测提供了重要的实践基础和可行性论证。

改革开放以来，除了以上重要的教育督导实践外，我国还进行了一系列其他重要的教育督导实践活动。比如，基础教育“五项内容”的督导检查，即查中小学德育工作薄弱局面的改变情况、查教育经费增长政策和教师经济待遇改善的落实情况、查校舍中危房的改造情况、查中小学学生流失的制止情况、查乱收费现象的纠正情况。总之，教育督导的顺利实施，对各个历史时期教育重点工作的顺利完成起到了不可替代的促进作用，为我国教育事业的发展做出了重要贡献。

第二节　我国教育督导展望

为适应我国教育领域综合改革的需要，充分发挥教育督导的积极作用，今后一段时期，教育督导应逐步走向“六化”，即教育督导职能一体化、督导机构独立化、督导方式方法科学化、督导人员专业化、督导实施社会化和督导结果运用规范化。

一、教育督导职能一体化

教育督导职能一体化主要表现为督政与督学的统一、监督与指导的统一。未来，我国教育督导的重心将转向督学，并将更加注重教育督导的指导功能。

（一）将以督政为重转向以督学为重

督政与督学统一但重在“督政”，是当前我国教育督导的一个重要特点，这是由我国教育改革发展的阶段性特点决定的，也是符合我国国情和特定历史时期需要的正确选择。1991年颁布的《教育督导暂行规定》中明确规定：“教育督导的任务是对下级人民政府的教育工作、下级教育行政部门和学校工作进行监督、检查、评估、指导，保证国家有关教育的方针、政策、法规的贯彻执行和教育目标的实现。”当时，普及九年制义务教育（以下简称“普九”）是全国教育的重中之重，因而确保“普九”任务的完成是教育督导的主要任务。“‘普九’主要是政府行为，需要各级政府切实地承担起责任，而当时‘普九’中存在各种困难也急需政府来解决。主要的困难有以下几项：(1) 教育观念滞后，‘普九’未能提到省、市、县的重要议事日程；(2) 教育经费严重不足，‘普九’缺乏经济上的保障；(3) 教师的社会地位不高、工资太低，教师队伍不稳；(4) 不入学的、入学后流失的青少年人数相当多。这些问题都是要依靠各级政府解决。”① 因此，教育督导的重点自然聚焦在各级政府上，即“督政”。在这种背景下，国家相继开展了一系列以督政为核心的教育督导活动，比如，配合人大检查《义务教育法》实施情况，开展“两基”督导检查、“五项”检查及“五项”检查的复查等。督政推动了地方各级政府各尽其责，促使地方各级政府加强了对教育工作的领导，并采取了强有力的措施保障支持教育的改革和发展，保障了人民最根本的利益。因此，督政不仅是历史的正确选择，而且还将长期坚持。

但是，正如沈阳师范大学孙玉洁教授在考察了国外教育督导发展轨迹之后所指出的那样，“督学”始终是教育督导工作的主要方面。例如，法国早在帝国大学制度中就规定：视学官是以不断督察学校及学习状况为目的的职位；英国教育法第 77 条规定：教育大臣负有在其认为适当的时间里对所有的教育机关视察的义务；日本在文部省设置了由大、中、小学三类督学官员组成的督学局，任务之一就是对各级学校教育进行学事视察和监督。总之，“虽然许多国家的教育督导的范围、职能在不断扩大和变化，但把学校作为督导主要对象却始终没有变。尤其近些年来，许多国家在其教育发展的重心从规模转向质量时，都提出加强对学校各项工作的督导，特别是对教师的教学、学生的学习，以及教师在职研修的专业督导”②。

随着我国经济社会的发展，教育正从规模发展向内涵发展转变，提高质量已经成为教育改革发展的核心。对此，《教育督导条例》予以了积极的回应，把“以提高教育教学质量为中心”作为教育督导的首要原则，并把“学校实施素质教育的情况，教育教学水平、教育教学管理等教育教学工作情况”作为教育督导的首要事项。我国于 2013 年建立了中小学校责任督学挂牌督导制度，加强对学校的监督指导，以“及时发现和解决学校改革发展中出现的问题，推动学校端正办学思想，规范办学行为，实施素质教育，提高教育质量，实现内

---

① 金一鸣．“督政”与“督学”相结合——具有中国特色的我国教育督导制度［J］．徐州师范大学学报：哲学社会科学版，2004，30（2）：120—124．

② 孙玉洁．国外教育督导职能的历史演变及其启示［J］．沈阳师范大学学报：社会科学版，2003，27（4）：82—86．

涵发展”①。因此，可以预见，在今后的教育督导实践中，在坚持督政与督学并重的前提下，督学将逐渐成为教育督导的主要方面。

（二）将以监督检查为重转向以指导服务为重

重监督检查、轻指导服务是当前我国教育督导的一个明显特点。“我国的教育督导体制是典型的监督型体制，即督导部门运用行政权力，监督、检查下级政府、下级教育行政部门和学校的教育工作是否按照中央政府的指示办事。长期以来，我国教育督导偏重于对督导对象的视察和监督，形成了一种高高在上、居高临下的检查和监察，而缺少对督导对象的指导、帮助和服务的意识。”② 所以，有学者指出，“至今教育督导机构仍热衷于利用行政权力去监督、评估被督导单位，而不重视运用专业能力去指导这些单位”。实际上，教育督导既要重视“督”，也要重视“导”。“督”主要是从行政的角度开展工作，而“导”主要是从专业的角度开展工作，二者是统一在一起的。③ “教育督导的意义在于帮助提高政府管理部门的教育管理水平，帮助改进教学，鼓励教师在教学过程中创造与试验，帮助教师不断分析及评估自己的专业长处和短处，以促进专业的发展。”④ 当前我国教育督导主要是一种“鉴定性评价”，所追求的首要目的是评判学校是否达到统一的、刚性的量化指标。这种理念与做法已经不能完全适应深化教育督导改革的需要，必须紧跟时代的步伐，把指导服务放在更加重要的位置，以新型的、面向未来的发展性督导为基本的价值导向。“强调教育督导不是对政府和学校发展‘最终’结果的鉴定，而是通过一贯的过程性评价保持对政府和学校发展状况的监控，并通过这种监控获得教学质量的持续提高和教育事业的科学发展。”⑤

---

① 国务院教育督导委员会办公室关于印发《中小学校责任督学挂牌督导办法》的通知（国教督办〔2013〕2号）［EB/OL］．（2013-09-17）［2015-04-30］．http://www.moe.edu.cn/publicfiles/business/htmlfiles/moe/moe_1789/201309/157629.html.

②④⑤ 芦雷，徐鹏．中英教育督导制度的差异及其原因探析［J］．教学月刊：中学版下，2010，(7)：6—8.

③ 黄崴．我国教育督导体制现状、问题与改革路径［J］．教育发展研究，2009，(12)：16—20.

二、教育督导机构独立化

（一）督导机构独立化的含义

督导机构的独立化体现在四个方面。一是督导机构相对单独设置。独立或相对独立设置的教育督导机构可以有效保障督导机构的专业性、科学性和中立性，更利于充分发挥教育督导职能。二是在组织形式上，教育督导部门应直接隶属于同级人民政府，代表政府依法行使教育督导权，并接受上级督导机构的业务指导①。三是在职责履行上，教育督导部门应与教育行政部门保持相对独立。教育督导的标准制定、内容设计、方法选择、实施程序以及督导报告的撰写和发布不受教育行政部门的影响和干预。四是在人员编制上，教育督导机构的人员应有独立编制，在人员聘任与调整、经费配备与使用方面直接受同级政府领导②。

研究发现，从全世界范围来看，教育督导体制既有独立性设置的类型，也有非独立性设置的类型，但无论是在中央集权制国家还是地方分权制国家，督导机构的设置都没有统一的类型。同时，现在也没有任何实证研究显示，独立设置教育督导机构的国家，其教育质量要优于其他国家；也没有研究显示，独立设置的督导机构对教育系统的职能优化要好于混合设置型的教育督导机构。“不同的国家的教育行政体制和督导体制是由不同的文化传统、行政管理体制、时代的需要和政党利益需要等因素合力综合形成的，很难用数据来对不同国家的教育督导体制的效能做实证的比较分析。”③

在我国，建立相对独立的教育督导机构既符合教育管办评相分离的改革精神，又符合中国特色社会主义制度的总体要求，是教育督导机构设置的基本模式。

---

① 张军凤．对我国教育督导制度的理性思考［J］. 天津市教科院学报，2011，(2)：22—24.

② 权英，刘新民，王本锋．英、美教育督导制度的经验借鉴与启示［J］. 中国成人教育，2014，(5)：94—97.

③ 彭虹斌．教育督导机构独立性的国际比较与启示［J］. 外国中小学教育，2013，(2)：1—6.

（二）我国教育督导机构的独立化历程及未来走向

目前，我国已经建立起了比较完善的中央、省、市、县四级督导机构网络，其中，中央一级教育督导机构相对独立性已经显著增强。自 1977 年 9 月邓小平同志提出恢复我国教育督导机构和教育督导制度的设想以来，中央一级的教育督导机构先后经历了 5 次重要变化。第一次是 1984 年，教育部正式设立督导室；第二次是 1986 年 10 月，教育部督导室更名为国家教委督导司；第三次是 1993 年，成立国家教委教育督导团；第四次是 2000 年 1 月，国家教委教育督导团更名为国家教育督导团；① 第五次是 2012 年，成立了国务院教育督导委员会。国务院教育督导委员会的职责是“研究制定国家教育督导的重大方针、政策；审议国家教育督导总体规划和重大事项；统筹指导全国教育督导工作；聘任国家督学；发布国家教育督导报告”。国务院教育督导委员会的成立，强化了教育督导机构的相对独立性，有利于通过跨部门的合作，形成教育决策、执行、监督相协调的教育管理体系。

“教育督导机构应该是一个能独立行使职能的政府机构，受政府直接领导，对人民政府负责。改革开放以来，虽然总体上我国督导机构建设一直在有序推进，但在机构的设置与管理方面仍面临诸多深层问题。从法律法规方面看，督导机构设置存在政策空缺。国家没有统一规定地方教育督导机构的设置与管理模式。② 地方教育督导机构设置情况各异，独立性相对较弱。目前，地方教育督导机构形成了三种模式。（1）教育督导机构设立在教育行政部门内，隶属于教育委员会（或教育局）编制，但比教委的其他职能部门地位略高。它虽然直属教委领导，但与此同时又由政府授权，享有代表政府对下级政府的教育工作进行督导的权力，故其权力同时来源于政府领导和教育行政部门领导。（2）督导机构就是教育委员会（或教育局）的一个职能部门，权力来源于教育行政部门。（3）督导机构作为与教育委员会（或教育局）平行的机构，主要负责人由

① 刘璞.《教育督导条例》中的政府职能转换与行政程序规范——对新颁布的《教育督导条例》的解读 [J]. 法学教育研究，2013，(3)：403—412，459.

② 乐毅. 地方政府教育督导机构改革应从依附走向独立 [J]. 中国教育学刊，2015，(2)：17—23.

教委或教育局领导兼任。① 这些机构名义上是相对独立的教育督导机构，但“九成以上教育督导室实际由属地教育局管理。教育督导机构虽名义上由同级人民政府主管，但调查发现，实践中有57.5％的督导室作为属地教育局的内设科室，37.9％的督导室由属地教育局代管，仅有4.6％的教育督导室由同级人民政府直接管理，66.2％的教育督导室领导由教育局各级领导兼任且与教育局合署办公”②。由于受同级教育行政部门的领导和约束，教育督导部门难以独立开展工作，更无法有效行使督导、检查和问责的职能。

前两种地方教育督导机构模式的管理体制意味着教育督导机构隶属于教育行政部门，其权力主要来源于同级教育行政部门内部。但是依据任务要求，督导机构要对下级人民政府的教育工作、下级教育行政部门和学校的工作进行监督、检查、评估、指导，保证国家有关教育的方针、政策、法规的贯彻执行和教育目标的实现。这样就造成理论上上级教育行政部门的教育督导机构对下级政府进行教育督导的混乱，同时在实践中也无法真正执行③。第三种模式中，教育督导机构与教育行政部门虽然平行，但是督导机构的主要负责人是教育行政部门的领导，这种模式必然导致教育督导机构的独立性差或没有独立性，不利于更有效、更顺利、更有力地开展工作④。因此，教育督导工作只能停留在配合地方教育局和人民政府的工作“大局”上。

增强地方教育督导机构的相对独立性是管办评相分离的必由之路。根据《教育督导条例》，国务院教育督导机构和县级以上地方人民政府负责教育督导的机构在本级人民政府领导下独立行使督导职能。这意味着，除了中央一级人民政府要设立相对独立的教育督导机构外，省、市、县三级的教育督导

① 赵艳玲．中国教育督导制度存在的问题与对策［J］．重庆邮电学院学报：社会科学版，2004，（4）：121—123.

② 高政，刘文发，陈华中，王少国．教育督导体制改革四大难题待解［N］．中国教育报，2013-05-23（5）．

③ 金一鸣．“督政”与“督学”相结合——具有中国特色的我国教育督导制度［J］．徐州师范大学学报：哲学社会科学版，2004，30（2）：120—124.

④ 刘璞．《教育督导条例》中的政府职能转换与行政程序规范——对新颁布的《教育督导条例》的解读［J］．法学教育研究，2013，（1）：403—412，459.

机构也应保持相对独立。目前的情况是，大多数省已经成立了相对独立的省一级的教育督导委员会，但大部分市、县两级督导机构的设置还具有很强的依附性，主要设在教育局内部，不利于独立行使督导职能。因此，各地应坚决贯彻落实党的十八大、十八届三中全会、十八届四中全会精神，深化教育督导体制改革，顺应时代潮流，尽快改革市、县两级教育督导机构的设置模式，增强教育督导机构的相对独立性，为其独立行使督导职能提供组织保障。

三、督导方式方法科学化

督导方式方法科学化，最重要的表现是督导手段信息化和科学开展教育评估监测。

（一）督导手段信息化

1. 督导手段信息化是教育信息化的必然要求

“人类社会进入二十一世纪，信息技术已渗透到经济发展和社会生活的各个方面，人们的生产方式、生活方式以及学习方式正在发生深刻的变化。”① 教育部在《教育信息化十年发展规划（2011—2020 年）》中提出了以教育信息化带动教育现代化的战略选择。目标之一就是要使教育管理信息化水平显著提高，要建设覆盖全国所有地区和各级各类学校的教育管理信息体系，使教育决策与社会服务水平显著提高，学校管理信息化应用广泛普及。为此，国家规划了一系列教育管理信息系统建设行动。建设国家教育管理信息系统是支撑教育管理现代化的基础工程，为各级教育行政部门和各级各类学校提供教育管理基础数据和管理决策平台，为公众提供公共教育信息和教育管理公共服务平台。一是建立国家级教育管理基础数据库和信息系统。建设国家教育基础数据库和国家级教育管理信息系统，实现对教育质量、招生考试、学生流动、资源配置和毕业生就业等状况的有效监管，提供教育考试评价服务。二是推动地方政府建立教育管理基础数据库和信息系统。开展省级教育管理基础数据库和管

---

① 教育部关于印发《教育信息化十年发展规划（2011—2020 年）》的通知［EB/OL］.［2015-04-30］. http://www.moe.edu.cn/publicfiles/business/htmlfiles/moe/s3342/201203/xxgk_133322.html.

理信息系统建设，建设网络信息安全与运行维护保障体系，并实现与国家级系统的有机衔接；推动省级教育行政部门建设云教育管理服务平台，基于云服务模式，为本地区相关教育机构和各级各类学校提供管理信息系统等业务应用服务。三是推动学校管理信息系统建设与应用。制定学校管理信息化标准与要求，通过分类指导、示范引领推动各级各类学校管理信息化建设。推动基础教育和中等职业教育学校基于云服务的信息化管理，建立高校管理信息系统开源软件库，带动学校管理信息化水平的整体提升。推动电子学籍建设，完善学生综合素质评价。四是实现系统整合与数据共享。建立教育管理信息标准与编码规范，建立数据采集、交换共享、管理与应用的技术平台与工作机制，建立教育管理信息安全保障体系，衔接各级各类教育管理信息系统与基础数据库，实现系统互联与数据互通，建设纵向贯通、横向关联的教育管理信息化体系。因此，教育督导作为教育管理的重要一环，推动督导计划的制订、督导实施、督导结果的反馈与运用等全过程的信息化，本身就是教育信息化的必然要求之一。

2. 督导手段信息化是提高督导效率的需要

现代信息技术可以将督导人员从大量琐碎的事务性手工劳动中解脱出来。"当前以综合验收为基本工作形式，以量表式指标体系作为对照标准为基本工作方法的督导评估工作中，占半数以上的工作量是从事对学校各种数据、文字资料与实物的清查、对照与验收。它不仅耗费了专业督导人员大量的时间与精力，也往往造成被评估单位在评估前打乱正常工作秩序，进行突击准备。"①而借助信息技术开展教育督导，可从根本上改变这种情况，大大提高督导效率，减轻督导人员不必要的工作负担，降低督导成本；"可以把拥有丰富教育及管理经验和理论造诣深厚的专业督导评估人员从琐碎、繁杂的简单事物性操作中解放出来，从而把主要时间与精力投入到随机的、过程性的、专业性强的指导促进性的督导工作中。"②而且，实行教育督导信息化，在学校建立现代化的教育管理信息平台，通过现代化的装备和技术，可以使教育督导部门和学校

①② 刘五驹．现行教育督导评估方式方法存在的问题与对策［J］．江苏教育学院学报：社会科学版，2002，18（1）：14—16.

的联系更加紧密，交流与沟通更加便利和有效，信息来源更加广阔与及时。教育督导部门可以通过教育督导评估信息平台对学校的工作进行评估检查，评估检查的结果、意见和建议也通过信息平台及时反馈给被检查监督的学校，双方并就相关问题通过信息化平台进行交流和沟通，从而使教育督导的时效性得到提高。

（二）科学开展教育评估监测

科学的评估监测，是发现问题的手段，是有效开展督政、督学工作的前提和基础。当今世界各国越来越重视评估监测在教育督导中的作用，根据国务院《深化教育督导改革转变教育管理方式的意见》，我国深化教育督导改革的目标就是："按照决策、执行、监督既相互制约又相互支持的原则和强化国家教育督导、深入推进管办评分离的要求，立足中国实际，借鉴国际经验，建立督促地方政府依法履行教育职责的督政机制、指导各级各类学校规范办学提高教育质量的督学体制、科学评价教育教学质量的评估监测体系，形成督政、督学、评估监测三位一体的教育督导体系，为促进教育事业科学发展、办好人民满意的教育提供制度保障。"科学开展教育质量评估监测，要重点做好四项工作。一是统筹规划教育质量监测工作，建立健全各级各类教育质量监测指标体系。完善基础教育质量监测标准和工具。建立县域义务教育均衡发展监测制度和对地方政府发展教育事业情况监测制度。二是根据各级各类教育的发展现状和实际需要，开展教育质量监测工作。开展全国义务教育阶段学生学习质量监测以及学前教育、高中阶段教育质量监测，对高等教育和职业教育依法办学、教育质量及资源配置的情况进行监测。三是培育和扶持一批专业评估机构，引导社会力量参与教育质量评估监测。四是加强教育质量监测国际交流，积极参与国际组织的教育质量监测项目。

当前，国家和部分省已经在学业质量监测等方面做了大量的实践探索，积累了宝贵的经验。但大部分省，尤其是市、县两级督导机构对评估监测的重要性和必要性认识还不充分，在开展评估监测工作时还存在诸多困难，如缺乏专业的机构、专业的人员等。但是，未来在更大范围、更多方面开展评估监测必将是一种常态，这是督导方式方法科学化的必经之路。

四、督导人员专业化

教育督导是一项专业性、政策性很强的工作。督导人员肩负着对教育发展状况和政策落实情况监督、检查和辅导的重要职责，是教师的“引导者”、学校管理者的“伙伴”、上级政府及教育行政部门的“智囊团”①，必须具有胜任督导工作的专业能力和业务素质。

与发达国家相比，我国督导队伍还存在诸多不足：一是教育督导人员的聘用主要是“任命制”，而非考试、招聘制；二是督导人员的专业化水平不高，学历结构、专业结构、年龄结构不合理，专、兼职比例过低而行政人员所占比重过大；三是督导效果不理想，督导人员不是督导专家，而是由现任教育行政人员或退休领导、校长担任，督导人员的独立性不足，导致督导组织泛行政化，影响了督导效果；四是督导人员缺乏针对性、专业化的系统培训，督导人员的专业素养、技术能力有待提升。②

为保障督学专业水平，国外的主要经验是建立准入机制，实行公平、公正、公开的督学招聘制度、见习制度、督学资格和证书制度、督学等级制度和专业化发展制度。比如，英国教育督导人员由“皇家督学”“注册督学”和“督学”三级构成。全职的和终身的“皇家督学”在全国有很高的地位和待遇，目前约有 600 多人，他们既是教育教学方面的专家，也是国家公务人员，实行终身聘任制。皇家督学的选聘极为严格，要求侯选人必须具备丰富的教育教学经验，有很强的教育、管理、分析和写作能力，能秉公办事，正直做人，至少有 10 年以上的教龄。注册督学约有 2 100 人，其聘任须经推荐、笔试和面试等环节，候选人要有较强的分析、管理和写作能力，要有 5 次以上参加督导评估的经验，入职后还要接受每年 5 天的培训和三年一次的聘任考核。督学目前约有 8 000 人，候选人要有 4 年以上的教学和学校管理经验，有相应的管理、

---

① 卢盈．教育督导人员专业化及其制度保障 [J]．教育导刊，2014，(4)：49—52.

② 权英，刘新民，王本锋．英、美教育督导制度的经验借鉴与启示 [J]．中国成人教育，2014，(5)：94—97.

指导、评估和写作能力。督学任期 3 年，每年须参加为期一周的业务培训。① 又如，在荷兰，大约有 500 名全日制督学和工作人员，其中督学为 200 多人（负责初等教育的督学约 100 名），约占全体员工的 65%。其他工作人员中，15%为分析师，20%为辅助人员②。荷兰的督学专业性强，需满足一系列的选拔条件。一是学历，督学必须具备大学或同等学历，并具有教育教学尤其是管理方面的丰富经验及广博的知识；二是技能，督学必须具有较强的沟通技能、识别能力及对形势的迅速分析能力、写作及撰写大型会议报告的能力；三是经验，督学应有担任教师的经历，最好具有 8—9 年不同教学领域的教学经验；具有担任学校领导、顾问或培训师的经历。此外，荷兰还有严格的督学培训制度③。一是岗前培训。新任督学将接受为期 4 个月的培训，以适应新工作。培训内容包括有关办公室内工作的指导及跟随经验丰富的督学参观学校。在培训过程中，新督学要了解督导历史、教育督导局的任务和督导体系框架等。二是在职培训。督导局规定，所有督学每年需花费 10 个工作日接受在职培训。教育督导局内设有一个专门团队负责新职员及原有职员的教育和培训。针对所有督学的在职培训内容还包括对新督导框架、工具及程序的介绍。

目前，我国京津沪渝四个直辖市开展了督学资格制度试点工作④，天津市创新督学管理制度。一是建立首席督学制度，总督学下设首席督学，包括督政首席督学、基础教育首席督学、职业教育首席督学和高等教育首席督学；二是形成督学职级制度，本着能力水平和工作职责相结合的原则，将督学分成一级、二级、三级和见习督学；三是建立督学资格认证制度，确定资格认证程序，建立兼职督学专业化发展机制，按照综合督政、学校管理、学科教学 3 个专业类别进行督学分类评估；四是建立督学培训制度，每年制订督学队伍培训计划，定期开展督学队伍专题讲座，组织兼职督学现场“实习”和专题研讨。

① 陈雪．中英义务教育督导制度的比较与启示［J］．辽宁教育行政学院学报，2013，(1)：56—60.

② The Inspectorate of the Netherlands，SICI［EB/OL］．［2015-04-30］．http://www.sici-inspectorates.org/web/guest/home2010-04-01. 1. 8. 12. 24.

③ 王黎．荷兰教育督导制度及其督导模式最新发展［J］．比较教育研究，2013，(10)：39—43.

④ 佛朝晖.《教育督导条例》的意义、特点与展望［J］．中小学校长，2013，(1)：8—10.

这些实践探索为我国督导人员的专业化积累了有效的经验。

综合国外经验和国内的有益探索，为提升督导人员的专业化水平，可以从以下几方面加强我国教育督导人员的选拔和培训。一是改进督导人员的选拔聘任方式，明确任职要求。将督导人员的“任命制”转变为面向社会的公开选拔招聘制，严格落实《教育督导条例》的任职要求，并根据各级督导人员的工作职责制定具体的学历、职称、工作经验和管理能力等聘任标准，完善招聘程序和岗前实习、培训要求，实现教育督导由“经验型”向“专业型”转化。二是实行督学资格认证制度，明确获得督导任职资格的标准和程序、资格保持和撤销的条件、资格获得者的权利与义务等，规范督学资格证书的发放。三是优化督导人员结构，包括督导人员的专业结构、职业结构、职称结构和年龄结构等，积极吸收社会人员参与督导工作。四是加强督导人员的培训和管理，制订涵盖资格培训、岗前培训、专业培训的一整套培训计划和考核方式，完善督导人员的日常管理。①

五、督导实施社会化

教育督导实施社会化是指从管理体制上要逐步实现委托第三方机构开展教育督导，且督导过程要有社会参与。

第三方机构参与教育督导是美、英教育督导体系的典型特征，也是我国深化教育领域综合改革的一项重要举措。美国的基础教育督导很大程度上依赖于非官方的民间组织和学术团体，如教育视导与课程发展协会、全美学校评估研究会等。督导机构、政府、学校三方分立。英国的基层督学实际上也是一个专业性和商业性的教育督导中介组织，通过与教育标准局签订委托合同，组织实施学校的教育督导工作。第三方机构参与教育督导，既体现了教育事业的公共治理特征，可以有效克服政府单一行政督导的泛行政化和公信力不足的问题，也有助于吸收社会力量，弥补官方督导力量的不足，并且由于第三方机构的独

① 权英，刘新民，王本锋．英、美教育督导制度的经验借鉴与启示［J］．中国成人教育，2014，(5)：94—97.

立性和专业性，督导报告的科学度、忠诚度和公信度也更高。①《中共中央关于全面深化改革若干重大问题的决定》提出，“强化国家教育督导，委托社会组织开展教育评估监测”。这为第三方机构参与教育督导提供了政策依据，开启了第三方机构参与教育督导的改革之门，有利于建立决策、执行、监督既相互制约又相互支持的行政管理制度体系。目前，一些地方在委托第三方机构开展督导评估方面已经做出了宝贵的探索。比如，山东省潍坊市教育局着力培养社会中介机构——潍坊创新教育评估中心。通过政府购买服务的方式，由潍坊创新教育评估中心对违规办学行为进行调查监督，解决学生及家长的投诉和一部分学校评估工作。湖南省、山东高密市尝试的责任区督学制度是政府授权在个体和机构之间转移正式权威的一种管理方式。②

社会参与教育督导全过程是教育督导社会化的重要表现。教育督导改革必须面向社会开放，不能脱离人民群众需求，否则，教育督导查找问题、指导改革、促进发展的功能也会大打折扣。正如有的学者指出的那样，“教育督导要获得长足的发展，就必须吸引社会各界力量的参与，其中家长、社区和研究人员的参与最为重要。教育督导工作要考虑家长和社区的满意度，积极鼓励家长和社区参与，发表对学校的看法和观点，这样不仅把学校的办学效果展示给学生家长和社会各界，还会使学校接受家长和社会各界的监督，得到更多人士的支持”③。因此，教育督导部门必须最大限度地向社会开放，紧紧依靠地方政府及其他相关部门，紧紧依靠学生、家长以及社会相关组织，凝聚更多能量，办好人民满意的教育。

六、督导结果运用规范化

提高教育督导的权威性和实效性，必须完善和规范教育督导和评估监测结

① 权英，刘新民，王本锋．英、美教育督导制度的经验借鉴与启示［J］．中国成人教育，2014，(5)：94—97.

② 佛朝晖．《教育督导条例》的意义、特点与展望［J］．中小学校长，2013，(1)：8—10.

③ 孙杰明．英格兰教育督导制度的现状、特点及启示［J］．西南科技大学高教研究，2011，(2)：5—8，22.

果使用机制，这是世界各国共同的经验。比如，自20世纪90年代起，英国、美国、加拿大、西班牙、荷兰等国家越来越多地通过建立“教育问责制”来保证教育财政投入的高效和行政服务的高效，避免重蹈“效率低下”和“教育平庸”的覆辙。英国教育标准办公室将对每所学校的督导结果和报告向全社会公布，不合格的学校被教育标准办公室列入“失败学校”的行列，这些学校被责令在两年内改变，否则将被关闭。不合格的教育当局也面临同样的结局，有的地方教育局因为在督导检查中不合格，其行政管理权被移交给中介教育机构。这些举措在英国的中小学中引起极大震撼，对效能的追求成为自发行为。依据公众问责制，日本对大学的评价结果予以公布，并在教育资源分配时有所体现。

我国《教育督导条例》第二十三条规定“督导报告应当向社会公布”，第二十四条规定“县级以上人民政府或者有关主管部门应当将督导报告作为对被督导单位及其主要负责人进行考核、奖惩的重要依据”。一些地方已经在这方面进行了有益的尝试。比如，湖南省在科学认定督导评估考核结果的基础上，建立和完善了督导结果的通报和公报制度，及时向被督导对象及其上级政府下发《督导评估考核通报》，并通过新闻媒体等形式发布通报。督导结果还被用作对县级政府及其领导干部、特别是主要领导干部政绩考核的重要内容，作为表彰奖励、提拔任用或责任追究的重要依据。①

结合世界各国的经验和我国的实践，根据国务院教育督导委员会办公室关于《深化教育督导改革转变教育管理方式的意见》，今后，完善和规范督导和评估监测结果使用机制，重点是做好以下三方面工作。

一是完善教育督导和评估监测报告发布制度，规范流程，丰富载体，提高实效。建立分级发布教育督导和评估监测报告制度，由县、市、省和国家按年度发布督导和评估监测报告，向社会公布督导和评估监测结果，接受公众监督。

二是建立健全教育督导和评估监测的公示、公告、约谈、奖惩、限期整改和复查制度，及时发现问题，切实做好整改，推动改进工作。

---

① 靳晓燕．教育督导：给公众权威的办学评价［N］．光明日报，2009-07-06（11）．

三是建立教育督导和评估监测问责机制。强化教育督导和评估监测结果使用，健全考核奖惩机制，明确督导和评估监测结果是资源配置、干部任免和表彰奖励等的重要依据。

其中，重点是建立和完善教育督导和评估监测问责机制。目前，一些地方已经做了很好的探索。比如，陕西省于2011年建立了教育优先发展问责制。从2011年起，每三年为一轮进行督导考核。由陕西省委组织部和陕西省政府教育督导团负责督导考核各市党政领导干部履行教育工作职责的情况，并负责对市委、市政府主要领导干部在教育优先发展工作中存在问题的调查，提出问责建议。教育优先发展问责制的问责对象为市（区）、县（市、区）党委和政府主要领导干部。实施问责的主要内容为：切实保证经济社会发展规划优先安排教育发展，财政资金优先保障教育投入，公共资源优先满足教育和人力资源开发需要；依法办学，规范办学，认真贯彻教育方针，实施素质教育等。根据督导考核结果，每两年表彰奖励一次市、县两级党政领导干部优先发展教育先进个人。对市、县两级党政领导干部履行教育工作职责的督导考核结果以及表彰奖励和处罚等材料记入本人档案，作为提拔任用和年度考核的重要依据。对受到问责的市、县两级党政主要领导干部，取消其该年度考核评优和评选各类先进的资格。有关负责人要向上级机关进行书面检讨。对于问题严重的，要追究行政责任；如有违反法律的，应追究法律责任。

督导结果的规范使用是提高教育督导权威性和实效性的关键环节，也是督导职能一体化、督导机构独立化、督导人员专业化、督导手段科学化以及督导实施社会化之后的归属。没有督导结果使用的规范化，其他“五化”都不会有结果。其中，教育问责是规范使用督导结果的核心。普遍建立行之有效的问责机制，将教育督导结果作为考核、问责和实施奖惩的重要依据，将是未来教育督导改革的重中之重。

【拓展性阅读】

国外基础教育督导发展最新走向

英国：突出学校自我评价与自身改进

2012年的英国督导大纲强调："学校提供书面性的报告给督导，学校自我评价为外部督导提供可靠依据，外部督导结合学校自我评价作为学习实现改进、提升自我发展能力的重要机制。"

英国的许多学校都探索并掌握了一套自我评价方法，并以这种监控与评价为核心策略成功改进了学校。其基本模式是：第一，我们做得如何？首先要确定学校的目标，其次是确定活动的领域，可以集中在一个课程领域、主题、阶段或教学方法。第二，我们怎样了解我们做得如何？首先，要选择适切的办学质量指标，以问题的形式加以说明；其次，确定要寻找的有关学校的特征，并要考虑国家和地方的建议；最后，确定用什么方式发现这些特征。第三，我们现在还要做什么？首先，要把所观察指导的内容写入报告；其次，制定维持和发展的目标。

英国"以改进与发展"为核心宗旨的督导新取向，淡化鉴定与分等，重视学校的长期可持续发展，是英国教育督导制度新的理念与改革趋势。价值取向的改变，使对学校的督导评价从一种短期的外在压力转换为一种可持续的内在动力，从一种强制干预转变为学校的自我诊断、自我发展、自我超越的内在需要。新取向的学校督导评价，在学校自我评价与外部督导共同作用的基础上，共同商讨与诊断学校发展中存在的问题，确定学校发展目标、需求、途径和方法，激励与促进学校的可持续发展。

法国：从"督政"与"督学"并重转向以"督学"为重点

法国国民教育总督学的督导范围侧重在教育教学领域。教育总督学的日常督导方式主要有三种：一是按专业将每位督学编入不同的学科组，在这些组内总督学全面地开展对本学科的研究和建设，检查和保证本学科的教学质量。具体说来，为促进学科督导与地方督导的结合，法国政府对国民教育总督学进行了重组，不同专业的总督学小组承担每个学科的督导任务，同时，不同学科的总督学也在学区和地区的框架下开展工作。一名总督学作为“学区联络员”，对这一层次的工作进行协调。二是根据每年教育专题调研课题，以调研小组的方式，深入有关地区开展调研；三是担任学区通讯员的总督学按要求深入到某一学区，在地方督学的帮助下完成年度调研计划，同时要帮助制订所在学区督导的工作计划，指导和协调地方督导工作。

各级教育督学还经常围绕学校教学业务开展教学督导。法国法律规定，政府的督学拥有对教师根本的监管权。督学通过课堂督导，对教师的教学素养进行考核评价，因此，教学督导的成效与结果不仅与教师工资晋升密切相关，还对教师的职业生涯发展具有举足轻重的作用。

加拿大：督导以助力校长和教师专业发展为归宿

加拿大教育督导员的主要工作对象是校长。加拿大校长评估主要由教育督导员具体负责，校长及相关人员予以配合，事实上，督导员不仅是校长的“监督者”，更是校长工作的促进者，是和校长绑在同一条船上的“船长”，督导评价的实质就在于帮助校长最大限度地发展自己和提升学校，这样的校长评价方式深受校长们的欢迎。

为帮助校长提升领导与管理学校的能力，安大略省出台《校长、副校长表现评价——技术要求手册》，其内容不定期进行更新。以2013年的版本为例，该手册在前言部分开宗明义指出，评价校长旨在帮助提升其领导力，为校长、副校长搭建起与教育督导员进行专业对话的平台。表面上是在对校长进行评价，实质上是在全面展示由高素质、领导能力强的专业人士引领的学校所取得的教育教学业绩，以此来增强社会对校长及学校的信任感。

加拿大非常重视对教师的专业成长进行督导，各省都制订有教师考评方案，教师每五年一轮进行业绩考评，安大略省要求新教师自担任教职12个月以内要进行两次评价。早在2001年，该省政府就实施了“教师质量法案”，即引入新的教师评价程序。在此要求下，新教师要接受经验丰富教师的指导来提升自身教学及班级管理技能。从2002年起，这项评估制度让教育工作者、专家、学生家长、11年级、12年学生共同参与教师评价。

2010年，安大略省出台了《教师表现评价——技能要求手册》，该手册言明对教师进行评价意在促进教师专业成长。主要内容包含：表现评价框架、教师角色及职责、表现等级评定等，其中表现评价框架主要包括能力概述、课堂观察、评价会议、总结性报告、评价等第等。依据该手册的规定，教师应具备五大类别共16种能力，其中五大类别是：(1) 敬业精神，(2) 专业知识，(3) 专业技能，(4) 领导力及共同体，(5) 继续教育。

日本：由行政命令性转向指导服务性

日本现代督导秉持这样的理念：督导不是对教育的监督，而是专门为教育的各个方面提出建议，以促进儿童更健康地成长。从中央到地方的督导部门都是融技术性、指导性、建议性和服务性为一体的职能部门，形成了视而不督，导而不令，而服务性特色非常突出。

为让上述督导理念能落地生花，日本教育督导注重督导人员的专业化。为加强督导的专业性，2005年，文部科学省在其报告中，建议减少指导主事的一般性事务，加强其专门性事务，及更多地从事督导工作而不是处理常务性工作。对督导人员的选拔注重选择对象对教育的建议和指导能力。文部科学省规定，视学官和指导主事必须是学科专家，选拔对象必须通过国家公务员考试，其任免和解聘均由文部大臣批准。中央的视学官主要在学校教育机构设置、学校管理和编制、课程、教科书等方面给予地方教委指导、建议和帮助。地方教育督导则倾向于对学校进行具体的指导与帮助。

日本教育督导还十分注重教育督导制度的建议性与服务性。《地行法》规定，指导主事只是对校长和教师提出建议和进行指导。督导人员属于公务员，只有服务的义务。他们必须深入到学校内部了解情况，其目的不是为了监督，而是在充分掌握情况的基础上，通过向学校提供服务，帮助学校改进工作。

（资料来源：罗朝猛. 国外基础教育督导发展最新走向 [J]. 中国教工，2014，(10).）

附录

中华人民共和国国务院令

第624号

《教育督导条例》已经2012年8月29日国务院第215次常务会议通过，现予公布，自2012年10月1日起施行。

总 理 温家宝

2012年9月9日

教育督导条例

第一章 总 则

第一条 为了保证教育法律、法规、规章和国家教育方针、政策的贯彻执行，实施素质教育，提高教育质量，促进教育公平，推动教育事业科学发展，制定本条例。

第二条 对法律、法规规定范围的各级各类教育实施教育督导，适用本条例。

教育督导包括以下内容：

（一）县级以上人民政府对下级人民政府落实教育法律、法规、规章和国家教育方针、政策的督导；

（二）县级以上地方人民政府对本行政区域内的学校和其他教育机构（以下统称学校）教育教学工作的督导。

第三条 实施教育督导应当坚持以下原则。

（一）以提高教育教学质量为中心；

（二）遵循教育规律；

（三）遵守教育法律、法规、规章和国家教育方针、政策的规定；

（四）对政府履行教育工作相关职责的督导与对学校教育教学工作的督导并重，监督与指导并重；

（五）实事求是、客观公正。

第四条　国务院教育督导机构承担全国的教育督导实施工作，制定教育督导的基本准则，指导地方教育督导工作。

县级以上地方人民政府负责教育督导的机构承担本行政区域的教育督导实施工作。

国务院教育督导机构和县级以上地方人民政府负责教育督导的机构（以下统称教育督导机构）在本级人民政府领导下独立行使督导职能。

第五条　县级以上人民政府应当将教育督导经费列入财政预算。

第二章　督　　学

第六条　国家实行督学制度。

县级以上人民政府根据教育督导工作需要，为教育督导机构配备专职督学。教育督导机构可以根据教育督导工作需要聘任兼职督学。

兼职督学的任期为3年，可以连续任职，连续任职不得超过3个任期。

第七条　督学应当符合下列条件：

（一）坚持党的基本路线，热爱社会主义教育事业；

（二）熟悉教育法律、法规、规章和国家教育方针、政策，具有相应的专业知识和业务能力；

（三）坚持原则，办事公道，品行端正，廉洁自律；

（四）具有大学本科以上学历，从事教育管理、教学或者教育研究工作10年以上，工作实绩突出；

（五）具有较强的组织协调能力和表达能力；

（六）身体健康，能胜任教育督导工作。

符合前款规定条件的人员经教育督导机构考核合格，可以由县级以上人民政府任命为督学，或者由教育督导机构聘任为督学。

第八条　督学受教育督导机构的指派实施教育督导。

教育督导机构应当加强对督学实施教育督导活动的管理，对其履行督学职责的情况进行考核。

第九条　督学实施教育督导，应当客观公正地反映实际情况，不得隐瞒或者虚构事实。

第十条　实施督导的督学是被督导单位主要负责人的近亲属或者有其他可能影响客观公正实施教育督导情形的，应当回避。

第三章　督导的实施

第十一条　教育督导机构对下列事项实施教育督导：

（一）学校实施素质教育的情况，教育教学水平、教育教学管理等教育教学工作情况；

（二）校长队伍建设情况，教师资格、职务、聘任等管理制度建设和执行情况，招生、学籍等管理情况和教育质量，学校的安全、卫生制度建设和执行情况，校舍的安全情况，教学和生活设施、设备的配备和使用等教育条件的保障情况，教育投入的管理和使用情况；

（三）义务教育普及水平和均衡发展情况，各级各类教育的规划布局、协调发展等情况；

（四）法律、法规、规章和国家教育政策规定的其他事项。

第十二条　教育督导机构实施教育督导，可以行使下列职权：

（一）查阅、复制财务账目和与督导事项有关的其他文件、资料；

（二）要求被督导单位就督导事项有关问题作出说明；

（三）就督导事项有关问题开展调查；

（四）向有关人民政府或者主管部门提出对被督导单位或者其相关负责人给予奖惩的建议。

被督导单位及其工作人员对教育督导机构依法实施的教育督导应当积极配合，不得拒绝和阻挠。

第十三条　县级人民政府负责教育督导的机构应当根据本行政区域内的学校布局设立教育督导责任区，指派督学对责任区内学校的教育教学工作实施经常性督导。

教育督导机构根据教育发展需要或者本级人民政府的要求，可以就本条例第十一条规定的一项或者几项事项对被督导单位实施专项督导，也可以就本条例第十一条规定的所有事项对被督导单位实施综合督导。

第十四条　督学对责任区内学校实施经常性督导每学期不得少于2次。

县级以上人民政府对下一级人民政府应当每5年至少实施一次专项督导或者综合督导；县级人民政府负责教育督导的机构对本行政区域内的学校，应当每3至5年实施一次综合督导。

第十五条　经常性督导结束，督学应当向教育督导机构提交报告；发现违法违规办学行为或者危及师生生命安全的隐患，应当及时督促学校和相关部门处理。

第十六条　教育督导机构实施专项督导或者综合督导，应当事先确定督导事项，成立督导小组。督导小组由3名以上督学组成。

教育督导机构可以根据需要联合有关部门实施专项督导或者综合督导，也可以聘请相关专业人员参加专项督导或者综合督导活动。

第十七条　教育督导机构实施专项督导或者综合督导，应当事先向被督导单位发出书面督导通知。

第十八条　教育督导机构可以要求被督导单位组织自评。被督导单位应当按照要求进行自评，并将自评报告报送教育督导机构。督导小组应当审核被督导单位的自评报告。

督导小组应当对被督导单位进行现场考察。

第十九条　教育督导机构实施专项督导或者综合督导，应当征求公众对被督导单位的意见，并采取召开座谈会或者其他形式专门听取学生及其家长和教师的意见。

第二十条　督导小组应当对被督导单位的自评报告、现场考察情况和公众的意见进行评议，形成初步督导意见。

督导小组应当向被督导单位反馈初步督导意见；被督导单位可以进行申辩。

第二十一条　教育督导机构应当根据督导小组的初步督导意见，综合分析被督导单位的申辩意见，向被督导单位发出督导意见书。

督导意见书应当就督导事项对被督导单位作出客观公正的评价；对存在的问题，应当提出限期整改要求和建议。

第二十二条　被督导单位应当根据督导意见书进行整改，并将整改情况报告教育督导机构。

教育督导机构应当对被督导单位的整改情况进行核查。

第二十三条　专项督导或者综合督导结束，教育督导机构应当向本级人民政府提交督导报告；县级以上地方人民政府负责教育督导的机构还应当将督导报告报上一级人民政府教育督导机构备案。

督导报告应当向社会公布。

第二十四条　县级以上人民政府或者有关主管部门应当将督导报告作为对被督导单位及其主要负责人进行考核、奖惩的重要依据。

第四章　法律责任

第二十五条　被督导单位及其工作人员有下列情形之一的，由教育督导机构通报批评并责令其改正；拒不改正或者情节严重的，对直接负责的主管人员和其他责任人员，由教育督导机构向有关人民政府或者主管部门提出给予处分的建议：

（一）拒绝、阻挠教育督导机构或者督学依法实施教育督导的；

（二）隐瞒实情、弄虚作假，欺骗教育督导机构或者督学的；

（三）未根据督导意见书进行整改并将整改情况报告教育督导机构的；

（四）打击报复督学的；

（五）有其他严重妨碍教育督导机构或者督学依法履行职责情形的。

第二十六条　督学或者教育督导机构工作人员有下列情形之一的，由教育督导机构给予批评教育；情节严重的，依法给予处分，对督学还应当取消任命或者聘任；构成犯罪的，依法追究刑事责任：

（一）玩忽职守，贻误督导工作的；

（二）弄虚作假，徇私舞弊，影响督导结果公正的；

（三）滥用职权，干扰被督导单位正常工作的。

督学违反本条例第十条规定，应当回避而未回避的，由教育督导机构给予批评教育。

督学违反本条例第十五条规定，发现违法违规办学行为或者危及师生生命安全隐患而未及时督促学校和相关部门处理的，由教育督导机构给予批评教育；情节严重的，依法给予处分，取消任命或者聘任；构成犯罪的，依法追究刑事责任。

第五章　附　　则

第二十七条　本条例自 2012 年 10 月 1 日起施行。

主要参考文献

（按汉语拼音字母排序）

1. 陈晨. 美国NAEP报告制度的内涵、特征及其问题［J］. 当代教育科学，2010，(9)：54—56.

2. 陈如平. 走向有质量的教育公平［N］. 中国教育报，2007-08-18（3）.

3. 陈瑞生，田腾飞. 基础教育质量监测对我国教育政策的启示［J］. 教育导刊，2013，(9)：24—26.

4. 陈世瑶. 中美教育督导制度的比较研究［J］. 教育观察，2012，1（5）：31—35.

5. 陈向明. 质的研究方法与社会科学研究［M］. 北京：教育科学出版社，2000.

6. 陈雪. 中英义务教育督导制度的比较与启示［J］. 辽宁教育行政学院学报，2013，(1)：56—60.

7. 董奇. 心理与教育研究方法［M］. 北京：北京师范大学出版社，2004.

8. 董双. 近代中国视学规程的产生、演进及其启示［J］. 吉林省教育学院学报，2013，29（1）：103—104.

9. 方晓东，王燕，李玉非，刘巧利，姚宏杰. 新中国在教育质量标准方面的初步探索［J］. 中国教育政策评论，2010：76—90.

10. 佛朝晖.《教育督导条例》的意义、特点与展望［J］. 中小学校长，2013，(1)：8—10.

11. 付玉红. 俄罗斯普通教育督导制度研究［D］. 长春：东北师范大学，2006.

12. 高丙成. 我国义务教育均衡总体状况良好——我国义务教育均衡发展工作情况和公众满意度调查情况分析报告［N］. 中国教育报，2014-10-18（3）.

13. 高政，刘文发，陈华中，王少国. 教育督导体制改革四大难题待解［N］. 中国教育报，2013-05-23（5）.

14. 巩婷，吴钢. 英国教育督导机构的历史演变及对我国的启示［J］. 教育测量与评价：理论版，2011，(2)：39—41，51.

15. 顾明远. 外国教育督导［M］. 北京：人民教育出版社，2002.

16. 郭秉文. 中国教育制度沿革史［M］. 福州：福建教育出版社，2007.

17. 国家教育督导团办公室. 现代教育督导原理［M］. 北京：中国青年出版社，2003.

18. 韩凤山. 中国教育督导制度的滥觞——宋代地方督学制度［J］. 吉林教育，2006，(7—8)：13—16.

19. 韩清林. 中国特色教育督导制度30多年发展的回顾与思考［J］. 教育实践与研究（A），2011，(11)：4—16.

20. 何玉玲，袁桂林. 美国教育督导的特征及其变革趋势［J］. 外国教育研究，2008，35（10）：42—46.

21. 洪志忠. 美国学生学业成就质量监测：NAEP的经验［J］. 全球教育展望，2008，(6)：69—73，39.

22. 黄沛沛. 浅析会计查账方法［J］. 河南机电高等专科学校学报，2005，13（6）：77—78.

23. 黄崴. 教育督导学［M］. 北京：中国人民大学出版社，2011.

24. 黄崴. 我国教育督导体制现状、问题与改革路径［J］. 教育发展研究，2009，(12)：16—20.

25. 黄崴. 现代教育督导引论［M］. 广州：广东高等教育出版社，1998.

26. 黄雪娜. 英、德、法三国基础教育质量评估机制的比较研究［D］. 福州：福建师范大学，2003.

27. 贾志，马晓麟，张秀琴. 督导默会知识之三：校园观察［J］. 教育测量与评价，2010，(5)：11—12.

28. 江华勋. 对强化我国教育督导权威的思考［J］. 贵州教育学院学报：社会科学，2005，21（5）：8—11.

29. 江铭. 中国教育督导史［M］. 北京：人民教育出版社，1994.

30. 教育部基础教育质量监测中心. 如何开展中小学校督导评估［M］. 北京：教育科学出版社，2013.

31. 金一鸣. “督政”与“督学”相结合——具有中国特色的我国教育督导制度［J］. 徐州师范大学学报：哲学社会科学版，2004，30（2）：120—124.

32. 靳晓燕. 公平教育孕育中国希望——十六大以来教育发展述评［N］. 光明日报，2012-08-07（9）.

33. 靳晓燕. 教育督导：给公众权威的办学评价［N］. 光明日报，2009-07-06（11）.

34. 李德龙. 主体性教育督导研究［D］. 济南：山东师范大学，2009.

35. 李海亮. 韩、日教育行政监察工作的基本情况及启示——关于韩国、日本教育行政监察工作的考察报告［J］. 国家教育行政学院学报，2006，(3)：81—84.

36. 李俊. 中美中小学教学督导的比较研究［D］. 上海：上海师范大学，2013.

37. 李丽霞. 各国教育督导制度发展述略［J］. 吉林省教育学院学报，2011，27 (5)：42—44.

38. 李秋菊. 中国学校体育督导研究［D］. 北京：北京体育大学，2013.

39. 李帅军. 德国教育督导制度的特点及启示［J］. 辽宁教育研究，2006，(10)：79—82.

40. 李帅军. 二十世纪四十年代我国教育督导的理论探讨及其启示［J］. 国家教育行政学院学报，2008，(11)：82—85.

41. 李帅军. 法国教育督导制度的历史、现状与特色［J］. 河南教育学院学报：哲学社会科学版，2003，22 (1)：21—25.

42. 李帅军. 日本教育督导制度的历史、现状与特色［J］. 教育理论与实践，1991，11 (6)：54—58.

43. 李素敏. 论加强我国督学队伍的建设［J］. 河北大学学报：哲学社会科学版，1994，(1)：136—141.

44. 李小艳. 美国教育督导制度的历史发展研究［D］. 成都：四川师范大学，2010.

45. 李雁冰. 论教育评价专业化［J］. 教育研究，2013，(10)：121—126.

46. 凌静. 教学督导与教育督导概念之比较［C］. 全国高校教学督导论文集，2005.

47. 刘璞.《教育督导条例》中的政府职能转换与行政程序规范——对新颁布的《教育督导条例》的解读［J］. 法学教育研究，2013，(3)：403—412，459.

48. 刘淑兰. 教育评估和督导［M］. 上海：华东师范大学出版社，2000.

49. 刘五驹. 现行教育督导评估方式方法存在的问题与对策［J］. 江苏教育学院学报：社会科学版，2002，18 (1)：14—16.

50. 刘尧. 论教育评价的科学性与科学化问题［J］. 教育研究，2001，(6)：22—26.

51. 刘尧，傅宝英. 中国高等教育评估的回顾与展望［J］. 高等理科教育，2006，(5)：4—7.

52. 卢盈. 教育督导人员专业化及其制度保障［J］. 教育导刊，2014，（4）：49—52.

53. 卢盈. 中日教育督导制度比较研究［D］. 新乡：河南师范大学，2012.

54. 罗朝猛. 国外基础教育督导发展最新走向［J］. 中国教工，2014，（10）.

55. 马丽娟. 20世纪90年代以来英国教育督导制度的改革与借鉴［D］. 保定：河北大学，2004.

56. 闵晶. 清末新政中的教育视导制度［D］. 长春：吉林大学，2009.

57. 聂好春. 中国近代教育督导发源探析［J］. 华北电力大学学报：社会科学版，2006，（3）：125—127.

58. 彭虹斌. 教育督导机构独立性的国际比较与启示［J］. 外国中小学教育，2013，（2）：1—6.

59. 彭凯. 英、苏、西德、美、法五国教育督导制度概述［J］. 江西教育科研，1989，（4）：57—61.

60. 齐红深，徐治中. 中国教育督导纲鉴［M］. 沈阳：辽宁大学出版社，1989.

61. 钱一呈. 外国教育督导与评价制度研究［M］. 北京：中央广播电视大学出版社，2006.

62. 邱锦昌. 教育视导之理论与实践［M］. 台北：五南图书出版有限公司，1991.

63. 瞿葆奎，陈玉琨，赵永年. 教育学文集：教育评价［M］. 北京：人民教育出版社，1989.

64. 权英，刘新民，王本锋. 英、美教育督导制度的经验借鉴与启示［J］. 中国成人教育，2014，（5）：94—97.

65. 荣德生，李洪珠. 试析美国与俄联邦教育督导制度［J］. 辽宁工程技术大学学报：社会科学版，2008，10（3）：332—334.

66. 山东省人民政府教育督导室，山东省教育督导学会. 教育督导发展与创新［M］. 济南：山东人民出版社，2012.

67. 申梓刚. NAEP和TIMSS教育评估体系的比较研究和启示［J］. 教学月刊：中学版，2012，（2）：24—28.

68. 沈卫理. 教育督导概论［M］. 大连：辽宁师范大学出版社，1996.

69. 石灯明. 中央集权体制下的法国教育督导制度［J］. 当代教育论坛，2009，（11）：22—25.

70. 史仲文，胡晓林. 中国全史：教育卷［M］. 北京：中国书籍出版社，2011.

71. 苏红. 国际基础教育质量标准：趋势、类型及对我们的启示［J］. 中小学管理，2011，(12)：20—23.

72. 苏君阳，杨颖秀，李帅军. 教育督导学［M］. 北京：北京师范大学出版社，2012.

73. 孙惠利. 关于中国现行教育督导制度的评价与建议［J］. 中共郑州市委党校学报，2005，(4)：119—120.

74. 孙杰明. 英格兰教育督导制度的现状、特点及启示［J］. 西南科技大学高教研究，2011，(2)：5—8，22.

75. 孙启林，金香花. 韩国教育督导制度及其特点评析［J］. 外国教育研究，2007，34 (7)：1—5.

76. 孙玉洁. 国外教育督导职能的历史演变及其启示［J］. 沈阳师范大学学报：社会科学版，2003，27 (4)：82—86.

77. 唐金石. 浅析教育督导的职能及任务［J］. 哈尔滨学院学报，2002，23 (11)：117—120.

78. 陶西平. 教育评价辞典［M］. 北京：北京师范大学出版社，1998.

79. 陶永明. 问卷调查法应用中的注意事项［J］. 中国城市经济，2011，(20)：305—306.

80. 田慧生，孙智昌. 学业成就调查的原理与方法［M］. 北京：教育科学出版社，2012.

81. 田腾飞，刘任露. 元评估——教育评估专业化发展之必需［J］. 外国教育研究，2014，41 (6)：111—119.

82. 王黎. 荷兰教育督导制度及其督导模式最新发展［J］. 比较教育研究，2013，(10)：39—43.

83. 王璐. 英国教育督导与评价：制度、理念与发展［M］. 北京：高等教育出版社，2010.

84. 王迎君. 试论战后日本教育体制改革的基本特征［J］. 日本研究，2002，(2)：92—96.

85. 王战军，王永林. 监测评估：高等教育评估发展的新图景［J］. 复旦教育论坛，2014，12 (2)：5—9.

86. 吴长宏. 民国中央视学机构的历史考察［J］. 山西师大学报：社会科学

版，2011，38（3）：126—130.

87. 吴声远. 简析法国教育督导制度的主要特点［J］. 外国中小学教育，2004，(8)：24—26.

88. 武志刚. 浅谈审计取证的顺查法和逆查法［J］. 山西财经大学学报，2008，30（S1）：171.

89. 向宏业. 现代教育督导学［M］. 长沙：湖南教育出版社，1995.

90. 项目组. “建立中小学生学业质量分析、反馈与指导系统”项目介绍［J］. 基础教育课程，2009，(7)：49—52.

91. 肖甦，王健红. 试析俄联邦教育督导制度新变化［J］. 比较教育研究，2007，(7)：7—11.

92. 肖小华. 中央苏区等根据地的教育巡视制度研究［J］. 江西教育学院学报：社会科学，2012，33（5）：159—161.

93. 谢文全. 教育行政制度比较研究［M］. 高雄：复文图书出版社，1981.

94. 谢延龙. 法国教育督导制度及其启示［J］. 世界教育信息，2004，(Z1)：26—30.

95. 熊模英. 试论教育督导与教育评价的关系［J］. 江西教育学院学报：自然科学，1996，17（3）：66—68.

96. 徐吉志. 拷问教育评估的有效性［J］. 教育测量与评价：理论版，2010，(3)：62—63.

97. 徐荣强. 教育督导是对我国教育事业健康发展的定向控制［J］. 东北师大学报：教育科学版，1988，(4)：10—12.

98. 易丹辉，肖宏伟. 关于环境保护投资数据采集方法体系的探讨［J］. 统计与决策. 2011，(23)：4—8.

99. 殷伯明，朱一军，周东红等. 教育督导方法论［M］. 上海：上海三联书店，2013.

100. 袁晓勇. 查账的基本方法［J］. 中国集体工业，1996，(9)：49—50.

101. 袁益民. 教育评估理论与实践：概念、构念和理念的中外比较（下）［J］. 高教发展与评估，2011，27（2）：28—30，79.

102. 袁振国. 中国教育政策评论：2003［M］. 北京：教育科学出版社，2003.

103. 乐毅. 地方政府教育督导机构改革应从依附走向独立［J］. 中国教育学刊，2015，(2)：17—23.

104. 岳中方. 关于教育督导的认识与思考［J］. 连云港师范高等专科学校学

报，2004，(4)：60—62.

105. 张军凤. 对我国教育督导制度的理性思考［J］. 天津市教科院学报，2011，(2)：22—24.

106. 张民选，陆璟，占胜利，朱小虎，王婷婷. 专业视野中的PISA［J］. 教育研究，2011，(6)：3—10.

107. 张伟. 质的研究——访谈法探析［J］. 南昌教育学院学报，2013，28 (5)：123，132.

108. 赵立莹. 有效性诉求：美国教育评估研究发展的内在动力［J］. 大学：研究与评价，2009，(1)：58—62.

109. 赵连稳，宋正鑫. 明代皇帝视学初探［J］. 北京联合大学学报：人文社会科学版，2011，9 (4)：35—42.

110. 赵艳玲. 中国教育督导制度存在的问题与对策［J］. 重庆邮电学院学报：社会科学版，2004，(4)：121—123.

111. 郑福明. 港台地区和新加坡韩国教育行政体制探讨［J］. 华南师范大学学报：社会科学版，1993，(4)：102—108.

112. 中国百科大辞典编委会. 中国百科大辞典［M］. 北京：华夏出版社，1990.

113. 周予同. 中国学校制度［M］. 北京：商务印书馆，1993.

114. 朱琦，杨辛，蔡雯卿. 问题与探析：当代教育督导研究［M］. 天津：天津教育出版社，2006.

115. 朱志勇. 教育研究者在质化研究中的“关系”——一种反思社会学的思考［J］. 教育理论与实践，2001，21 (6)：1—6.

116. 宗河. 转变教育管理方式推进管办评估分离［N］. 中国教育报，2014-02-19 (1).